路红霞 著

清代对自杀行为的
他者追责研究

A Study on the
**Accountability**
of
Others for Suicidal Behavior in the Qing Dynasty

社会科学文献出版社
SOCIAL SCIENCES ACADEMIC PRESS (CHINA)

# 目录
CONTENTS

# 绪　论

## 一　研究缘起

笔者在研读清代刑事档案的过程中发现，致人自尽案件占有不小比重①。例如，全士潮等纂修的《驳案汇编》共收录案件 381 件，其中，致人自尽案件 36 件，占比 9.4%；祝庆祺、鲍书芸等编纂的《刑案汇览三编》共收录案件 7600 余件，其中，致人自尽案件 506 件，占比约为 6.7%②。卜德和莫里斯撰写的《中华帝国的法律》一书共收录 190 个案例，其中，23 个案例以不同方式提到了自杀，占比 12.1%③。尽管案例的收录与作者的旨趣及其研究目的密切相关，但也在一定程度上说明致人自尽案件确实占有一定比重。

此类致人自尽案件在现代刑法中没有"完全对应的罪名"④。现代法律普遍认为自杀行为是个人选择，除了帮助自杀、教唆自杀之外，某人的自杀行为一般不会牵涉他人的刑事责任。但在明清时期，尤其是清代，自杀事件发生后几乎都需要有人对此负责，法律会追究自杀行为中的他者责任，自杀事件的性质会演变为进入司法领域的"致人自尽案件"，这与现代法律的处理方式颇为不同，为何会出现这些差异？

围绕此方面，笔者想追问以下几个问题。

第一，自杀是一种自己结束生命的行为，自杀事件发生后为何要去追

---

① "自尽"在现代汉语中的解释为"自杀"，为行文方便，本书"自尽"与"自杀"通用，并会根据古今不同表述采取便宜表达。

② 笔者根据两书所列案件标题统计，案件裁决过程中援引的成案不在统计范围内。（清）全士潮、张道源等纂辑《驳案汇编》，何勤华等点校，法律出版社，2009。（清）祝庆祺、鲍书芸、潘文舫等编《刑案汇览三编》，北京古籍出版社，2004。

③ 〔美〕卜德、莫里斯著《中华帝国的法律》，朱勇译，中信出版集团，2016。

④ 王志强：《清代国家法：多元差异与集权统一》，社会科学文献出版社，2017，第 104 页。

究他者的责任？其背后的法律文化观念是什么？

第二，清代为追究自杀行为中他者的责任，设立了诸多罪名，这些罪名之间是何关系？具体罪名的规定又随着时间的推移经过了何种变迁？此种变迁是否反映了某些社会问题或者某些理念的变化？

第三，因实施违法犯罪行为而引起被害人自杀，行为人会被追究刑事责任的关键要素在现代法律中有两个：一是行为人对引起被害人自杀的后果在主观上有预见性，二是该犯罪行为与自杀结果之间具有刑法上的因果关系。清代司法者是如何认定行为性质，又是如何在行为与自杀结果之间进行因果关系推定的？此种法律推理反映了何种法律思维特征？

第四，清代对自杀行为中他者责任追究的司法实践产生了何种影响？是否达成了其立法目的？

现代法律实践一般认为"致人死亡"只能是实施犯罪行为直接造成被害人死亡，不包括引起被害人自杀。如果法律规定为"致人重伤、死亡或者其他严重后果的"，则有时会把自杀纳入"其他严重后果"的范围，作为结果加重来处置①。清代法律缺乏"结果加重"一类的抽象概括原则。行为人在实施犯罪（如盗窃、恐吓）过程中引起他人自杀，尽管他人自杀并不在行为人可预见的范围内，且基本犯行为中也不一定蕴含致人死亡的高度危险性（或者高概率）时，清代法律却选择忽略基本犯罪名，而以致他人自杀罪来惩治加害者。即使行为人所实施的某种行为本身并不具有危害性（如言语戏谑），只要他人因而自杀，清代法律也会以致人自尽罪名严惩加害者。这充分说明，清代重视的是他人死亡的事实，因不能"置人命于不顾"，所以会将自杀事件的性质转变为致人自尽案件，将本犯罪名（如盗窃、恐吓）转变为致人自尽罪名，其背后的核心理念即是"人命关天"，有人死亡，就需要有人为之负责。

## 二 概念界定

为使研究范围和内容更加集中，以下对自杀、他者、法律推理等关键词进行概念界定。

---

① 金泽刚：《论结果加重犯的因果关系——以抢劫、强奸等罪的结果加重犯为例》，《东方法学》2013 年第 4 期，第 11 页。

1. 自杀

《说文解字·杀部》载："杀，戮也。从殳杀声。凡杀之属皆从杀。"①
杀即屠戮、杀死之意。自杀即"自己杀死自己"。

自杀在清代文献史料中多以"自尽"一词表示。《大清律例》中的诸多
律例（详见第二章）都以"自尽"作为犯罪构成要件。但个别情况下，律
例中也会出现"自杀"一词，其内涵与现代词相同，例如：

> 疯病之人，其亲属邻佑人等容隐不报，不行看守，以致疯病之人
> 自杀者，照不应重律，杖八十。……如亲属邻佑人等已经报明，而该
> 管官不严饬看守，以致自杀，及致杀他人者，俱交部议处。②

此外，律典中的"自杀"多数情况下指"某人自己杀死他人"。"自
杀"一词强调的是与他人无涉，如：

> 奸妇自杀其夫，奸夫果不知情，止科奸罪。③
> 凡奸夫自杀其夫，奸妇虽不知情，而当时喊救与事后即行首告，
> 将奸夫指拏到官，尚有不忍致死其夫之心者，仍照本律定拟。④
> 奸夫自杀夫之父母，以便往来，奸妇虽不知情，亦绞。⑤

"自杀"在不同学科领域（如社会学、医学、法学等）含义不同。其
中，社会学领域对"自杀"的定义主要采用了法国社会学家迪尔凯姆的解
释，"自杀是任何受害人自身执行的积极或消极的行为，这种行为直接或间
接导致其死亡"⑥。从此定义可见：第一，自杀是自己放弃生命的行为；第

---

① （清）段玉裁：《说文解字注》，上海古籍出版社，1981，第 236 页。
② （清）薛允升著《读例存疑（重刊本）》（四），黄静嘉编校，台湾成文出版社，1970，第
　　858 页。
③ （清）薛允升著《读例存疑（重刊本）》（四），黄静嘉编校，台湾成文出版社，1970，第
　　786 页。
④ （清）薛允升著《读例存疑（重刊本）》（四），黄静嘉编校，台湾成文出版社，1970，第
　　788 页。
⑤ （清）薛允升著《读例存疑（重刊本）》（四），黄静嘉编校，台湾成文出版社，1970，第
　　810 页。
⑥ 〔法〕埃米尔·迪尔凯姆著《自杀论》，谢佩芸、舒云译，台海出版社，2016，第 9 页。

二，行为人具有自杀的主观意识，在此意识支配下，或是自己结束生命的直接死亡，或是主动寻求被杀的间接死亡，都属于自杀行为。此定义主要着眼于行为人的主观意识。

法律上成立"自杀"有诸多限定条件，主要分为主观和客观两个方面。主观方面包括：认识因素，自杀者应当对自己的行为将会导致的死亡结果有明确的认识；意志因素，自杀者对于死亡结果所持的心态应当是追求或者放任；自愿性，自杀者放弃自己生命是符合自己意愿的。"如果自杀者做出结束自己生命的举动是因为其他原因而导致其意思有重大瑕疵，便不能被认定为刑法意义上的自杀。"[1] 客观方面必须是"行为人事实性支配着直接导致死亡的行为，在将不可逆转地造成死亡结果的最后关键时刻自己控制着事态的发展"[2]。

需要说明的是，现代法学对自杀进行定义有一个大前提，即自杀行为本身不是犯罪，不涉及追责问题。如果现代法律认定某人的死亡性质属于"自杀"，也就意味着排除了其中涉及的犯罪以及追责问题。如果某人的自杀行为不满足成立自杀的主客观方面要求，便不属于现代法律意义上的"自杀"。例如，"形式上的教唆、帮助行为，具有杀人的间接正犯性质时，应当认定为故意杀人罪；凭借某种权势或某种特殊关系，以暴力、威胁或者其他心理强制方法，促使他人自杀身亡的，成立故意杀人的间接正犯；行为人教唆自杀的行为使被害人对法益的有无、程度、情况等产生错误，其对死亡的同意无效时，也应认定为故意杀人罪"[3]。这意味着即使形式上被害人是自己杀死自己，但现代法学将其定性为一定意义上的"他杀"。

研究自杀一般涉及三个要素：自杀动机、可以导致死亡的行为、死亡的结局[4]。以自杀者主观动机中是否有"自愿性"为界限，可将自杀行为分为两种类型。一类是全部因自身原因而自愿放弃生命，可称为"主动自杀"，如中国古代的自愿殉夫，因疾病、贫困、情感受挫而自杀等，这类自杀虽然也需要法律认定（须经报官、尸体勘验等程序），但因为不符合犯罪

---

① 苏晓明：《论自杀参与行为的刑事责任》，山东大学硕士学位论文，2017，第4页。
② 王钢：《自杀的认定及其相关行为的刑法评价》，《法学研究》2012年第4期。
③ 张明楷：《刑法学》（第5版），法律出版社，2016，第850页。
④ 《中国大百科全书》（第2版），中国大百科全书数据库。

构成要件，自杀者应自负其责①，故不在法律的追究范围内，或可称为"法外空间"。另一类是因他人的行为（现代法律限定为严重不法行为或者犯罪行为）引起了被害者的自杀，可称为"被动自杀"。现代法律否定其属于"自杀"性质，更有可能将其归于"他杀"。中国古代没有现代法律认定自杀行为性质须具备的诸多条件，用现代法学概念来定义传统法律现象，难免方枘圆凿，故本书仍从现象学角度，将自杀定义为"自己杀死自己的行为"。

受主题所限，本书将研究内容限定于自杀行为中的他者责任追究，即"被动自杀"的情况。此外，自杀类型中有一种属于"强逼执行"，作为对死罪犯人执行死刑的一种方式，亦称"自裁"②。这种以"赐令自尽""令其自尽"作为刑罚执行手段引起的自杀行为，因不涉及责任追究，不列入本书研究范畴。

2. 他者

自杀是放弃自己生命的行为。"从物理原因来看，死亡的结果是由行为人自己的自杀行为直接造成的，显然自杀是原因，死亡是结果。"③ 但"自杀不为罪"，故无法对自杀者本人追责④。其中理由在晚清中国继受近代欧陆法时作出了说明：

---

① 此类自杀在现代刑法中也属于自我答责。"自杀者并未遭受强制也未陷入认识错误的状态之下选择危害自身法益，原则上应当对自身行为所导致的结果自负其责。"参见王钢《自杀的认定及其相关行为的刑法评价》，《法学研究》2012 年第 4 期，第 168 页。

② 李鹏年、刘子扬等编《清代六部成语词典》，天津人民出版社，1990，第 359 页。

③ 侯国云：《刑法因果新论》，广西人民出版社，2000，第 245 页。

④ 清代存在因不能对自杀者追责而将责任转嫁到其亲属身上的情况。典型体现在对有特殊身份人员如太监、宫女等自杀的责任追究方面。"太监女子在宫内用金刃自伤者，斩立决。欲行自缢自尽经人救活者，绞监候。太监女子在园庭欲行自缢自尽经人救活者，发伊犁给兵丁为奴，女子准其照例收赎。太监女子在宫内自缢自尽身死者，将尸骸抛弃荒野，其亲属发往伊犁给兵丁为奴。太监女子在园庭自缢自尽身死者，尸骸免其抛弃，其亲属发往乌鲁木齐给兵丁为奴。"参见（清）文孚等编纂《钦定六部处分则例》卷四，光绪刻本。虽然法律并未禁止自杀，但因为太监及宫女身份特殊，其作为专供皇帝及其家族役使的奴仆，处于完全依附地位，本人既缺乏行动自由，也无完整的生命权，自己无权处置本人的身体，遑论生命。基于此，清代法律对太监、宫女侵害自己身体的行为予以严惩。此外，皇宫作为皇帝及其家族的住处，具有特殊性，如若有太监、宫女在此处自尽，会被皇帝认为是不祥之兆，而加以严惩，如"抛尸荒野"。值得注意的是，宫女、太监自杀而死后，法律会对其亲属进行追责，将其亲属发往伊犁给兵丁为奴。原因应是太监、宫女已死，无法对其惩处，故将责任转嫁至其亲属身上。其实质依然是对太监、宫女自杀行为的惩治。

（一）法理上不便。刑罚之极端，不过能令人死，自杀者既不畏死，则刑罚失其效力；（二）实际上不便。自杀既遂，既无处罚之余地，则可处罚者，惟未遂者耳。未遂者有罚，既遂者无罚，适足以奖励自杀之既遂，非立法之本意也。故自杀者，无论既遂未遂，概不加刑，惟加功者在所必罚耳。①

自杀者已死，无法再被追究刑事责任②。如果是自杀未遂，未遂者虽然可以承担刑事责任，但如果对其施加刑罚，无异于奖励自杀既遂，也意味着逼迫自杀未遂者再去实施自杀行为，这显然违背了立法本意，故法律选择不对自杀者进行责任追究。基于此，传统和现代法律也都没有将自杀行为认定为犯罪。如此，在自杀行为中需要被追责的就只能是除自杀者之外的"他者"。明清律例多从加害者视角出发，将此类案件称为"致人自尽"，即他人实施的行为导致了被害者的自杀，则这个"他者"必须为死亡结果负责。

3. 法律推理

学界对法律推理尚未形成统一定义。有学者将其定义为："特定法律工作者利用相关材料构成法律理由，以推导和论证司法判决的证成或证成方法。"③也有学者将其定义为："特定主体在法律实践中，从已知的前提材料合乎逻辑地推想和论证新法律结论的思维活动。"④

法律推理形式上虽有大法律推理观（包含小法律推理、事实推理和司法判决推理三项内容）和小法律推理观（法律解释推理）之分，但均以司法三段论（应依据的法律—所认定的事实—判决结果）为基本构架，因而

---

① 《暂行新刑律》（1912 年）第 320 条。参见黄源盛纂辑《晚清民国刑法史料辑注》（上），台北元照出版有限公司，2010，第 483 页。

② 清代不乏某人自杀之后仍被处以剉尸、枭首的例子，如嘉庆五年，惠民县孙家顺强奸孙王氏未成，砍死孙王氏并女大妮，畏罪自尽，被拟以枭示（中国第一历史档案馆藏刑科题本，简称"刑科题本"，刑科题本编号：02-01-07-2118-007）；嘉庆十二年，江苏海州沭阳县民妇李氏与陈小呢通奸谋死伊翁，畏罪自尽，被议准戮尸（刑科题本编号：02-01-07-2218-020）；嘉庆十九年，贵州黔西州谢谭氏谋死亲夫谢杨志，畏罪自尽，被议准戮尸（刑科题本编号：02-01-07-2533-004）。针对强奸杀人、谋杀亲翁、谋杀亲夫等犯罪性质极其恶劣、处刑极其严重的犯罪，即使犯人已经畏罪自尽，但司法实践中有时仍要对其尸体加以处置。但此种处置并非刑事制裁，而是统治集团利用此类案件以实现法律预防和威慑目的的策略。

③ 解兴权：《法律推理的涵义、性质及其功能》，《法律科学》1998 年第 6 期，第 3 页。

④ 张保生：《论法律推理的本质特征》，《吉林大学社会科学学报》1999 年第 3 期，第 40 页。

学界一般都承认法律推理包括"寻找应根据的法律规范的法律解释推理、对案件事实作出推论和认定的事实推理以及根据法律规范和事实进行裁判的司法判决推理三部分"[1]。

法律推理虽为现代法学概念，但确认案件事实、寻找法律规范、进行法律判决同样为传统法律实践之内涵，故为清晰了解传统司法实践中的思维和论证过程，理应重视传统司法中的法律推理问题[2]。

## 三　学术史综述

本书研究内容主要涉及致人自尽案件及其法律推理，故学术综述围绕这两个方面展开。

### （一）致人自尽案件

#### 1. 法律规定

清代律例中多个罪名都涉及追究致人自尽行为者的责任。相关研究首推日本学者中村茂夫的《自杀诱起者的罪责》一文。文章认为致人自尽在《大清律例》中的相关规定有："威逼人致死"条[3]以及"居丧嫁娶""恐吓

---

① 王舸：《案件事实推理论》，中国政法大学出版社，2013，第 3~4 页。

② 学者王志强认为，要深入了解制定法在司法裁判中发挥作用的方式，准确判定其作用的程度，理应重视法律推理问题。他将法律推理解释为："指在法律说理过程中运用法律理由的过程。"王志强：《清代国家法：多元差异与集权统一》，社会科学文献出版社，2017，第 102~104 页。

③ 现有研究中，有的称"威逼人致死"门，也有称"威逼人致死"条。为使行文表述更加严谨，有必要考查《大清律例》的篇目和体例。清初顺治三年（1646）清廷修成《大清律集解附例》，并于次年颁行，其篇目分门、分卷，均沿袭明律。雍正六年（1728），清廷颁行《大清律集解附例》，共分六类、三十门，律文 436 条，附例 824 条。乾隆五年（1740），清廷完成《钦定大清律例》（以下简称《大清律例》），律文 436 条，附例文 1409 条（《大清律例》，田涛、郑秦点校，法律出版社，1999，第 2~7 页）。《大清律例》正文除名例律外，以中央六部分篇，为吏律、户律、礼律、兵律、刑律、工律，律下再分门，如刑律下有贼盗、人命、斗殴、骂詈、诉讼、受赃、诈伪、犯奸、杂犯、捕亡、断狱等门，各门下又附律，如人命门下即有谋杀人、谋杀制使及本管长官、威逼人致死等 20 条律文，各条律文下又附有若干例文。如此，清代律典大致形成了"篇—门—条"三级结构。在此体例下，其结构应为刑律—人命门—"威逼人致死"条。但由于"乾隆以前，习惯对律称'条'，对例亦称'条'，并分别计律条、例条数目。后来又出现对律称'门'，对例称'条'的现象"（张田田：《〈大清律例〉律目研究》，法律出版社，2017，第 4 页）。这表明律文可称"门"也可称"条"。虽然并不需要强行作出区分，但为避免混淆，本书行文中，其律下所附具体例文称为"条例"，而不简称为"条"，以示"律条"与"例条"之别。

取财""威力制缚人"条例各 1 条,"强占良家妻女""诬告""犯奸"条例各 2 条①。至于各罪名之间的关系问题,文章对此并未作深入分析。

学界现有对致人自尽罪名的研究主要集中于"威逼人致死"律例,普遍认为该罪名是惩治致人自尽的集中规定②,对"威逼人致死"律例制定的渊源、条例内容的流变等方面的研究已经有比较丰富的成果。

关于"威逼人致死"律的产生,日本学者高桥芳郎在《明律"威逼人致死"条的渊源》一文中提出,明律中的"威逼人致死"律与《唐律疏议》"恐迫人致死"条的内容存在渊源关系。理由是:"威逼人致死"的行为在明清及其以前时代均存在;中国法律从唐至明清有较强的传承关系,"缺乏有力的论据来证明威逼致人自尽的行为只有到明清时期才被纳入法律处罚范围之内。"作者由此认为,明清之前(自唐代至元代)要对威逼他人自杀的行为人追究责任③。

相关论文有陈怡星的《"威逼人致死"条研究》,侧重梳理条例的变迁,文章从法律规范的实际运作情况得出明律"威逼"条源自唐律"恐迫人致死"条的结论。此外,文章还考察了"威逼人致死"条在清末及近现代新颁布的法律规定中的体现,用以观察"自杀肇因者须为其在自杀因果链中占有重要一环而付出相当代价"的观念如何进入法律,并在清末及中国近现代法律中如何继续存在④。

唐净分析"威逼人致死"条的内容并探究律例制定的原因。文章将"威逼人致死"条的内容放置在整个中国传统法律发展的历史进程中考察,分析该条内容折射的儒家思想对法律的影响,以及审判实践中所体现的中国古代的正义观念⑤。

总的来说,学界对"威逼人致死"条的研究多致力于爬梳律条以及条

---

① 〔日〕中村茂夫:《清代刑法研究》,东京大学出版社,1973,第 215~261 页。感谢北京大学学生程宇帮忙寻找此与文章写作密切相关的重要文献资料。

② "威逼人致死"律下所附例文 25 条。除第 11 条因奸有孕、奸妇堕胎身死,第 14 条中强奸杀死本妇,第 19 条强奸亲属将本妇杀死,第 21 条强奸不从主使本夫将本妇殴死,第 25 条贼犯放火或遗落火煤致毙事主等 5 条外,其他均属于对致人自尽的规定。参见(清)薛允升著《读例存疑(重刊本)》(四),黄静嘉编校,台湾成文出版社,1970,第 870~883 页。

③ 〔日〕高桥芳郎:《明律"威逼人致死"条的渊源》,《东洋学报》第 81 卷,1999,第 319~345 页。感谢青海师范大学 2014 级硕士研究生任秀玲提供资料。

④ 陈怡星:《"威逼人致死"条研究》,中国政法大学硕士学位论文,2009。

⑤ 唐净:《大清律例·刑律"威逼人致死条"研究》,北京大学硕士学位论文,2006。

例的流变过程，对该律例制定的背景尤其是影响律例制定的法律文化、法律观念的剖析稍显不足。

需要说明的是，"威逼人致死"并不是致人自尽的唯一罪名。本书也不是对"威逼人致死"罪的研究。除"威逼人致死"罪名外，《大清律例》中还有对导致他人自杀的行为人进行处罚的诸多规定，但相关研究明显不足。本书认为有必要打破律例的门类限制，对致人自尽的各个罪名及其相互关系进行重新审视。

2. 案件类型

由于学界对致人自尽罪名的研究主要集中在"威逼人致死"条，对致人自尽案件的研究也集中在此。

陈惠馨以乾隆元年"强奸未成但经调戏本妇羞忿自尽"的四件刑科题本案例为例，分析了案件提要内容，如案件的发生时间与地点、犯罪者与被害人的关系、案件的发生过程、案件的目击证人、被害人自杀的方式、审判的结果、案件犯罪者被恩赦的过程、犯罪者被赦免后对死者家属的赔偿、国家对死者的旌表等内容。作者的重点并非探讨致人自尽案件的不同类型，而是希望透过对刑科题本档案的分析，了解清代妇女在法律上的处境①。

陈郁如研究了乾隆年间刑科题本中"调奸本妇未成致本妇羞忿自尽"类型案件。其研究重点是《大清律例》如何被适用以及旌表制度②。

庄以馨从"威逼人致死"律的规范出发，将威逼人致死的案例分为父母夫妻伦常案件、奸非肇事案件、其他类型威逼案件。通过对律例及相关案例的分析，重在讨论"情罪平允"目标在法律实践中的最高地位，并分析了"情罪平允"法律世界中的法律观与秩序观③。

马芳林以清代亲属间"威逼人致死"案为研究对象，对威逼人致死涉及亲属关系的案件进行类型化分析，将案件分为"奸非肇事""因事而犯"

① 陈惠馨：《重建清朝的法律帝国：从清代内阁刑科题本刑科婚姻奸情档案谈起——依强奸未成或但经调戏本妇羞忿自尽案为例》，《法制史研究》第 5 期，2004。
② 陈郁如：《清乾隆时期刑科题本之研究：以调奸本妇未成致本妇羞忿自尽类型案例为例》，台湾政治大学硕士学位论文，2005。
③ 庄以馨：《情罪平允的法律世界——以清代"威逼人致死"案件为中心》，台湾政治大学硕士学位论文，2007。

两大类，重点分析亲属间"威逼人致死"案件的审理模式。文章认为，清代司法官员在律例的基础架构上，运用人情、礼、道德、天理、天道等层次性整体规范概念，不断对刑罚的妥适性加以评判，融合法与礼、情理、道德，作出符合形式上的用法要求并兼顾实质妥当性的判决①。

任秀玲以"因奸威逼人致死"为研究对象，剖析清代因奸威逼人致死例文发展完善的过程，将因奸威逼人致死分为：因奸威逼致本妇、夫、父母、其他亲属自尽四类，在案件分析基础上重点考察清代司法官判决"因奸威逼人致死"案件的处理方法：一是运用最为妥适的条例进行判决，以达到罪罚相符的目的；二是运用因果关系来判决案件，能够灵活地运用规则以达到有效制裁过错责任人的目的；三是运用人命追及原理，以达到清代民众心中公平、公正的愿望②。

相关研究主要以刑科题本和《刑案汇览》收录的案件为资料，涉及清代司法审判的审理模式、法律理念等，为本书写作提供了重要参考。在研究方法上，主要运用类型化分类方法，或依照犯罪性质，或依据犯罪当事人的身份，或按照案件处理程序等不同标准，对案件进行类型划分，以此来分析案件处理的原则和特点，进而勾勒出传统法律实施状况的整体轮廓。例如，要深入案件内部运作的实态，探讨审案官员的法律思维特征，在类型化分析基础上仍需要"抽样"，采用个案"深描"式分析方法，从司法官员的审断逻辑出发，在案件论证过程中归纳其法律逻辑，以更深刻地理解清代的法律文化、司法推理、责任证成方式等。

### 3. 法律推理

司法官员综合法律规范与案件事实进行判决，属于法律推理的内容。此方面研究首推王志强的《行动之法：刑部的法律推理》一文。文章以致人自尽案件为研究对象，以清代刑部官员审理案件时的法律推理过程为中心，认为刑部官员在案件审理中采取了事实及因果关联、情法比较、阐释法义、灵活裁量等论证技术。文章对刑部官员推理技术的论证非常精彩，突出表现为不同于现代的因果关系逻辑，倚重事实细节的情法比较，突破律例文义的法律解释方式以及一定限度的灵活裁量。文章认为司法推理呈

---

① 马芳林：《清代亲属间"威逼人致死"研究》，华东政法大学硕士学位论文，2014。
② 任秀玲：《清代因奸威逼人致死罪研究》，青海师范大学硕士学位论文，2017。

现上述特点主要缘于以下因素：一是中国传统思想中具有显著的实用理性，使司法领域对于规则的实用主义态度顺理成章；二是高度中央集权的政治机构及其产生的权力分配格局。最高统治者对司法的介入权和各级官员们的代理职能，对司法中的情理取向产生直接影响①。

王丙琰研究清代对"子女致父母自尽"案的处理，重点考察了此类案件审理运用的比附推理技术。文章认为，清朝司法官比附处理"子女致父母自尽"案中疑难案件的推理过程，其特色之处主要体现在两个方面：一是特别重视案件中当事人之间的身份关系，比附的对象往往优先考虑涉及伦理身份关系的规范；二是不比附适用"不应得为"之类的概括性条款，哪怕比附的规范相当牵强，也是罪刑规定相对具体的规范②。

郑志华在《试论清代刑案裁判的正当性论证》一文中，以《刑案汇览》中"威逼人致死"案为基本素材（随机选取 60 个"威逼人致死"案例，其中 54 个是致人自尽案），对清代刑事裁判的类型与特点进行了初步探讨。文章将清代刑事裁判的正当性论证方式分为形式推理、论理解释、比附以及实质推理等四种形式。作者认为清代刑事裁判正当性论证的突出特点是"认知情感"的融合，情感因素起着重要作用，这就使得传统的法律推理及论证具有强烈的感情色彩，使思维按照主观感情需要所决定的方向发展③。

致人自尽案件与一般的"他杀"案存在很大差异。其中，运用法律推理，确定加害人的行为与被害者自杀结果之间的因果关系是案件审断的关键因素。相关研究主要集中于法律适用的论证方法，对案件中的因果关系推理方式及其特点等问题着力不足。

### 4. 司法实践的影响

司法实践的影响属于法律评价的内容，主要涉及清代相关立法在实践中如何运作、司法实践是否达成立法目的等问题。

段文艳认为，"威逼人致死"律意模糊，使得地方官常把图赖事件作为"威逼人致死"案件来处理，老百姓"窥破"了法律制定的意图和地方官员

---

① 王志强：《清代国家法：多元差异与集权统一》，社会科学文献出版社，2017，第 102～136 页。
② 王丙琰：《论清代"子女致父母自尽"案中疑难案件的比附推理》，中南财经政法大学硕士学位论文，2019。
③ 郑志华：《试论清代刑案裁判的正当性论证》，复旦大学硕士学位论文，2001。

的策略，刺激了图赖现象的增多①。

薛文超认为，清代对引起自杀的宽泛处罚带来了不良后果，主要包括：引起"图赖"以及间接鼓励自杀引起的轻生成风现象；刺激了民众以死相逼的诉求；对引起自杀行为的处罚及相关立场，提供了一种社会行为的预期等②。

相关研究依然集中探讨"威逼人致死"律例在司法实践中产生的影响，并且多持否定性评价。本书认为，应对此问题作辩证分析，既要看到律例对于加害人惩治产生的积极结果，也不能忽略司法实践与立法目的之间的疏离，更重要的是要分析产生落差和疏离背后的社会原因。

综上，清代关于致人自尽案件的研究主要分为法律规定、案件类型、法律推理、司法实践的影响等几个方面，已有成果为本书的写作提供了重要参考。但相关研究主要集中于"威逼人致死"罪及其案件审断，而这仅是本书的重要内容之一。致人自尽罪名体系的形成、因果关系的法律推理、责任证成等问题依然有深入探讨的空间和必要。

### （二）清代法律推理研究

法律推理虽系现代法学概念，但同样可用以考察传统法律。研究清代法律推理，可以更清晰地了解法律发挥作用的实态，是法制史由注重律例考订为主的静态研究向法律实践过程为主的动态研究的重要内容。

关于清代的法律推理暂无专门论著，相关研究以邱澎生和王志强的著作为代表。邱澎生以明代的《折狱明珠》、清代的《刑案汇览》及《审看拟式》等三种针对不同读者所设计的刑案汇编为研究对象，分析其中的法律推理方式。《折狱明珠》的读者为讼师，法律推理重在案件与法律的契合；《刑案汇览》的法律推理重点在于"法律文义解释"与"类推适用"；《审看拟式》的推理重点则是案情及法律适用③。

---

① 段文艳：《死尸的威逼：清代自杀图赖现象中的法与"刁民"》，《学术研究》2011 年第 5 期。

② 薛文超：《司法裁判结果责任的古今之辨——以〈红楼梦〉自杀事件的解读为例》，《东方法学》2017 年第 5 期。

③ 邱澎生：《真相大白？明清刑案中的法律推理》，熊秉真编《让证据说话——中国篇》，麦田出版社，2001，第 134~198 页。

王志强将案件分为"刑部命盗重案"与"州县自理词讼"两种类型，分别从"事实界定"与"论证的理由和过程"两个方面进行分析。其中，命盗重案在事实界定上并非以现代的因果关系为基础，而是"有其自身的逻辑基础，即建立在过错程度的分析之上"。就论理的过程而言，命盗重案因为"引据的法源相对较为单一"，所以其法律推理大致上引用与案情描述相同或类似的律条，并"同时兼顾制定法体系的协调性"，以达到"情罪相符"①。

罗洪启的专著《清代刑事裁判司法论证研究——以刑部命案为中心的考察》一书，突破以往对清代刑事裁判司法论证笼统研究的状况，以刑部命案为中心，将清代司法官员由认定事实、选择律例、解释律例，再到运用法律推理以得出最终判决的过程作了完整的论述。作者将清代刑事裁判的论证方式分为形式合理性论证和实质合理性论证两类。形式合理性论证，指的是依据"法律内部"规范与演绎思维来为个案提供公正合理判决依据的论证；实质合理性论证，指的是在"法律外部"寻找裁决理由来裁决个案的论证。"法律外部"的理由和根据，可能出自道德和社会方面的考虑，也可能基于"那些在文化中业经牢固确立的价值规范，贯穿于法律制度中的基本原则，显而易见的情势必要性及占支配地位的公共政策方针"②。

虽然关于清代司法官员裁决案件的具体推理过程尚无专门系统的论述，但与此密切相关的诸如法律渊源、法律论证方式等问题的研究业已取得很多值得称道的学术成就。

1. 司法裁判依据

司法官员依据何种准则进行案件审断，涉及清代的"法源"问题。围绕这一问题，长期以来，在以清代为代表的中国古代司法审判研究中，传统司法体制的构造和司法审判的特征一直都是学界研究的热点。

德国学者马克斯·韦伯的观点影响可谓深远。他将中国古代司法制度特征描述为："法官是典型的家长制法官，以彻底的家父的方式来审案断

---

① 王志强：《清代司法中的法律推理》，柳立言主编《中国史新论：法律史分册》，联经出版事业股份有限公司，2008，第 283~311 页。

② 罗洪启：《清代刑事裁判司法论证研究——以刑部命案为中心的考察》，中国政法大学出版社，2016。

狱，像所罗门审判一样，是典型的卡迪司法。"① 此种法律制度的特点是，"没有确定的成文法律，法官常常依据社会上的一般公正观念为准则，依据他个人对世态人情的洞察、个人化的知识积累断案，因此常常只注重具体个别案件结果的是非公正，不注意总体上制度的合理性；注重解决具体纠纷，而不注意抽象的法律条文和原则；注重个别案件结果的合乎情理，而不注意通过公共化的、形式化的逻辑思辨来发展和系统化法律的原则。"②

日本学者滋贺秀三也沿着这一论断路径提出：清代民事审判是一种"教谕式的调停"，清代民事审判的主要法源是"情理"，清代地方官在处理民事纠纷时，更多依据"人情、天理、国法"对当事人之间的关系进行全面调整，而非运用法律来对事实进行单方面判断。但这并不意味着法律就被轻视，因为法律本身是基于情理而定的——国法好比情理大海上的冰山。根据滋贺秀三的说法，情理可以被理解为一种存在于日常生活中带有常识性色彩的正义衡平的感觉，只存在于每个人的内心，但法和情理又非彼此相互对立而存在。"法使情理明确化，并赋予其强制力，法又通过情理加以解释和变通。国家的法律由情理之水凝结而成，就像在情理的大海上时而可见的漂浮的冰山。"③

对此，华裔美籍学者黄宗智则提出了不同的观点，他以清代淡新、宝坻、巴县地方档案为依据，发现绝大多数民事诉讼是依据《大清律例》判决，衙门在处理纠纷时，要么让庭外的社区和亲友调解解决，要么就是法官听讼断案，依法律办事。县官本人极少在庭上进行调解。黄宗智关于清代诉讼审判的看法是，清代地方官在司法"实践"中频繁依据律例审理民事纠纷，并且多数还是当庭作出是非分明的判决。但清代地方司法官在最后判决的官方言语"表达"中大力宣传传统的儒家伦理道德，以一种父母官"牧民"的姿态，把自己标榜成一个以德化民的青

---

① 〔德〕马克斯·韦伯著《中国的宗教：儒教与道教》，康乐、简惠美译，广西师范大学出版社，2004，第156~162页。
② 苏力：《法治及其本土资源》，北京大学出版社，2015，第84页。
③ 〔日〕滋贺秀三：《清代诉讼制度之民事法源的概括性考察——情、理、法》，〔日〕滋贺秀三等著《明清时期的民事审判与民间契约》，法律出版社，1998，第19~53页。

天父母官①。

我国台湾学者林端针对韦伯以西方二元对立式、理念型的概念建构对比中西不同的法律文化，借此描绘中国传统法律的特性提出批评。他认为，这种"非此即彼"的二元对立概念忽略了嵌入中国社会文化中的法律与司法一向讲究的天人合一、德主刑辅、儒法并行、相反相成、和谐圆融、既此且彼、一多相融、衡情酌理、国法不外人情等面向，对中国法律文化"非此即彼"的无意识认知，必然会使韦伯的论述最终无法切中要害。在此基础上，林端阐释了中国传统法律文化多值逻辑的五种面向：一是以例补律；二是情、理、法同为法源；三是官方审判与民间调解互补并行；四是官方审判、民间调解与"神判"互补；五是国家法律与民间习惯互补，从而构建了清代法律与司法审判中多值逻辑的运作图景②。

值得注意的是，滋贺秀三、黄宗智以及林端之间的争论主要以清代的民事审判为核心展开，对于清代的刑事裁判模式他们的理解并无太大差异。徐忠明指出："就否认民事审判依法判决的学者而言，他们（上述学者）也都承认明清时期的刑事审判基本上是遵循依法判决原则的，甚至划分出了'民事裁判·情理'与'刑事裁判·法律'两种对立模式。"对于这种理想的架构图式，徐忠明并不完全赞同。他认为，应将刑事审判与民事审判置于同一维度来评判。从民事案件到笞杖案件再到命盗案件，就是一个不断延展的案件系列，其中不乏交叉案件。就"依法判决"而言，从民事案件到命盗案件，对"依法判决"的要求逐步增加，但它们之间难以作出根本区别，只有处罚轻重上的差异。徐忠明的结论是，情理可以成为民事裁决的基准，同样也可以作为刑事案件乃至命盗案件的判决依据③。

何勤华在《清代法律渊源考》一文中提出，清代的法律渊源是多样的，包括律、例、成案、习惯、情、理等，"《大清律例》作为清代法律的主要渊源，不仅在刑事案件中几乎完全适用，即使在大量的民事案件中也得到

---

① 〔美〕黄宗智著《清代的法律、社会与文化：民法的表达与实践》，上海书店出版社，2001。

② 林端：《韦伯论中国传统法律》，中国政法大学出版社，2014。

③ 徐忠明：《明清刑事诉讼"依法判决"之辨正》，《法商研究》2005年第4期。

贯彻。那种认为《大清律例》只是具文，在司法实践中没有得到遵守的观点是不对的。"文章提出，在法律渊源的综合适用过程中，其背后起衡平、调节作用的关键因素，在于维护一种对统治阶级有利（至少是无害）的社会秩序——民事的、刑事的或行政的秩序的考虑，这是统治阶级适用法律的出发点和归宿点①。

清代司法审判依据的相关研究，有助于深化对传统法律渊源及审判模式的认识，尤其是学者对刑事裁判中情理因素的关注给本书写作提供了很大启发。清代致人自尽案件无疑属于"命盗重案"，但它是一种与"他杀"迥异的特殊的"命案"，对责任者的处罚包含笞、杖、徒、流、死各刑等，在这种案件中，官员无论是在案件事实推理还是司法判决推理过程中都体现出鲜明的特色。

2. 法律论证方法

传统司法审判中比附类推被广泛运用于法律论证，因而受到学者的关注。卜德和莫里斯撰写的《中华帝国的法律》影响甚大。作者在书中提出了类推的含义："某些法律适用范围虽然不包括某案件，但在诉讼过程中，法官认为可以依据该法律中所体现的原则审理该案，因而使该原则得以实施。"此外，该书也对类推的目的、法理及其在清代法律中的作用进行了充分论述②。

美国学者陈张富美在《清代法律中的类推》一文中讨论了类推的性质及其是否为清代法律的有效原理问题③。作者认为，清代比照或比引（两者皆被译为"类推"）的主要作用是针对个案的特殊情节，试图给予最适当的刑罚，其很少被用于设立新罪。她与卜德和莫里斯就清代法律类推问题提出了三个方面的商榷意见：第一，需审慎区分为了入罪的类推与判决过程中司法官为了寻求与罪刑相适应刑罚的类推；第二，需确认是否司法官于形式上而非实质意义上使用"类推"这一术语；第三，需直接解决类推

---

① 何勤华：《清代法律渊源考》，《中国社会科学》2001年第2期。

② 〔美〕卜德、莫里斯著《中华帝国的法律》，朱勇译，中信出版集团，2016，第462~495页。

③ 〔美〕陈张富美：《清代法律中的类推》，陈新宇：《帝制中国的法源与适用：以比附问题为中心的展开》（附录二），上海人民出版社，2015，第154~163页。

与刑罚修正之间的关系问题①。

　　日本学者中村茂夫在《比附的功能》一文中对比附进行了专门探讨。他认为比附与类推存在差异，类推是逻辑性地分析法律规定，确定其意义，为了推论某起事案是否包容在构成法律规范的语言里而进行的抽象思考；比附可以说是通过更大的视角捕捉事案的共同本质部分，以获得类似性。比附的目的是为寻求量刑的妥当性。他认为比附产生必然性在于法的构造本身，"旧律的法规范本身不是抽象的，而是具有详细区分的构成要件，对犯罪所适用的刑罚的种类、分量都具有法官没有任何酌量余地的法定的、绝对性法定刑的法律构造，不论构成要件区分得多么详细，也无法囊括所有事件"②。

　　陈新宇提出，司法实践中比附得以频繁运用的原因是，传统法条以"客观具体化"与"绝对法定刑"为特征，两者存在紧张关系。客观具体化

---

① 《中华帝国的法律》一书认为："为加重对她的处罚，理论上讲，刑部应'比照'而非'依律'。"陈张富美则认为，此论混淆了两个问题：一个问题是律的类推和直接引用，另一个问题是律所规定的刑罚之修正。她提出，清代的司法官员在直接引用律例断案时，会依据罪刑的轻重或者罪犯的个人情况而加减刑罚，此种情况属于刑罚修正而非类推。直接引用律例，却在律例规定的刑罚基础上予以加重或减轻，此种做法究竟属于法定刑罚修正还是比附类推，需要认真研究。《大清律例》罪名与刑名之间存在严格的对应关系，中间无自由裁量的空间。《大清律例·名例》加减罪例规定："审拟罪名，除奉特旨发遣黑龙江、新疆等处外，其余罪应军流徒杖人犯，悉照本条律例问拟，不得用不足蔽辜、无以示惩、从重加等及加数等字样，擅拟改发新疆等处，并不准用虽、但字样抑扬文法。其案情错出，律无正条，应折衷至当，援引他律他例，比附酌核。或实在案情重大，罪浮于法，仍按本律例拟罪。均于疏内声明，恭候圣裁。至律例内如拒捕、脱逃等项载明照本罪加等者，仍各遵照办理。"参见（清）薛允升著《读例存疑（重刊本）》（二），黄静嘉编校，台湾成文出版社，1970，第135页。

　　该例规定，军、流、徒、杖人犯，均依照本条律例问拟，不得更改其刑罚。只有存在律例明文规定的拒捕、脱逃等加重罪刑的情节且律例明确规定依照本罪加等时才可改变其原有刑罚。正如薛允升评价："律为一定之法，擅拟加等，则有定而无定矣。"为维护法律的稳定性，依照律例定拟罪名是不能加减其刑罚的。这就意味着，如果是依照律例裁断，就无法对某人加重或减轻刑罚，如果要进行法定刑罚修正，则只能"比照"某例处断。《大清律例》规定："其律例无可引用，援引别条比照者，刑部会同三法司公同议定罪名，于疏内声明律无正条，今比照某律某例科断，或比照某律某例加一等、减一等科断，详细奏明，恭候谕旨遵行。"此例进一步说明，只有当律无明文需援引比附时，才可比照某例科断或比照某例加减刑罚。综上，笔者认为，陈张富美的看法仍有可商榷之处。当律有明文，官员可直接依据律例裁断时，并不存在法定刑罚的修正情形，如果比照某例处断，可进行刑罚的加等或减，此种做法应属于"比附类推"。

② 〔日〕中村茂夫：《比附的功能》，杨一凡、寺田浩明主编《日本学者中国法制史论著选》（明清卷），中华书局，2016，第217～236页。

的立法使得法条过于僵硬，难以涵摄具体事实，绝对法定刑与个案的个性化处理无法协调。比附不仅是一般的类推，它还是一种发现、论证罚则的手段，在传统立法技术无法取得突破的情况下，得以去发现、论证法条与罚则，而这种基准的判断建立在司法经验之上，并通过审转制度的完善加以限制①。

管伟认为，中国传统司法裁判中的比附援引是要求司法官在律例皆无明文的情况下，按同类事例比照处理的方式进行裁判。中国传统法官在比附援引的司法实践中，并非根据法律的形式思维来判断事理是否相类，而是较多受到案件事实之外因素的影响和制约。具体表现在：身份与量刑结果适应性、"伦常压迫性"、"因果报应"的归责理念②。

现有研究关注法律实践中的推理模式、法理思维、法律解释等问题。对司法论证具体方式，尤其是比附类推的适用原则着力颇多。相关研究为本书写作提供了诸多借鉴。

综上，本书认为，如下几个方面存在深入探讨的空间及推进之处。①法律规定：致人自尽罪名、罪名间的相互关系、罪名体系呈现的特点等。②案件研究：除了划分案件类型作总体性概述之外，需要以"个案"描述的方法，深入探究法律运作的实态，揭示法律究竟在何种程度上起到何种程度的作用。③法律推理：以致人自尽案为中心，探讨清代追究自杀行为中他者责任的因果关系机制及特点，探求背后的深层次原因。④司法实践：以社会治理与社会效果的契合与疏离为切入点，辩证分析清代追究自杀行为中他者责任所产生的实际影响。

## 四　材料与方法

本书除利用中国第一历史档案馆馆藏刑科题本外，主要以清代案例汇编为分析材料，包括以刑部核覆案件为主体纂辑成的《刑案汇览三编》《驳案汇编》《刑案新编》等。

清朝命案的审判程序大致是，先由州县衙门审理，将审问记录上报知

---

① 陈新宇：《清代的法律方法论——以〈刑案汇览三编〉为中心的论证》，《法制史研究》第6期，2004，第99~133页。

② 管伟：《论中国传统司法官比附援引实践中的思维特色——以刑案汇览为例》，《法律方法》2008年第7卷，山东人民出版社，第267~275页。

府，逐级转报监司（按察使）、督抚，由督抚写成题本，送中央通政司转内阁、刑部；其中，刑部审理的京师死刑案件，则由刑部具题本直送内阁。经三法司核拟等程序，最后将断案意见呈报皇帝，由皇帝作出裁决，再下内阁转刑科给事中抄出，下达施行。案件上报过程中形成的文字记录——题本，及刑科给事中科抄题本，被称为刑科题本。[①] 刑科题本的优点是案件记录比较完整，一般包括尸场勘验情况、罪犯的口供、相关见证人的口供及其他相关情况，明确记录了案件过程、判决依据以及审断结果等。刑科题本是研究清代刑罚制度的重要资料。本书按照研究主题和类型选取部分刑科题本案例进行分析。

《刑案汇览三编》含《刑案汇览》《续增刑案汇览》《新增刑案汇览》三种，由任职刑部的祝庆祺、鲍书芸、潘文舫、徐谏荃等编纂而成。其中，《刑案汇览》《续增刑案汇览》的时间跨度从乾隆元年（1736）至道光十四年（1834），《新增刑案汇览》时间跨度从道光二十二年（1842）至光绪十一年（1885），《刑案汇览三编》共收录案件 7600 余件，是古代篇幅最大、涉及范围最广、分类最为详细的案例编纂类图书[②]。初步统计，《刑案汇览三编》中涉及致人自尽案件 500 余件，笔者从中选取若干典型案例进行分析。

《驳案汇编》为《驳案新编》与《驳案续编》的合本。《驳案新编》收录自乾隆元年（1736）至乾隆四十九年（1784）的 319 件案件，《驳案续编》收录驳案 62 件。《驳案汇编》所收大部分案件是刑部"奉上谕指驳改拟"而定，"每驳一案、定一例，各出所见，讲明而切究之；开惑剖弊，要皆阐发律意例义之精微，本经术而酌人情，期乎乎中正平允而止"[③]。在驳议的过程中，或引律例条文，或引律注，或引成案，目的是"一案而通乎情法之准"。相关案例有助于深入了解刑部案件审断的过程及其法律逻辑。

《刑案新编》编者为赵尔巽，现有版本为兰州官书局光绪二十八年

① 中国第一历史档案馆、南开大学历史学院暨中国社会史研究中心编《清嘉庆朝刑科题本社会史料辑刊》（第 1 册），天津古籍出版社，2008，序言第 1 页。

② （清）祝庆祺等编《刑案汇览三编》，北京古籍出版社，2004。

③ （清）阮葵生：《驳案新编》（序），（清）全士潮、张道源等纂辑《驳案汇编》，何勤华等点校，法律出版社，2009。

（1902）排印，笔者所采用的是哥伦比亚图书馆数字化版本资源①。该书收录道光、咸丰、同治、光绪四朝案件，且案件多为他书所未刻。该书内容颇具特色，"一是可以观察道咸同光四朝政局动荡、战乱频繁阶段的司法运作。二是针对同一案，往往收入居于审断不同阶段的几份公文，详录其原委，有助于探查案件全貌、全过程"②。

除上述资源外，本书还利用了台湾"中研院"历史语言研究所的内阁大库档案数据库资源③。历史语言研究所藏内阁大库档案的所有文字提要与全文影像已实现网络检索。其中，目录检索对外开放，全文影像检索需要得到授权。

中央刑部拟结的案件一般都经过县、道、府、省等层层审转，若仅研究中央刑部案件，就无法全面了解此类案件在州县初审时的情况。为考察案件在基层审理时的原始形态，本书选取了部分州县衙门档案，摘取了《巴县档案》（主要利用已经出版的《清代乾嘉道巴县档案选编》《清代巴县档案汇编》《巴县档案整理初编》）④ 和《清代新疆档案选辑（刑科）》⑤ 等的若干案例。

本书利用地方司法档案，希望从中了解清代基层司法官员勘验、认定事实、审判的整个过程；也借此考察清代州县基层官员与中央刑部官员在法律观念、法律推理等方面的异同。由于清代地方司法档案数量极多且分布区域较广，而笔者囿于时间、学力等因素，本书所利用的州县案例数量

---

① 笔者首次获取该书信息是在沈阳师范大学张田田老师介绍《刑案新编》的著作中。后与哥伦比亚大学负责中国研究电子资源的王成志博士联系，承蒙惠赠该书电子资源，在此感谢。

② 张田田：《赵尔巽编〈刑案新编〉（介绍一）：以命盗类案件为例》，《法律文化论丛》（第2辑），法律出版社，2014，第131页。

③ 内阁大库档案网址：http://archive.ihp.sinica.edu.tw/ttscgi/v2/ttsweb。台湾历史语言研究所藏内阁大库档案原藏于清宫内阁大库，宣统元年（1909）因大库整修而被移出。清亡后几经转手，后在首任所长傅斯年先生的努力下，于民国十八年（1929）自李盛铎手中购入。这批档案有4000多件明代文书，30多万件清代档册，以题奏本章占最大宗。内阁大库档案内容多涉及一般行政事务，很多案例并不见于会典或则例，是研究制度史的重要材料。

④ 全国现存清代县级衙门档案中数量最多的即是巴县档案，近11.3万卷，上自乾隆十七年（1752），下迄宣统三年（1911），跨越159年。其中又以司法档案最多，约占总数的90%，为研究清代尤其是乾隆时期的县级司法状况，提供了珍贵的材料。参见四川省档案馆编《清代巴县档案整理初编·司法卷·乾隆朝》（二），西南交通大学出版社，2015，第2页。

⑤ 中国边疆史地研究中心、新疆维吾尔自治区档案局合编《清代新疆档案选辑（刑科）》，广西师范大学出版社，2012。

非常有限，这也影响了本书对某些问题探讨的深度。

## 五　结构安排

本书主要采用沈家本先生提倡的"纵横考证"研究方法①。所谓"纵"的考证就是"考其沿革穷原竟委""深究其本"，本书第一章和第二章即重点讨论清代自杀行为中他者责任追究的法律观念及法律规范的产生、沿革，分析其变动趋势，并从其流变过程中探究立法意旨。所谓"横"的考证，就是"查其原因""究其反响""观其得失"，从法律与社会的关系角度探求立法原因、立法目的、司法实践的影响。本书第三章、第四章即从法律与实践的角度，研究致人自尽法律规范的实际运用，并考察其得失。具体章节及内容安排如下。

第一章　"法律文化：观念形成的基础"。本章考察清代对自杀行为中的他者进行责任追究的法律文化背景。重点探讨"人命关天"的理念以及自杀在中国文化中作为"冤抑"表达的特殊意涵。文化观念渗透进法律规范，成为法律制定的深层次背景。

第二章　"法律制定：罪名体系的建立"。本章考察清代自杀行为中他者责任追究的罪名体系。利用《唐律疏议》《元典章》《大明律》等法律典籍辅以相关案例梳理清代之前对自杀行为中的他者责任追究。至清代，法律规定更加丰富完备，形成致人自尽罪名体系。本章按照行为性质，将该体系分为因犯罪行为导致他人自尽、因非罪行为导致他人自尽及因"失职"导致他人自尽三个类别，并从立法技术、立法趋势、立法目的等方面分析其特点。

第三章　"法律推理：因果关系的建立与责任证成"。本章考察清代自杀行为中对他者进行责任追究的法律推理。清代官员在查明案件事实的基础上，通过法律推理，在加害者行为与被害者自杀之间建构因果关系，进行归责。其因果关系的推理过程与现代法律存在较大差异。为实现"情罪允协"的目的，官员在案件处断中利用"断罪引律例"、比附类推、援引成案等方式进行责任证成。

第四章　"法律评价：制度设计与社会影响"。本章考察追究自杀行为

---

① 沈家本：《寄簃文存》，商务印书馆，2017，第280页。

中他者责任的法律实践的影响。清代对卑幼致尊长自杀的行为实行严格的责任追究，借助法律来强化家庭或家族内的等级秩序；利用重刑来惩治侵害妇女名节之人，以维护社会风化；通过刑事和行政处罚手段，打击官吏"失职"行为；设立多个罪名来责罚倚仗权势、地位等欺凌弱势的行为人。清代通过法律惩治来加强对社会秩序的管控，但法律实践产生的效果仍与其立法初衷存在一定偏离。

# 第一章　法律文化：观念形成的基础

近代以前，西方基督教社会视自杀为犯罪，传统中国并无此观念。中国社会一直有"人命至重"的理念，重视生命是社会基本共识。自杀在中国文化中具有特殊的意涵，往往与冤抑相连。在民众的认识中，自杀并不一概被视为自愿结束生命的行为，反而往往被看作是因他人"逼迫"，走投无路情况下的无奈之举。这些观念渗透进清代法律，突出表现为律例将"自杀"者视为"被害者"，对引起被害人自杀的他者进行追责。

## 第一节　"人命至重"的理念

"人命至重，难生易杀，气绝而不续者也，是以圣贤重之。"[1] 其实无论是执政者还是普通民众，重视生命可谓基本共识。"人命关天"这一相对通俗的表达，将人的生命提升到"天"这一无以复加的高度，反映了国人自古以来对生命的朴素情感[2]。

### 一　重视生命

中国人对自杀的看法和评价与本书论述主题密切相关。其实质涉及传统中国生命观问题，即如何看待生命本身，生命的价值如何衡量（轻于鸿毛还是重于泰山），对生命的观念意识如何影响执政者，如何渗透进法律层面，等等。与本书研究主题相比，此问题本身就是一个过于宏大的课题。本书从中择其一二加以论述。以下分别从东西方视角分析社会对自杀的态度。

---

① （晋）陈寿撰《三国志》，（南朝宋）裴松之注，中华书局，1982，第417页。
② 有学者认为，"人命关天"意即人命所关者不仅是人，而且关乎天；再由天的作用，反过来关系到人。其中的一个重要中介就是怨冤之气。参见霍存福《复仇 报复刑 报应说——中国人法律观念的文化解说》，吉林人民出版社，2005，第230页。

古希腊罗马时期对自杀实行"许可制度":

> 不愿再活下去的人应该向元老院说明理由,并在得到许可后去死。
> 如果生活使你不愉快,你可以死;如果你运气不好,你可以喝毒芹汁
> 自尽。如果你被痛苦压倒,你可以弃世而去。不幸的人应该说出他的
> 不幸,法官应该向他提供补救的办法,他的不幸就可以结束。①

只有未经国家批准,自杀才被视为非法。如果个人自杀事先没有请求
主管机关批准,则会受到惩罚。不能享受正常的荣誉和葬礼,而且尸体的
一只手还要被砍下来另埋他处②。

基督教社会形成后,自杀就被正式禁止。公元452年的阿莱斯宗教会议
宣布自杀为犯罪行为。公元563年的布拉格会议将自杀作为犯罪条文正式列
入法典③。法国路易十四时期,1670年颁布的刑法规定了对自杀者的惩罚:

> 尸体的脸朝下放在柳条筐里被拖着游街示众,然后被吊起来或扔
> 在垃圾场上。财产被没收。贵族被贬为平民,他们的树林被砍伐,他
> 们的城堡被拆毁,他们的纹章被打碎。④

进入20世纪,西方对"自杀罪"的法律处分虽趋轻缓,但直到1961
年英国颁布"自杀法案",自杀罪才被正式废除。德国也于1871年全面废
止有关处罚自杀的法律⑤。

清末律学家吉同钧针对西方处罚自杀者的问题进行过论述:

> 英法凡自杀者为重罪,按诸希腊律应断手,盖谓凡人受命于天,

---

① 〔法〕埃米尔·迪尔凯姆著《自杀论》,谢佩芸、舒云译,台海出版社,2016,第350~
351页。
② 柏拉图:《法律篇》第9章第12节。转引自〔法〕埃米尔·迪尔凯姆著《自杀论》,谢佩
芸、舒云译,台海出版社,2016,第350页。
③ 〔法〕埃米尔·迪尔凯姆著《自杀论》,谢佩芸、舒云译,台海出版社,2016,第346页。
④ 〔法〕埃米尔·迪尔凯姆著《自杀论》,谢佩芸、舒云译,台海出版社,2016,第347页。
⑤ 李建军:《自杀:是"犯罪"还是"权利"?自杀行为在西方法律史上的演变述评》,《云
南大学学报》(法学版)2009年第1期,第132页。

非由天命不得私自残害，故犯自杀者常坐两重罪，一于宗教则背上帝好生之德，一于国法则违君上爱民之意，故犯自杀者应罚去身后所遗之财产，及分内应得之光荣，以彰其罪，将其财产没官，不得用礼式安葬。……若临大节而杀身成仁，及妇女拒奸自尽保全名节者，免罪。盖西人以生命为重，自杀悬为厉禁，英、俄皆明载律内，虽以忠臣烈妇，俄法亦仅免罪而已……总而论之，西人自杀为重罪。[①]

西方视自杀为重罪主要基于其宗教信仰。在基督教的信仰中，个人的生命只属于上帝，不能私自残害。自杀行为在宗教和社会层面均被视为有害，既违背教义又违背国法。但自杀者已死，无法对其本人加诸刑罚，于是西方国家通过立法的方式，剥夺自杀者之遗产、荣誉等，对死者进行惩罚。

清代的律学家如沈家本、吉同钧等基于中国传统文化观念，都认为西方惩治"自杀罪"不合乎天理、人情。沈家本认为："夫以有罪之人而自杀尚无罪之可加，乃以无罪之人而自死反有罪之难免，岂情也哉？岂理也哉？"此论点从有罪之人自杀而不对其加罪，反证无罪之人自杀却被治罪的不合理性。吉同钧持有相同观点：

西人自杀为重罪之说，原为情理未安，盖人非困苦难堪，何肯自戕其生？今不矜之哀之，而反加其罪，仁人之心必不出此，而又夺其财产、光荣而摒弃之，此更不合天理者也，使死者而有知也，在黄泉能勿饮恨？使死者而无知也，即重罪乌足为惩？彼杀人有罪之犯未论决而自杀，即无罪可科，自杀之人本系无罪，若科以重罪，反较杀人者责备为刻，是岂其情理所有也哉？西方之不宜行于中国，此其一端。[②]

自杀者因不堪困苦而结束生命，本应被矜悯，西方却将其自杀行为视为犯罪而加以惩罚。假如死者死后有知，定会心有不甘；假如死后无知，

---

① （清）吉同钧撰《大清现行刑律讲义》，栗铭徽点校，清华大学出版社，2017，第327~328页。
② （清）吉同钧撰《大清现行刑律讲义》，栗铭徽点校，清华大学出版社，2017，第328页。

惩戒自杀者的意义何在？杀人者未论罪之前自杀，法律认为"其人已死，其罪可赦"，故不加罪，但对无过错（无罪）的自杀者却处以重刑。两相对比，难免会使人得出法律对待自杀者比杀人者更为严苛的结论，这显然不符合中国人的正义观念。

反观中国，国人并未将自杀视为犯罪，有时反而褒扬某些自杀行为：

> 社会上认为自杀是一种弱者的反抗，往往表示同情。羞忿自尽的是烈女，合室自焚的是忠臣，厌世蹈海的是烈士。甚至于因恋爱而情死的也传为佳话。①

此种对自杀行为某种程度的褒扬典型体现在正史的书写中。例如，《史记》中记载自杀个案共 102 处，可计数者 623 人②。有研究者将《史记》中记载的自杀原因分为八类：政权被推翻的君主自杀；发动政变失败后自杀；权力之争中失败而自杀；兵败穷途而自杀；功高震主、为主不容自杀；自杀言志，以此证明自己的清白；畏罪自杀；宁死不屈、以死抗拒虏囚之辱等③。司马迁的《史记》在书写个人自杀时，熔铸了自身独特而深邃的死亡观念，给予自杀者以崇高的道德评价，弘扬儒家"杀身成仁""舍生取义"的死亡观，对"死节""死仁""死义""死国"的死亡观进行了思考和阐释④。

历史书写传递的信息是，当面对"忠孝节义"等更高的道德追求时，"人的道德生命重于生理生命，人们为光大、舒展自我的道德生命，可以也应该付出生理生命，勇于去赴死"⑤。在某些情况下甚至选择自杀才是合理的，"如不肯自杀，还需要为不自杀而辩护，解释为何在这种情况下竟然不自杀"⑥。此后正史的书写也基本延续着这个进路和方向。

---

① 欧阳哲生主编《丁文江文集》（第一卷），湖南教育出版社，2008，第 296 页。
② 李建军：《自杀研究》，社会科学文献出版社，2013，第 7~8 页。
③ 李建军：《自杀研究》，社会科学文献出版社，2013，第 32 页。
④ 李建军：《中国人自杀的传统之根——典籍中的自杀事件及自杀行为的历史文化因素分析》，《山东社会科学》2015 年第 11 期，第 93 页。
⑤ 郑晓江：《论中国传统死亡智慧的现代价值》，《哲学与文化》1993 年第 8 期，第 799 页。
⑥ 罗炳祥：《在泰山与鸿毛之间——儒家存生取死的价值观》，卢国龙主编《儒教研究》第 1 辑，社会科学文献出版社，2009，第 20 页。

人们对于自杀者的评价标准主要依据其自杀目的。例如，学者从伦理学角度将自杀分为两大类。一类是为己性自杀，即为自己的缘故而自杀（如因久病厌世、畏罪、无力偿还债务等而自杀）；一类是为他性自杀，即为他人的利益而自杀（如为了丈夫、国君、社稷、朋友等）。古代中国对为己性自杀（除了特殊情况，如为了自己的尊严而自杀）的评价趋于负面，认为此种自杀在道德上是错误的。国人更关注"为他性自杀"[①]。"志士仁人，无求生以害人，有杀身以成仁"，这是先秦儒家对生命价值的经典论述。如此，生命之上有更高的道德价值，为持守仁义道德，人应在必要时主动（或是被动）结束自己的生命[②]。中国正史的书写恰恰体现了这方面的特点，褒扬"为他性自杀"行为。

褒扬为他人自杀与本节论述主题"人命至重"并不形成悖论。一方面是人们对自己生命的无比珍视，在"好死不如赖活着"的人生哲学中体现了对现世生活和生命的重视：即使人生难免苦难、生活中充满艰辛也不应放弃生命。另一方面是统治者褒扬（有时甚至是要求）"他人"的"自杀"，为更高的道德追求主动放弃自身生命，即"杀身成仁"。

重视生命体现为"追责"。此处"追责"应作扩大化解释，并非限定法律追究的刑事责任。如果是纯粹出于自身原因的"主动自杀"，则不属于法律追责的范围（但不绝对，当"主动自杀"者为尊长时，卑幼也要被追责。后文详述）。例如，普通民众因贫困、疾病而自愿赴死，或感情受挫而轻生弃世等，虽然导致其自杀的原因是明显且易于识别的，但在中国，自杀本身不属于犯罪，加之法律惩治的对象只能是人，而不能是客观方面的疾病或主观方面的精神痛苦等因素，于是上述的"主动自杀"就不在法律的追责范围内。除上述纯属自己因素的"主动自杀"外，其他类型的自杀其实都要追责。为殉国的忠臣义士而谴责、打击敌人，属于向敌人追责，其目的则是"抵偿"忠臣义士的死亡。当然"抵偿"的方式不限于此。忠义之士"杀身成仁"，以死殉国，其行为代表了国家提倡的更高层次的道德追求，故国家对其旌表，也可在正史中为其立传扬名，令后人纪念或敬仰，

---

① 罗炳祥：《在泰山与鸿毛之间——儒家存生取死的价值观》，卢国龙主编《儒教研究》第1辑，社会科学文献出版社，2009，第20~21页。

② 罗炳祥：《在泰山与鸿毛之间——儒家存生取死的价值观》，卢国龙主编《儒教研究》第1辑，社会科学文献出版社，2009，第23页。

此举亦可视作对其生命的"抵偿"。如果是在国家权力管辖范围内则可利用法律来追责，通过法律惩治加害者。下面以"贞节烈妇"群体的自杀为例对此作一说明。

古代中国女性处于依附地位，其中"青史留名"的大多数属于自杀的"贞节烈女"。有学者以清代国家的"旌表"为例，将受到旌表的女性分为因父母未有子孙而终身奉亲不嫁之孝女、守节之妇（不论妻妾）、未婚贞女、因强奸不从致死及因人调戏羞忿自尽之妇女，以及被亲属逼嫁致死之节妇等几种身份①。除为尽孝而终身不嫁的孝女之外，其余几类都与保护贞节有关。因为贞节关系到父系社会结构的维系，保护女子的贞节，不但是女子个人的权利与义务，也是所有人的责任②。国家法律会对强嫁或者强暴致使妇女自杀的行为人处以重刑，多数情况下是"斩、绞"之刑，通过追究"淫恶"之人的刑事责任"以慰贞魂"。这也可视为对逝去生命的"抵偿"。当然"抵偿"的方式还包括政府的旌表、地方官给银建坊等③。

法律层面的追责与人们将犯罪视为破坏人与自然和谐秩序的观念有关：

> 在古代中国人看来，在人类与自然界之间，存在着和谐的秩序。人类的任何犯罪行为——尤其是杀人行为——都是对宇宙间和谐秩序的破坏。而要恢复宇宙的和谐秩序，只能通过对等性偿还的方式，才能达到——以命偿命，以眼还眼。④

导致他人死亡是破坏社会秩序的严重犯罪，只有通过"抵命"等"罚当其罪"的方式惩治加害者，才能平复被害者及其家人的仇恨或"冤抑"。清代致人自尽案件中频繁出现"未便置人命于不论"的论断，亦可见社会

---

① 陈惠馨：《清代法制新探》，台北五南图书出版股份有限公司，2014，第267~282页。
② 梁弘孟：《尊长权与贞节的冲突——以刑案汇览中"子妇拒奸杀伤伊翁"类案件为例》，《中正大学法学集刊》第50期，2006，第64页。
③ 清代规定："妇女因强奸不从致死，及因人调戏羞忿自尽，该督抚声明并非夫亡再醮者，俱准旌表，由刑部会礼部题奏。如该犯已死，经该督抚审结者，礼部会刑部题奏。……所有题请旌表之处向由礼部会同刑部具题旨下行该省，地方官给银三十两听本家自行建坊。其虽无手足勾引情事，但因出言亵狎及造辞污蔑即行捐躯明志者，俱应各按情节比照因人调戏之例准其一体旌表。"参见（清）汪廷珍主撰《钦定礼部则例》卷48，嘉庆二十五年刊本。
④ 〔美〕卜德、莫里斯著《中华帝国的法律》，朱勇译，中信出版集团，2016，第320页。

对于生命的重视①。

法律层面的追责也与自杀行为并非自愿选择而是被他人逼迫所致的认识有关。清初，康熙皇帝将官民家人以自缢投水身死报部者甚多现象的原因归结于"本主不加爱养，或逼责过甚难以存活，故致身死"②，他认为"非有迫切之情，岂肯自尽"。言外之意是，自尽行为绝不是主动选择的结果，其背后存在逼迫的因素。因人命至重，康熙皇帝谕令刑部晓谕申饬"以后官民务须各将家人抚恤训养，勿得仍行逼责致死"③。正如清末律学家薛允升所述，"乐生恶死"是人之常情，"未有无故而厌生乐死者"④。

既然人们的观念里认为自杀并非自愿选择，而是"被逼无奈"，所以在遇到自杀这一极端行为时，人们的关注点就在"何故"，即"为什么""是谁逼迫的"，聚焦引起自杀的外部因素，而较少强调行为人自身的精神状态及其悲观绝望的心理等内在因素。

## 二　严禁轻生

因生命至重，社会也会规制随意舍弃自己生命的行为。传统儒家批评"愚夫愚妇自经于沟渎"⑤。儒家认为，"大哉死乎，君子息焉，小人休焉"，提出生命的价值具有终极意义。道家也倡导，"终于天年而不中道夭者，是知之盛也"⑥。让大自然赋予人的生命寿限"天年"自然始终，不让个体生命由于外在的社会原因或内在的精神原因而早夭，体现了朴素的生命至重观念。

人们对于轻生行为的批评和否定态度，可视作"人命至重"观念的另

---

① 《刑案汇览》收录的案例中即有此论断，如知人获奸放走吓诈本夫自尽、仅挟微嫌打闹辱骂自尽二命、买休之妾气忿自尽殴非折伤、平民重利放债逼迫盐官自尽、许帮钱文翻悔不给功叔自尽、调奸寝息复虑到官露丑自尽等。(清)祝庆祺等编《刑案汇览三编》，北京古籍出版社，2004，第 664、669~670、1203、1237、1252、1288 页。

② 《清圣祖实录》卷 30，康熙八年六月戊子。《清实录》(第 4 册)，中华书局，1985，第 409 页。

③ 《清圣祖实录》卷 30，康熙八年六月戊子。《清实录》(第 4 册)，中华书局，1985，第 409 页。

④ 沈家本：《寄簃文存》，商务印书馆，2017，第 63 页。

⑤ 孔子曰："岂若匹夫匹妇之为谅也，自经于沟渎而莫之知也。"对此问题的论述参见沈家本《寄簃文存》，商务印书馆，2017，第 65~66 页。

⑥ (清)王夫之：《老子衍 庄子通 庄子解》，中华书局，2009，第 130 页。

一种体现。即使是"烈女"殉夫，清代统治者也将其视作"轻生从死"，而加以反对。清初，康熙皇帝以礼部具题照例旌表山西烈妇殉夫为契机，针对京师及诸省烈妇殉夫、死者甚众的现象，颁下诏旨：

> 人命至重大，而死丧者恻然之事也。夫修短寿夭，当听其自然，何为自殒其身耶？不宁惟是轻生从死，反常之事也。若更从而旌异之，则死亡者益众矣，其何益焉？此后夫死而殉者，当已其旌表。王以下至于细民，妇人从死之事，当永永严禁之。若有必欲从死者，告于部及该管官具以闻，以俟裁定。议政王、贝勒、大臣、九卿、詹事、科道官会同确议奏焉。①

康熙皇帝为慎重人命，认为夫亡时，妇女应顺其自然，不应自殒其身。政府也不应旌表殉夫之人，否则会形成一种导向，使更多的妇女选择轻生。故清廷严禁妇女殉夫，即使己身决意自杀，也应具告于该管官员，等候裁定。此议为雍正皇帝继承：

> 圣祖仁皇帝与朕重惜民命之至意，以致民间妇女激烈捐躯者，更多于前。嗣后若概予旌表，恐转相则效，易致戕生，深可悯恻。著地方有司将朕前旨广为宣布，俾遐陬僻壤，家谕户晓，傥宣谕之后，仍有不顾躯命轻生从死者，不必概予旌表，以长闾阎愤激之风。②

雍正皇帝重申人命至重之意旨，不提倡对所有自尽妇女一概旌表，以防争相效仿，形成自杀之风。

除了统治者上谕严禁妇女轻生之外，告诫民众切勿轻生的内容也出现在清代官府发布的大量告示、文牍中。于成龙任两江总督时（1681~1684年）曾发布严禁轻生的示谕：

---

① 《清圣祖实录》卷135，康熙二十七年五月乙亥。《清实录》（第5册），中华书局，1985，第466页。
② 《世宗宪皇帝实录》卷155，雍正十三年闰四月戊寅。《清实录》（第8册），中华书局，1985，第893页。

## 严禁轻生谕[①]

天心好生，民命至重，乃有无知愚氓罔惜身躯，或因口角微嫌，或因睚眦小忿，辄寻自尽，投缳、溺井、服毒而死者比比皆然。原其意，谓拼一死可以图赖他人，殊不知自尽无抵命之条而已。死不可复生，抛父母，弃子女，永绝夫妇之好，举家号恸，惨目伤心，死而有知，不识其追悔当何如也。古人云"生死亦大矣"，何可因一朝之忿自行戕贼致死哉，此皆愚夫愚妇一时短见，不知此身所关之甚重也。父母生我，则我之一身为父母所倚赖；我生子女，则我之一身又为子女所仰给。轻生自尽，耄年父母何人奉养？幼小子女何人抚育？人虽至愚，莫不有爱父母、怜子女之心，何其忍于抛弃乎！有死之重比于泰山者，唯男死于忠孝，妇死于节烈，乃为得所。若因微嫌小隙，愤恨而死，男为顽蠢，妇为泼悍，不孝不义，非节非烈，枉死而不得善名，徒贻人以讪笑。由此思之，其亦可以猛省也。至于奸恶之徒，指尸讹诈，纠众毁人房屋、碎人家伙、抢人衣资、逢人乱打，凶暴等盗贼。轻生之人谓死后有此一番可行，故拼命之念由之起也。除已通檄各司道府转行出示饬禁外，合再刊刻晓谕。凡居民人等无论男妇，各将身命自重，保全父母子女，慎勿因一时嫌隙，短见轻生。倘有投缳、溺井、服毒身死者，指告他人，概不准理。若以自缢、自溺、自毒捏为谋故殴打情词，即坐以诬告之条。若不经官，纠众私行打抢，借端讹诈，一概申报本部院，治其抢夺之罪。各宜凛遵毋忽。

生命至重，本应珍视，却有许多因微嫌小忿而自杀者。针对此现象，两江总督于成龙发布告示，劝解他人切勿轻生。首先，从法律角度，因口角或细故而自尽，依照"因事威逼人致死"律，其最高量刑为杖一百，无法达到令争执对方抵命的目的；其次，从家庭亲情、孝义角度，一人自杀，导致父母无人奉养、子女无人抚育、夫妇断绝亲好之情，自杀行为对家庭所有成员皆为伤害；再次，从社会价值评价标准角度，男子应死于忠孝，女子应死于节烈，才是"死得其所"，因睚眦小忿而自杀是谓"枉死"，是"无知愚民"之举，只能被他人耻笑；最后，严禁"藉尸"讹诈、打抢，并

---

① 李志安、阎凤梧主编《于成龙集》卷7，三晋出版社，2017，第315页。

敕令所属对将轻生自尽捏告为谋杀、故杀、殴打致死之类依照诬告律治罪，对纠众打抢者以抢夺罪惩治。严惩此类行为的目的除了维护社会秩序外，也是为进一步断绝自杀者"拼己一命图赖或拖累他人"的念想，使其珍视生命。

生命至重，清代律法严厉打击危害个人生命的犯罪行为。但民间往往认为只要有人死亡（包括自杀），就必须要有人（一般是存在争执的对方或者仅是与此死亡有关联的人）对此负责，这也从侧面反映了民间生命至重、人死为大的观念。自杀图赖或"藉尸"讹诈的行为也往往基于此认识。于是社会上出现了"律重人命，而民轻其命"的吊诡现象。这就要求法律对何种情况下自杀需要对他者追责作出比较明确的规定，以防止轻生自尽现象蔓延，进而稳定社会秩序。

除了发布告示外，于成龙又创"忍字歌"，以歌谣这种通俗易懂的形式进行教化：

> 更有一种最蚩氓，希图弃命去害人，溺水、投缳并服毒，幽魂怨魄先沉沦，岂知自尽不抵命，近来禁例甚分明，徒然短见填沟渎，纵有真冤那得伸，空撇妻儿抛骨肉，重泉风雨泣冥冥。[①]

歌谣内容与上文所引"严禁轻生谕"所反映的现象及理念基本一致。以歌谣的形式告知民众，希图以自尽的方式去申诉冤情，意欲以己之死亡而使对方抵命的目的无法达成。虽然歌谣提出以自杀的方式无法伸张冤抑之情，但人们的观念却并非如此，有时采取自杀这一极端行为本身就代表了不公与迫害，自杀行为也就成了"冤抑"的表达方式。

## 第二节 死于非命与"冤抑"生成

时人观念里，自杀行为具有特殊的意涵，往往与不公、迫害、逼迫等相关。可以说，自杀行为本身有时就成为一种"冤抑"的表达方式。法律

---

① 李志安、阎凤梧主编《于成龙集》卷7，三晋出版社，2017，第327页。

承担着"伸冤"的功能①，通过对加害者进行追责，从而形成了自杀—伸冤—追责等一系列连锁行为。

## 一　自杀的"巫术意义"

自杀在中国文化中具有特殊的意涵。韦伯就认为自杀在中国具有"巫术意义"：

> 鬼神并非没有道德评判资格，相反的，在中国，正如在埃及一样，可以看到司法裁判上的非理性是建立在这样的信仰上：受冤屈者的呼号会引来鬼神的报复。这在受害者是由于自杀、悲怨和绝望而死时，尤其如此。最晚起于汉代，这种坚定的信仰是从官僚制与诉之于天的权利的理想化投射萌芽的。我们已看到伴随着真正的被冤屈者的大众的呼号，对于官吏的约束有多大的力量。②

韦伯认为自杀在中国具有"巫术意义"，应是针对自杀具有的特殊影响力而言。何谓"巫术意义"，本书对此的理解是，有冤抑之人，尤其是因冤抑而自杀之人，其灵魂会化为厉鬼、恶鬼、冤鬼或孤魂野鬼进行报复。此时的"鬼神"类似于"巫术"，提醒着（或者通过各种冥示）世间的人尤其是官吏应为这种负屈而死的人伸张正义，且这种鬼神信仰对于官吏具有较强的约束力。

韦伯从西方学者视角论述自杀在中国文化中具有的特殊影响。中国古代的一些文献资料中也可以发现类似的提法。礼部在"告城隍庙文"中提及的"无祀"鬼神，就具有类似的"巫术意义"：

---

① 美国学者罗斯科·庞德在《通过法律的社会控制》一书中提出，社会控制的主要手段是道德、宗教和法律，这三种手段都对社会施加压力，迫使人们尽自己的本分来维护文明社会，并阻止他们从事反社会的行为。参见〔美〕罗斯科·庞德著《通过法律的社会控制》，沈宗灵译，商务印书馆，2017，第 11 页。作为社会控制手段，道德、宗教和法律都可用来维护并恢复社会秩序，也能发挥本书所述的"伸冤"职能。但在中国，利用宗教伸冤可能会局限于某些社会群体，基于道德的舆论谴责有时并不具有强制力，而法律在维护整个社会秩序中发挥了巨大作用。

② 〔德〕马克斯·韦伯著《法律社会学》，康乐、简美惠译，广西师范大学出版社，2005，第 49 页。

普天之下，后土之上，无不有人，无不有鬼神。人鬼之道。幽明虽殊，其理则一。故天下之广，兆民之众，必立君，以主之君总其大，又设官分职于府州县，以各长之各府州县，又于每一百户内设一里长，以统领之上下之职，纲纪不紊，此治人之法如此。天子祭天地神祇及天下山川，王国各府州县祭境内山川及祀典神祇，庶民祭其祖先及里社土谷之神，上下之礼各有等第。此事神之道如此。尚念冥冥之中。无祀神鬼，昔为生民，未知何故而殁。其间有遭兵刃而横伤者，有死于水火盗贼者，有被人取财而逼死者，有被人强夺妻妾而死者，有遭刑祸而负屈死者，有天灾流行而疫死者，有为猛兽毒虫所害者，有为饥饿冻死者，有因战斗而殒身者，有因危急而自缢者，有因墙屋倾颓而压死者，有死后无子孙者。此等鬼魂或终于前代，或殁于近世，或兵戈扰攘流移于他乡，或人烟断绝久缺其祭祀，姓名泯没于一时，祀典无闻而不载，此等孤魂死无所依，精魄未散，结为阴灵，或倚草附木，或作为妖怪，悲号于星月之下，呻吟于风雨之时，凡遇人间节令，心思阳世魂杳杳以无归，身堕沉沦，意悬悬而望祭，兴言及此，怜其惨凄，故敕天下有司，依时享祭。①

文中列举诸多"无祀神鬼"的死亡情形，有因遭遇刑祸而屈死，因天灾疫病而死，因猛兽毒虫之害而死，因饥饿寒冷而死，因战争而死，也包括被人取财而逼死、被人强夺妻妾而死、因危急而自缢等，后者均可以理解为因不同诱因而"自杀"的情形。上述所列各种死亡方式，都可归类为近代的"非正常"死亡。此种死亡本身在中国文化中有比较独特的意涵。有学者将因意外事故造成的死亡称为"凶死"，包括自杀、他杀及其他意外死亡。与此相对应的正常死亡被称为"善终"②。

上引城隍庙祭文认为"凶死"之人属于"精魄未散"，成为"阴灵"，"或倚草附木，或作为妖怪，悲号于星月之下"，对这些"孤魂"进行祭祀，不仅仅因为怜悯，其深层原因还应与这些"凶死"之人的鬼魂不得安宁会

---

① （清）秦蕙田：《五礼通考》卷 127，四库全书本。
② 尚海明：《善终、凶死与杀人偿命——中国人死刑观念的文化阐释》，《法学研究》2016 年第 4 期，第 67 页。

扰乱人间秩序有关。有学者称这些"凶死之人"为"恶鬼"。"恶鬼包括了那些死时无子，或死于少年时代，或者死时远离家乡而被遗忘，以及含恨的亡魂——他们没有祭品是因为他们死时依然想报仇雪恨，它们包括被谋杀的人、自杀的人和不公正地被审判的人。"①

"凶死"之人的鬼魂无法安宁、会作祟人间的观念可以与一些民间传说形成对照。例如，民间传说自杀而死的鬼是最可怕的，因为他们郁积了满腔的忿戾之气，四处游荡，找不到替身就无法转世投胎②。本书初步推测其中原因，除了不可抗拒的外力死亡之外，上文列举的诸多死亡方式都属于"含冤去世"，对其进行祭祀，消除其怨气，使这些"无祀之鬼"不对生存在世间的人们造成伤害。从这个角度来看，自杀确实包含着类似巫术的意涵。

## 二　自杀与冤抑

现代法医学根据死因和死亡性质，将人的死亡概括为正常和非正常两大类。前者又叫自然死亡，包括老死、病死。后者又叫非自然死亡，是由能量大或作用强的外来因素造成的死亡③。中国古代没有"非正常死亡"的提法，这是晚近才有的概念。但有学者使用从《洗冤录》中掇取而来的一个中国式固有名词——"非理死"，用于指称"非正常死亡"④。

除了"非理死"外，典籍中有时也会以"死于非命"来指代"非正常死亡"。《名公书判清明集》中辑录的杨子高案即如此。杨子高身犯数罪，除夹带私贩、制造假钱、奸占良家妇女之外，还身犯命案，"贼杀无辜平民，或赴水，或自尽，死于非命者四项"⑤。以此来看，被人杀害（他杀）和自杀都属于"死于非命"，与现代词语"非正常死亡"强调外因致死，意

---

① 〔美〕武雅士：《神、鬼和祖先》，武雅士主编《中国社会中的宗教与仪式》，江苏人民出版社，2014，第169页。
② 吴飞：《自杀作为中国问题》，生活·读书·新知三联书店，2014，第6页。
③ 罗时润、田一民等著《洗冤录集释译释》，福建科学技术出版社，2006。转引自萧旭智《"非理死"：死亡政体与生命政治的现代转换》，台湾东海大学博士学位论文，2009，第3页。
④ 萧旭智：《"非理死"：死亡政体与生命政治的现代转换》，台湾东海大学博士学位论文，2009。
⑤ 《名公书判清明集》，中国社会科学院历史研究所点校，中华书局，1987，第467页。

义比较接近。

"非命、冤死、枉死、死于非命、非理死"在中国文化中，这些字眼是经常混用的①。例如，宋代朱熹谈及曾经在战场之地出现似人非人的神鬼之事时所言："彼皆死于非命，衔怨抱恨，固宜未散。"② 学者在论述"藉尸抗争"事件时也认为，中国文化中"非理死"往往与另一个非常重要的文化概念——"冤"紧密相连："冤"尚非仅仅指被冤抑者遭遇别人冒犯、欺凌、摧残之类的外部伤害，也指由此造成的被冤抑者内心郁积、宛转不得排遣引起的怨气和愤激，亦即精神遭受的压迫和扭曲。从法律语境来看，"冤"多数是被用作强调"无辜受罪"和"非法被害"。"冤"由枉而生，而"枉"与"直"相对，处事不直、不平、不公，乃至恃财、仗势、豪横、欺侮、威逼、凌虐都是产生"冤"的根本原因③。

正是借助"冤"这一概念在中国文化中的特殊意涵，那些在抗争事例中以"非理死"（自杀只是其中的一种）面貌呈现的尸体，很容易成为获得社会动员效果的象征符号④。周松青认为，"群体性社会事件一般都有一个可以操作的、激起群体义愤并鼓励其参与的象征符号，例如'非正常死亡的遗体'，就具有持续的动员力量"。"一具死亡原因存疑的遗体成为一个高度浓缩的符号，它以简约甚至粗暴的形式，表达某种不公正、迫害。"⑤ 以"自杀"形式使生命消逝，这一极端自损的方式无疑会刺激舆论。人们的普遍认识是："如果不是被逼无奈，没人会选择放弃自己的生命"，即他人的行为与被害者自杀这一因果关系是显然存在的。由此，为遭受不公的生命寻求正义，使其"沉冤得雪"本身就具有了道义性。

## 三　法律与伸冤

对比中西方关于自杀行为的观念，可以发现中国对自杀的特殊态度。

---

① 萧旭智：《"非理死"：死亡政体与生命政治的现代转换》，台湾东海大学博士学位论文，2009，第 1~2 页。
② （宋）黎靖德编《朱子语类》，王星贤点校，中华书局，1986，第 38 页。
③ 徐忠明：《案例、故事与明清时期的司法文化》，法律出版社，2006，第 235 页。
④ 尤陈俊：《尸体危险的法外生成：以当代中国的藉尸抗争事例为中心的分析》，〔美〕黄宗智、尤陈俊主编《历史社会法学：中国的实践法史与法理》，法律出版社，2014，第 237~262 页。
⑤ 周松青：《群体性社会事件社会动员的机制探析》，《中国灾害防御协会风险分析专委会第四届年会论文集》，2010，第 498 页。

以清代法律为例，法律将选择"自杀"的人视为"被害者"，其之所以选择自杀，是因为行为者施加了难以容忍的加害行为，被害者被逼无奈才最终选择。"自杀"本身就是无奈的、最后的"反抗"，故法律要为"被害者"伸冤。

自杀行为是否出于自愿，是古今法律都重视的重要因素。在实际执法过程中，如果发生自杀事件，执法者首先需要判断这种自杀行为是否完全"自愿"。如果纯粹是自己的原因而主动选择自杀，则会被归入"轻生自尽"，不在法律层面上进行处置；如果选择自杀行为的主体是在强大的外因作用下，如逼迫、凌虐、欺侮等，而不得不选择自杀，此种自杀行为本身就成为以死抗争的方式，从而形成一种"冤抑"的表达。法律基于恢复和稳定社会秩序的目的，就会对加害者进行追责。正如沈家本在论证为何对胁迫他人自杀之人加以惩处的原因时所述：

> 自杀之事，根因种种不同。其为豪恶欺凌，凶徒讹诈，则必有捆缚、吊拷、关禁、勒索等项暴虐情形，死者樱难堪之侮辱，及多般之困苦，冤忿填胸，生不如死。究其致死之故，全系乎胁迫之人……此死者可悯，而胁迫者之罪之不容宽者也。[1]

豪恶之人的欺凌，凶徒的讹诈，死者因遭受难以忍受之侮辱或逼迫，冤忿无伸，本不欲死，却不得不选择自杀。死者殊勘怜悯。此时，法律就承担着替死者伸张冤屈的功能，为重视生命，实现社会正义，法律就必须要对逼迫他人自杀之人予以惩处。

需要说明的是，即使在某些情况下自杀者选择自杀的确是非自愿的，也不意味着一定对他者进行追责，尤其当自杀事件发生在卑幼与直系尊长之间时。例如，婆婆责骂儿媳，儿媳因此自杀。虽然婆婆责骂与儿媳自杀之间存在事实上的因果关系，但清代为维护尊长权利，赋予尊长以理殴责儿媳（卑幼）的权利，法律不成立婆婆责骂儿媳致其自杀的罪名，事实上的因果关系无法转化成刑法上的因果关系。按照清代法律，此类自杀"讯无别故"，属于"无因可究"的情形，无法在法律层面对行为人追责。这也

---

[1]　沈家本：《寄簃文存》，商务印书馆，2017，第66页。

从侧面说明，任何常识性的观念，如"人命关天"，在社会实态中也并非铁板一块丝毫没有缝隙或松动。"人命关天"的理念在适用尊长侵犯卑幼情形时会发生某种"变形"，即使出现人命，法律也极少追究尊长责任。这主要缘于传统社会以身份作为权利和义务分配的标准，对卑幼只强调其义务，对于尊长则几乎给予了极少有节制的权力。但仅这一例外并不能全然否定"人命关天"作为社会主流意识（或基本常识）的地位。

自杀是死亡的一种异常状态，这使死亡带来的问题不会随着时间的推移与肉体的腐败而结束，而是不断扰动着国家和社会，并不断召唤权力的介入，权力介入的目的则是让异常的死亡状态恢复到"正常"①。当国家权力介入，自杀就会被当作人命案件进行处置。虽然自杀是一种特殊的人命案件，但在中国，如果遇到"人命"案件，逝去的生命一定要得到具体而确定的补偿，而这一补偿就是通过法律对自杀行为中的他者进行责任追究来实现的。

---

① 萧旭智：《"非理死"：死亡政体与生命政治的现代转换》，台湾东海大学博士学位论文，2009，第3页。

# 第二章　法律制定：罪名体系的建立

研究清代对自杀行为中的他者责任追究，论述逻辑上，考察清代之前相关案例的处断及其法理依据，应是题中之义。研究此问题首先遇到的挑战即明清之前相关资料匮乏，时间越是往前，资料越少。本书对清代之前的考察，主要利用唐宋以来的国家法典及少量案件记录。至清代，法律上已经形成相对完备的致人自尽罪名体系。本书打破律例的门内界限，按照行为性质将致人自尽罪名体系划分为：因犯罪行为导致他人自尽、因非罪行为导致他人自尽、因"失职"导致他人自尽等三类。

## 第一节　历史溯源：清之前自杀行为中的他者责任追究

中国历史上迄今保存下来最早、最完整的法典当数《唐律疏议》，且该法典中出现了与后世处断致人自尽案件具有渊源关系的相关规定，故学人多从唐律入手进行研究。因唐代之前文献中也有少量对自杀行为中的他者追责的记载，本部分以唐代为界限，将其划分为唐之前、唐宋、元明等三个时期进行探讨。

### 一　唐之前时期

中国史书中关于自杀的记载比比皆是，但绝大多数属于为国家、名节、道义等的"为他性"自杀，追究自杀行为中他者刑事责任的记载极少。

《后汉书》中有因引起他人自杀而提出对官吏进行追责的相关记载：

今吏多不良，擅行喜怒，或案不以罪，迫胁无辜，致令自杀者，一岁且多于断狱，甚非为人父母之意也，有司共议纠举之。①

官吏本有公平断狱之责，倘若未能履行自身职责，且出现胁迫无辜之人自杀的恶劣后果，相关官吏应被纠举，并被追责。此类追责可以归属为因"失职"导致他人自杀的类型。虽然相关记载极其有限，但据此推测，担负公务职责的官吏因"失职"致人（包括罪犯）自杀，除特殊情况（如依理责打，邂逅致死）外，都应被追责。

《晋书》中记载了一则婆婆致子妇自杀的案例：

> 时有大女刘朱挞子妇酷暴，前后三妇自杀，论朱减死输作尚方，因是下怨毒杀人减死之令。②

马端临在《文献通考》中曾对此段记载进行过分析：

> 怨毒杀人者，盖行凶之人遭被杀之人苦毒，故不胜其怨愤，起而杀之。今刘朱之事，史不言子妇有悖逆其姑之事，则非怨毒杀人也。要之，姑挞其妇，妇因挞而自杀，非姑手杀之，则自可以免死，但以为怨毒，则史文不明，未见其可坐以此律耳。③

怨毒杀人是指杀人者遭受被杀人之苦毒，无法忍受而杀之。史文并未记载儿媳忤逆（或者苛待）婆婆，则婆婆刘朱殴打儿媳，致儿媳自杀，性质上当不属于怨毒杀人，故马端临认为怨毒杀人死罪减等的适用范围存在疑惑之处。

沈家本考释该段记载，认为马端临未将律意解释清楚：

> 刘朱施苦毒而子妇自杀，得以减死，故受苦毒而怨愤杀人者亦得减死论，事实相因，故着于此，非谓刘朱怨毒杀人也。④

---

① （南朝）范晔撰《后汉书》卷3，中华书局，1965，第140页。
② （唐）房玄龄等撰《晋书》卷30，中华书局，1974，第922页。
③ （元）马端临：《文献通考》卷169，中华书局，2011，第5067页。
④ 沈家本：《历代刑法考》（上册），商务印书馆，2016，第19页。

律意并不是要说明刘朱的行为属于怨毒杀人，而意在论证怨毒杀人得以减死的缘由，既然施怨毒致死人命者可以减死，那受怨毒而杀人者同样也应减死论罪。

婆婆刘朱待子妇苛酷，残忍挞伐儿媳，致使先后有三个儿媳自杀。法律对婆婆实施惩处，将死罪减等为劳役刑。此案中侵害人与被害人是婆媳，双方存在尊卑服制关系。虽然出现了致子媳三人自杀这一比较严重的侵害结果，但法律论罪时依然对如此酷毒之人作减等处理，其主要原因应在于维持人伦秩序。

## 二　唐宋时期

### （一）唐律"恐迫人致死"条

由于《唐律疏议》为现存最早、最完整的法典，且唐律"对于各种犯罪类型的构成要件和刑罚范围极尽能事地作出详细规定"[①]，故学人考察致人自尽法律规定之渊源多从《唐律疏议》入手。《唐律疏议》第 261 条"以物置人耳鼻孔窍中"规定：

> 若恐迫人使畏惧致死伤者，各随其状，以故、斗、戏杀伤论。
> 《疏》议曰：若恐迫人者，谓恐动逼迫，使人畏惧而有死伤者。若履危险，临水岸，故相恐迫，使人坠陷而致死伤者，依故杀伤法；若因斗，恐迫而致死伤者，依斗杀伤法；或因戏恐迫，使人畏惧致死伤者，以戏杀伤论。若有如此之类，各随其状，依故、斗、戏杀伤法科罪。[②]

此条为"恐动逼迫杀伤人罪"，指利用恐吓、逼迫等手段，使人畏惧而致死伤之行为[③]。恐动逼迫造成死伤，须区分情节，其故恐迫者，依故杀伤法科罪；因斗恐迫者，依照斗杀伤法科罪；因戏恐迫者，依戏杀伤法科罪。需要探讨的问题是：恐动逼迫使人畏惧而死的具体情形中是否包括自杀？

---

① 黄源盛：《唐律"不应得为"罪的当代思考》，《法制史研究》第 5 期，2004，第 9 页。
② 刘俊文：《唐律疏议笺解》（下），中华书局，1996，第 1295～1296 页。
③ 刘俊文：《唐律疏议笺解》（下），中华书局，1996，第 1296 页。

清代律学家薛允升认为："唐律无因事威逼人致死之文，以死由自尽，无罪可科故也。"无"威逼人致死"罪名，是否就意味着对致人自尽的行为人一概不追责？针对此问题，薛允升提出，唐代致人自尽的行为人在某些情况下也会被追责，但一般以"不应为"这一轻刑条款来拟罪。"然事理赅载不尽者，又有不应为一条，分别情节轻重，科以笞杖足矣。"①

清末律学家沈家本对唐律"恐迫人使畏惧致死伤"条内容持如下观点：

> 履危险、临水岸，坠陷而死，乃其死之情状；故、斗、戏乃其死之缘因。若今时斗殴穷追，致令免水溺毙，亦科斗杀，乃其比也。②

沈家本认为，故、斗、戏是致他人死伤的原因，疏议中列举的"履危险、临水岸，坠陷而死"是死亡的具体情形，但不包括自尽。"恐迫而致死，非其人之自尽者也"。理由与薛允升相同："《唐律》无甲自尽而乙抵命之文。盖非亲手杀人，难科以罪。"③

薛允升认为，唐代无"威逼人致死罪名"，致人自杀案中，即使个别情形下需要追责，也是利用"不应为"这一"兜底性"条款科罪；沈家本认为，唐律"恐迫人使畏惧致死伤"条中，致人死亡的具体情形不包括自尽，与明清时期的"威逼人致死"律并不相同。本书认为，唐代追究自杀行为中的他者责任极有可能就是按照"恐迫人致死"罪名来追责的，理由之一是，继承唐律的宋代法律对于逼迫他人自尽案件，依据"恐迫人致死"罪名来处断。若认为这一理由稍显牵强，不能以后世的做法来推测前者，那么另一个比较有力的理由则来自《唐律疏议》本身，这也是与致人自尽规范有密切渊源的另一个律条，第483条"监临自以杖捶人"：

> 诸监临之官因公事自以杖捶人致死及恐迫人致死者，各从过失杀人法；若以大杖及手足殴击，折伤以上减斗杀伤罪二等。

《疏》议曰：谓临统案验之官，情不挟私，因公事，前人合杖、

---

① （清）薛允升著《唐明律合编》，怀效锋、李鸣点校，法律出版社，1999，第499页。
② 沈家本：《寄簃文存》，商务印书馆，2017，第64页。
③ 沈家本：《寄簃文存》，商务印书馆，2017，第64页。

笞，自以杖捶人致死；"及恐迫人致死"，谓因公事，欲求其情，或恐喝，或迫胁，前人怕惧而自致死者，各依过失杀人法，各征铜一百二十斤入死家。①

此条中"恐迫人致死"明确为"自致死者"，"自死"就是自杀。故无论从后世的法律实践还是从唐律本身的规定出发，都不能断言"恐迫人致死"不包括自杀这一情形。相反，可以认为"恐迫人致死"不仅包括自杀，而且很可能自杀就是其致死的主要情形之一。

《唐律疏议》中对致人自尽追责的其他规定还包括第470条"与囚金刃等物"：

> 诸以金刃及他物，可以自杀及解脱，而与囚者杖一百；若囚以故逃亡及自伤、伤人者徒一年；自杀、杀人者，徒二年。若囚本犯流罪以上，因得逃亡，虽无伤杀，亦准此。
>
> 《疏》议曰："金刃"，谓锥、刀之属。"他物"，谓绳、锯之类。可以自杀及解脱枷、锁、钮，虽囚之亲属及他人与者，物虽未用，与者即杖一百。若以得金刃等故，因得逃亡或自伤害或伤他人，与物者徒一年；若囚自杀或杀他人，与物者徒两年；若囚本犯流罪以上，因得金刃等物而得逃亡者，虽无杀伤，与物者亦徒两年。②

此条规定与囚金刃等物之刑罚。与囚金刃等物，指私自给与囚犯可用以自杀或解脱之锥、刀、绳、锯等物之行为。此类行为有意无意协助罪犯自杀或逃亡，属于妨害监狱管理秩序罪。与囚金刃等物罪，视其后果，分为两种情况处罚：一是凡与囚金刃等物，但未造成囚犯自杀或逃亡之后果者，各杖一百；二是凡与囚金刃等物，造成囚犯逃亡或自伤及伤他人之后果者，须视囚犯本罪量刑；其造成徒以下囚犯逃亡或自伤、伤人者各徒一年。造成徒以下囚犯自杀、杀人者各徒两年；造成流、死囚逃亡，不论是

---

① 刘俊文：《唐律疏议笺解》（下），中华书局，1996，第2059页。
② 刘俊文：《唐律疏议笺解》（下），中华书局，1996，第2017~2018页。

否杀伤人，亦各徒两年①。

　　能与囚金刃等物的多数是监狱管理人员，其本有监守罪犯之责，却违规向犯人提供可自杀或解脱之物，故要对其施以杖刑。如果出现罪犯"逃亡、自伤、自杀、杀伤他人"等严重后果，法司会结合与囚金刃造成的后果和罪犯本罪对"失职"之人进行量刑，此原则被后世法律继承。

　　上述处罚原则不但适用于囚犯之亲属及他人，亦同样适用于囚犯之子孙或囚犯之部曲、奴婢：

　　　　即子孙以可解脱之物与祖父母、父母，部曲、奴婢与主者，罪亦同。②

### （二）宋代的司法实践

　　表1辑录了《名公书判清明集》中数件致人自尽案件③，以此分析宋代对自杀行为中的他者进行责任追究的情形。

**表1　《名公书判清明集》中致人自尽案例（部分）**

| 序号 | 案情 | 依据 | 判决 | 出处 |
|---|---|---|---|---|
| 1 | 齐千五振叔同齐万四行殴打齐万念五，致其自缢身死。后又移尸，并将尸体挂在松树上殴打 | | （齐千五振叔）决脊杖十二，编管二千里。齐万四行杖一百 | 《名公书判清明集·惩恶门·豪横》卷12，第457~458页 |
| 2 | 宁细乙因欠米钱，被张景荣锁讯。后宁细乙在张景荣楼下自缢。张景荣藏匿尸体，希图脱罪 | | 张景荣决脊杖十五，刺面，配邻州 | 《名公书判清明集·惩恶门·豪横》卷12，第459~460页 |
| 3 | 王元吉结交豪民杨子高，致投水者二人，以盐船漂泊，赶打稍工赴水者一人，占据良人女为小妻，逼迫其父自缢者一人 | 恐迫人畏惧致死，以斗杀论 | 王元吉决脊杖二十，配广南远恶州军 | 《名公书判清明集·惩恶门·豪横》卷12，第466页 |

---

① 刘俊文：《唐律疏议笺解》（下），中华书局，1996，第2020页。
② 刘俊文：《唐律疏议笺解》（下），中华书局，1996，第2017页。
③ 对于引起他人自杀只是作为诸多犯罪事实及罪名之一的情况，因无法判断其审断依据，故此不录。

| 序号 | 案情 | 依据 | 判决 | 出处 |
|---|---|---|---|---|
| 4 | 张惜儿的母亲阿杨因病疯妄骂，被主母姜氏教诲。阿杨用柴条殴打惜儿两下。父亲张千九见张惜儿发热妄语，待煮粥未熟，惜儿忽于厕屋自缢 | | 不予论罪 | 《名公书判清明集·惩恶门·告讦》卷13，第491页 |
| 5 | 余济在支乙家奸淫其妻，并以支乙家为赌博窟穴。知晓陆震龙有钱可骗，合谋设计，引诱其赌博，又作套使其输光钱财，并逼迫陆震龙归还欠钱，致其自缢而死 | 恐迫人畏惧致死，以斗杀论 | 余济所承买将仕郎不该听赎，合照条定断，减等决脊杖十二，编管一千里 | 《名公书判清明集·惩恶门·赌博》卷14，第530~532页 |
| 6 | 王叔安图谋徐云二义男徐辛所买山地为风水，诬告徐云二斫木盗谷。吏卒追摄，徐云二不堪追扰，自刎而死 | | 王叔安恃其豪强，妄讼首祸，致人于死，徒三年。县吏邓荣、寨卒周发、周胜，受赇扰民，各决脊杖三十，编管五百里 | 附录三：《后村先生全集》，第623页 |

《名公书判清明集》，中国社会科学院历史研究所点校，中华书局，1987。

在辑录的6例致人自杀案件中，案例3和案例5明确标明其判决依据为"恐迫人畏惧致死，以斗杀论"。

案例3王元吉案中，王元吉结交豪民杨子高，蔑视国法，毒害平民，所犯罪行诸多，包括贩卖私盐，锁缚抑勒铺户，又借（卖盐）私约进行欺骗，计赃一千贯有余。按照法律规定，以质借、投托之类为名，其诈称官遣人追捕以取财者，以强盗论。只此一项罪行，已该论绞。另外，王元吉私铸官钱，官钱与私铸之钱夹杂行用，以求厚利，使私钱流入湖南。按照法律，剪凿钱取铜，及买卖兴贩者，十斤配五百里。王元吉父子所犯，据供已五百贯，以斤计之，数额巨大，约计千百。此外，王元吉以"趣办工匠课程，取媚制司，致投水自尽者两人；以盐船漂泊，赶打稍工赴水者一人；占据良人女为小妻，逼迫其父自缢者一人"。官员宋自牧认为，王元吉"贼杀无辜平民，或赴水，或自尽，死于非命者四项"。"贼杀"，即对被害者的死亡怀有故意。官员按照法律，以"恐迫人畏惧致死"论罪①。

---

① 《名公书判清明集》，中国社会科学院历史研究所点校，中华书局，1987，第466~467页。

案例 5 余济案中，余济原为贩盐之人，用两千贯钱买取将仕郎官爵，凭此职位欺骗良善之人，成为一方之害。余济合谋设计，引诱陆震龙赌博，又作套坐掷，使陆震龙输光钱财，并逼迫陆震龙偿还赌债，致其自缢而死。

分析此案，很难认定余济诱赌并逼令还债的行为与陆震龙自杀存在法律上的因果关系。但官员蔡久轩认为："（余济）知陆震龙有钱可骗，既合谋设计，诱之使赌，又作套坐掷，使之尽输，甚逼迫之窘，自缢而死，则是其缢即余济缢之也，其死则余济死之也。"将陆震龙之死与余济诱赌行为之间建立直接因果关系，认为陆震龙虽为自缢，实与余济将其缢死等同，即"支乙、余济等虽不杀之，势实致之死地"。正是在这样的判断基础上，蔡久轩裁断此案，"在法：恐迫人畏惧致死，以斗杀论。余济造谋恐迫陆震龙致死，正合上条"①。

有研究对上文"造谋"二字究竟针对"恐迫陆震龙致死"还是指引诱陆震龙赌博并使之尽输，存有疑问②。笔者认为应属前者，理由是如果造谋针对的是诱赌，那么余济触犯的就应该是"赌博"罪。《宋刑统·杂律》"博戏赌财物"条规定："诸博戏赌财物者，各杖一百；举博为例，余戏皆是。赃重者，各依己分，准盗论。输者，亦依己分为从坐。"③ 对于赌博一般处杖刑。在追讨赌债的过程中导致陆震龙自杀身亡，应是意料之外，只能作为"赌博"罪的加重情节，与蔡久轩所判定的"恐迫人畏惧致死"罪名相差较远。

依据上述两个案件的分析大致可以推断，宋律中"恐迫人致死"条适用中包括自杀的情形。从语言结构分析，"致"是表示因果的措辞④，"致"字前表明原因，"致"字后表示结果。"恐迫人畏惧致死"表明死亡的原因

① 《名公书判清明集》，中国社会科学院历史研究所点校，中华书局，1987，第 532 页。
② 陈怡星：《威逼人致死条研究》，中国政法大学硕士学位论文，2009，第 32 页。
③ （宋）窦仪等详定《宋刑统校证》，岳纯之校证，北京大学出版社，2015，第 352 页。
④ 麦科马克在《帝制中国时代关于命案因果关系立法中的两个问题》一文中重点讨论唐、明、清律中关于命案因果关系的问题。作者把关于命案因果关系的规范表述归结为"因……致死（毙）/杀"。这种情况主要适用于：包含某种命案的情形不能轻易归入特定的人命案件类型，如谋杀、故杀、戏杀以及过失杀。此种情况下，法律有必要对构成"死因"的特定行为或行为疏忽进行明确辨识，这也构成明晰刑责的依据。用以指涉和识别死亡原因的措辞是"以故"（唐律）和"因"（唐律、明律和清律）。用以表述由于某些情事导致死亡结果的规范措辞是"致"。作者认为"致"是一种清楚的因果措辞。笔者受此文启发，并据此分析唐宋律中的因果关系。〔英〕杰弗里·D. 麦科马克：《帝制中国时代关于命案因果关系立法中的两个问题》，张世明、步德茂等主编《世界学者论中国传统法律文化（1644~1911）》，法律出版社，2009，第 114~133 页。

是"恐惧"，恐惧本为特定的精神状态，可作为死亡的事实原因。产生恐惧的原因在于"恐迫"，以恐吓逼迫行为作为死亡的法律原因追究刑责。

案例2宁细乙案中，宁细乙欠租，张景荣以筒锁讯决。后宁细乙自缢于张景荣楼下。张景荣藏匿尸体，干预尸检。

此案未表明其判决依据。张景荣以暴力手段收租是否属于"恐迫"他人难以作出结论，但宁细乙在张景荣楼下自杀可在一定程度上表明，张景荣的行为与宁细乙自杀之间存在一定关联。张景荣最后被判刺配，不仅基于暴力收租致人自尽，也应与其藏匿尸体行为有关。

案例1与案例6都属于因犯罪行为致人自尽。因未标明判决依据，故需要讨论以下问题：案件裁断是依据原有罪名，只是将致人自杀作为加重情节论罪，还是直接以致人自杀作为犯罪结果，依据"恐迫人致死"条论罪。

案例1齐万念五案中，齐千五振叔和齐万四行殴打（拳踢以及用物）齐万念五致其自尽。《宋刑统·斗讼律》中规定："诸斗殴人者，笞四十；谓以手足击人者。伤及以他物殴人者，杖六十。"[1] 法律对用手足或者他物殴打人者处杖刑，即使出现"折人肋、眇其两目、堕人胎"等严重的伤害结果，其刑罚也是徒二年[2]。此外，案件中还存在移动并殴打尸体的情节。《宋刑统·贼盗律》"残害死尸"条规定："残害死尸，谓焚烧、支解之类，及弃尸水中者，各减斗杀罪一等。"律文只规定残害和弃尸，并未涉及移动与殴打尸体如何处断。此案中，行为人齐千五振叔被处脊杖十二，编管二千里，其刑罚既有可能是按照斗殴伤人加等处理，也有可能是依据斗杀罪减一等处罪，毕竟致人自杀与杀害他人犯罪情节不同。

案例6徐云二案中，王叔安诬告徐云二，致徐云二不堪吏卒追捕而自杀。案件的因果链条大致为：王叔安诬告—知县受理—吏卒追捕—徐云二自杀。徐云二迫于追摄而自杀，吏卒的追捕就应是被害人自杀的直接原因。当然，如果吏卒仅按照官府指派依法追捕罪人，自然无须对徐云二之死负责，但判例中提及其"受赇扰民"，说明吏卒在执行公务过程中存在"失职"，其行为直接导致被害人自杀。但案件裁断时，官员抛开事实上的因果关系，将王叔安的诬告行为与被害人自杀建立了刑法上的直接因果关系，

---

[1] （宋）窦仪等详定《宋刑统校证》，岳纯之校证，北京大学出版社，2015，第280页。

[2] （宋）窦仪等详定《宋刑统校证》，岳纯之校证，北京大学出版社，2015，第280页。

称其"妄讼首祸，致人于死"，意即没有诬告行为就不会出现后续系列事件，自然就不会产生被害人自杀的结果，王叔安是整个案件的引起者，自然应予以重处。轻吏卒追摄而重诬告人之罪的审断应与"根据行为人本身过错程度建立因果联系"的推理密切相关（后文详述）。

案例4张惜儿案比较特殊，当事人为母子关系，事关服制。法司认为张惜儿的母亲阿杨妄骂，被婆婆训责，乃人之常情。母亲阿杨责打儿子的行为本属正当，而张惜儿被母亲责打后自杀，则属于意外事件。基于伦常，法司认定姜氏无罪。但此案中，官员对张惜儿母亲不予论罪的缘由却主要是基于对提起诉讼之人资格的怀疑。张惜儿自缢身死，其父母及叔叔等血亲自始至终无讼词。王百七、王大三等人却认为张惜儿自尽之事"死有冤滥"，选择告官。他们与张惜儿本无亲属关系。同样认为张惜儿自尽之事实为冤死的张世行，与姜氏服制也较远。鉴于此，官员认为，如果对张惜儿自缢进行审理，势必会造成提起诉讼的"诸外人端坐于家"而"惜儿的血亲姜氏一家俱就囹圄，父母亦遭系累"的后果，故倾向于不予受理。

笔者还搜检到另外一个与人伦秩序相关的案例。案情如下：

> （王守度）欲诱一求食妇为妻，自持刃杖恐逼正妻阿马，令其污以奸事，髡截头发，又自以绳索付与阿马，守度持刀在旁逼令自缢，只为未有棺器，欲且解下。其后又与绳索令自缢，阿马偶得生还。[①]

王守度为另娶他人，先逼迫正妻阿马自污犯奸，后又逼令其自杀，阿马幸得不死。大理寺因王守度"污奸"，对其处杖六十，私罪。欧阳修基于法理、人情、社会影响等因素，认为大理寺断狱不当。首先，从法理角度，王守度的行为应属于"谋杀妻"。此案被害人阿马未死，能否将加害人的行为定性为谋杀？意即"谋杀"罪的构成要件是否必须"图谋""杀害"两者兼具。针对此问题，欧阳修提出："凡谋杀之罪其类甚多，或有两相争恨，理直之人因发忿心杀害理曲之人者，死与未死须被谋杀之刑"，即只要有谋杀的意图，无论是否造成被害人死亡都可将其行为性质认定为"谋杀"。"守度诬奸不实之罪轻，迫人以死之情重。原其用意合从谋杀"，应以

---

① （宋）欧阳修撰《欧阳文忠公文集·奏议卷》，上海涵芬楼藏元刊本。

谋杀罪论处。其次，从人情角度，"守度曲在自身，阿马本无所争，备极陵辱，迫以自裁，以虐害之情而论，此比之于谋杀更为深毒"。丈夫为另娶妻，迫害正妻。妻子虽本无过错，却被凌辱，被逼自杀，丈夫的行为甚至比谋杀更为残酷无情。最后，从案件的社会影响角度，"岂有圣主在上，国法方行，而令强暴之男而敢逼人以死，则自今强者陵弱，疏者害亲，国法遂隳，人伦败矣"。王守度逼妻自杀，如不严惩，将会对国家法律、人伦纲常产生恶劣影响①。

原审案件为何没有依据犯罪意图及犯罪行为将丈夫恐逼妻子自缢的行为定性为"恐迫人致死"或是故杀，而仅以污奸罪论处杖刑。笔者推测，其原因应与当事人的身份有关，夫妻关系事关人伦秩序，故审案官员对处于尊长地位的丈夫减轻刑罚。

本书基于宋代的法律实践作出如下推断。首先，宋代继承唐律"恐迫人致死"条的法律规定，在司法实践中"恐迫人"致死的具体情节包括自杀②（这也是后世学者以此作为明清时期"威逼人致死"律渊源的原因所在）。其次，案件审断时，加害人的行为与被害者自杀之间因果关系具有按照加害人过错大小进行判断的特点。忽视直接原因，而将间接原因纳入因果关系链条中，从而对加害者追究刑事责任的做法可谓渊源有自，并非后世所创。再次，自杀在一些案件中是作为结果加重来考虑的。当加害者的行为已属犯罪，又造成了被害人自杀的结果，法律会加重对行为人的处罚。最后，在致人自杀案件中，如果行为双方身份涉及服制关系，法律会维护尊长的权利。即使是尊长侵犯卑幼，官员也会对尊长判以无罪或减轻其刑罚。

## 三　元明时期

### （一）元代

《元典章》第42卷"自害"部分记载了如下案例③：

---

① （宋）欧阳修撰《欧阳文忠公文集·奏议卷》，上海涵芬楼藏元刊本。
② 相关内容参见〔日〕高桥芳郎《明律"威逼人致死"条的渊源》，《东洋学报》第81卷，1999。
③ 《元典章》卷42，刑部（卷四），陈高华等点校，中华书局、天津古籍出版社，2011，第1476页。

案例1：安塞县霍金状告：至元七年（1270）二月初九日，有男妇刘润仙，为踏碓将柳栲栳坏了，伊婆詈骂，本妇自缢身死。伊兄刘宽要讫烧埋财物。

案例2：延川县军户张禄告：至元八年（1271）七月十四日，弟妻阿高不服驱使，相争，自缢身死。伊父高山要讫烧埋钱数私和。

案例3：潞州上党县民户范用男妇连师姑自行投井身死。伊兄连猪狗部领人众恐吓钱物。

至元七年至八年，接连发生自杀妇女亲属（娘家人）向夫家索要烧埋银的案件。至元八年（1271）十一月，为禁止此类行为，刑部承奉中书省发布禁约：

禁约"一等人家娶到男妇，不务妇道，靡所不为，翁婆依理训诫，终心不伏，遂自害其身。其妇父母知会，便行部领人众，将翁婆拿执，逼吓取要烧埋等钱"公事去讫……并至元八年十一月禁约已经违犯者，拟依延安路所申革拨，以后违犯者，依理追问。①

公婆训诫儿媳，儿媳心有不甘选择自杀。娘家人带领多人拘执公婆，索要烧埋钱。刑部明令禁止此类行为，并以禁约发布时期为断，规定此后仍有违反者要"以理追问"。

元代大部分命案均需征"烧埋银"给苦主，自杀妇女的娘家人因亲属自杀而去索讨"烧埋银"，一方面可以反映"人命需偿"的观念，另一方面也反映了民间往往将自杀作为"命案"对待的做法。如果翁姑因依理责罚儿媳致其自尽都要被死者亲属追讨烧埋银的话，可以推断，发生于常人之间的自杀事件，苦主索要"烧埋银"以赔偿人命的做法应并不鲜见。

此种因自杀而引起的人命纠纷或者诉讼，与当时地方政府处理此类案件的方式关系密切：

---

① 《元典章》卷42，刑部（卷4），陈高华等点校，中华书局、天津古籍出版社，2011，第1475~1476页。

诸路府州司县，或有投河、自缢，及服食毒药鼠莽草等类，多因借贷无偿，或以碎细言隙一朝之忿，自殒其身，与斗殴杀伤者不同。所在官司不问事体轻重，便将人命公事行遣。纵无人告，辄以访问勾摄，以致牵连无辜，罔不受害。使司议得，今后非因斗殴杀伤，自行投河自缢，及服食毒药鼠莽草死者，别无他故，官司无得理问，庶几人各爱其身，不以轻生陷人为利。无人告首，亦不得访问勾摄，仍仰各路官司，常切禁约，违者治罪。①

上述材料为江西道宣慰司至元十七年（1280）发布的榜文。只要出现自杀，地方政府就作为人命案件处置。即使无人首告，而是官府主动查访获知，地方也会传拿拘捕相关人员②。以致大量无辜之人被牵涉其中。该布告意在禁止上述行为，明令别无他故的自杀事件和无人首告的自杀人命事件，地方政府均不得将其纳入司法程序，以使民人珍视生命，无法达成以己自杀陷人于罪的目的。

布告强调地方政府应区别因借贷无偿或睚眦小忿等原因的自杀与因斗殴而自杀的不同性质，不能一概将其纳入司法程序进行追责。这反映了各级地方政府在处理自杀人命案时，追究他者责任具有一定的普遍性，甚至将不涉及责任追究的自杀事件也作为人命案件来处理。其中，关于"斗殴杀伤"的规定，显示了其与唐宋律"恐迫人致死"条的关联。从禁令内容可见，"恐迫人致死"条在司法适用中呈现扩大趋势。地方政府往往忽视"恐迫"这一法律构成要件，只要出现自尽人命事件，就将其作为"恐迫人致死"案处理。这无疑刺激了民间利用自杀人命索要"烧埋银"的趋势。

关于"烧埋银"，明清律"威逼人致死"条中有关于其追征数量的规定：

---

① 《元典章》卷 42，刑部（卷 4），陈高华等点校，中华书局、天津古籍出版社，2011，第 1476~1477 页。

② 在清代，地方出现自尽人命事件必须上报官府，由官府派仵作进行尸体勘验，并通过讯问当事人亲属或邻右等相关人员以确定自杀性质。根据材料，元代出现自杀人命事件，如果与人无涉，属于"讯无别故"的自杀事件，官府无须处理。如无人首告，官府也不得主动访查并传拿拘捕他人。其司法程序似与清代有所不同。

凡因事威逼人致死者，杖一百。若官吏公使人等，非因公务，而
威逼平民致死者，罪同。并追埋葬银一十两。①

出现致人自尽的结果，法律对加害人不仅有刑事处罚，还有类似于民
事赔偿的追征"埋葬银"。明清关于"埋葬银"的规定应与元代"烧埋银"
的法律存有渊源关系②。

元代也有关于公职人员因"失职"导致罪犯自杀而被追责的记载：

（刘顺）因为监信万奴前去本县，归问打伤人民公事，沿路不为用
心，以致信万奴自抹身死。③

案件发生在吏卒追摄人犯期间，刑部认为信万奴自杀的原因是刘顺没
有尽到监管之责，属于渎职。因适遇赦恩，故拟于刘顺名下追钞五十两给
付苦主，用于信万奴营葬之资。元代法律规定：凡杀人者，虽偿命讫，仍
出烧埋银五十两。若经赦原罪者，倍之。④ 此案行为人虽遇赦免罪，仍被追
征烧埋银，只是未曾加倍，可能与刘顺是因"失职"致人自杀有关，此行
为与杀人毕竟不同，不能同等科处。

钟三自缢案中，刘季三招供将李重二踢死。钟三曾向前救劝。由于钟
三与案情关联甚密，李重二之妻李阿刘多次告称其夫实际是被钟三踢死。
钟三被锁禁六十余日，并在监禁期间自缢而死⑤。元代法律规定："诸有司
辄收禁无罪之人者，正官并笞一十七，记过，无招枉禁致自缢死者，笞三

---

① 《大明律》，怀效锋点校，法律出版社，1998，第157页。
② 但有学者指出，将明清的"埋葬银"视为元代"烧埋银"的接续，只是看到了二者表面上
　的连续性，元代大部分命案需征"烧埋银"给苦主（罪犯有可能被处死），而明清两代追
　"埋葬银"主要集中于过失杀人或因过失致人死亡及适用收赎的案件（罪犯基本上不会被
　处死），仅从这一点区别来看，元代适用的"烧埋银"与明清追"埋葬银"性质不完全相
　同。参见张世明等主编《清代司法演变内在逻辑贯通论：新历史法学实践》，社会科学文
　献出版社，2018，第161页。
③ 《元典章》卷43，刑部（卷5），陈高华等点校，中华书局、天津古籍出版社，2011，第
　1494页。
④ 《元典章》卷43，刑部（卷5），陈高华等点校，中华书局、天津古籍出版社，2011，第
　1489页。
⑤ 《元典章》卷54，刑部（卷16），陈高华等点校，中华书局、天津古籍出版社，2011，第
　1814~1815页。

十七，期年后续。"因柱禁而致人在监自杀，正官应被追究刑事和行政责任①。此案在实际处断中，依照"在禁缢死人命"的规定，负有直接监管之责的吏役被罢退，与此相关的录事司、录判、典史被革职，处罚范围相当广泛②。

人犯（或无罪之人）在监自尽，法律不仅对负责看管人犯的吏卒进行处罚，还会对相关负有监督和管理之责的官吏进行行政（或刑事）处罚，此原则在明清法律规定中也有体现（后文详述）。

### （二）明代

洪武三十年（1397）《大明律》颁行，单独分出"人命"一门。笺释曰：明律以人命至重，特立其目，取唐律而增损焉③。"威逼人致死"成为"人命门"内一个独立罪名。此律例被学者认为是惩治致人自杀行为的集中规定（或基本依据）④。

法律制定一般具有滞后性，通常当某一现象发展成为社会问题时政府才会着力解决。元代时就出现了地方政府不区分自杀行为性质一律将其作为人命案件进行审理并追责的现象⑤。现实生活中，自杀行为发生的原因多种多样，因贫穷、疾病而自杀者有之，因被人逼迫走投无路自杀者有之，因一时气忿、怒而寻死者有之，因报复无门、以死来寻求法律救济者亦有之，不一而足。政府如果对性质不同的自杀行为不加区别，一概追责，势必助长"轻生"风气。反之，如果一概不予追责，又造成那些无辜被豪强逼迫致死之人的冤抑无从伸张。在此情况下，政府势必要明确法律规范，

---

① （明）宋濂等纂《元史》卷103，中华书局：1976，第2633页。

② 《元典章》卷54，刑部（卷16），陈高华等点校，中华书局、天津古籍出版社，2011，第1815页。

③ 〔清〕薛允升著《唐明律合编》，怀效锋、李鸣点校，法律出版社，1999，第467页。此人命门共分20条：谋杀人、谋杀制使及本管长官、谋杀祖父母父母、杀死奸夫、谋杀故夫父母、杀一家三人、采生折割人、造畜蛊毒杀人、斗殴及故杀人、摒去人服食、戏杀误杀过失杀伤人、夫殴死有罪妻妾、杀子孙及奴婢图赖人、弓箭伤人、车马杀伤人、庸医杀伤人、窝弓杀伤人、威逼人致死、尊长为人杀私和、同行知有谋害。

④ 〔日〕中村茂夫：《清代刑法研究》，东京大学出版社，1973，第四章"自杀诱起者的罪责"，第218页；王志强：《清代国家法：多元差异与集权统一》，社会科学文献出版社，2017，第四章《行动之法：刑部的法律推理》，第107页。

⑤ 《元典章》卷42，刑部（卷4），陈高华等点校，中华书局、天津古籍出版社，2011，第1476~1477页。

来区分何谓"与人无尤"不予追责的自杀事件，何谓要进入诉讼领域，对他者进行追责的自杀案件。

《大明律·刑律·人命门》"威逼人致死条"规定：

> 凡因事威逼人致死者，杖一百。若官吏公使人等，非因公务，而威逼平民致死者，罪同。并追埋葬银一十两。若威逼期亲尊长致死者，绞；大功以下，递减一等。若因奸盗而威逼人致死者，斩。[1]

"威逼人致死"条与《大明律》人命门内其他律条内容相比存在特殊之处。其一是关于追征埋葬银的规定。人命门内20条律文，律内载有追征埋葬银的仅"弓箭杀伤人"和"威逼人致死"两条。清代律学家薛允升对此不解：

> 既科以流徒杖罪，是照本律科以应得之咎，已足蔽辜，又追埋银，是何理也？……此等既科罪又追银之法，未知本于何条。假如老幼、妇女、笃疾之人，有犯此等罪名，既准收赎杖徒等罪，又追征埋葬银两，已嫌参差。至实徒实流者，而亦追征银两，不几于重科耶？不过谓死者无辜被杀，并不抵偿，故追埋银，以示体恤，彼过失所杀者，独非无辜平民乎？何以止追赎银，并不拟罪耶？埋葬银两，唐律所无，元代律文杀伤门内征烧埋银者不一而足，或征五十两，或倍之，或征半，殆即明律征埋葬银两至所由仿乎？[2]

薛允升从法理角度出发认为，对致人自杀的加害者处以刑责之外再征金钱赔偿的做法存在不合理之处。犯人既已被刑事处罚，就意味着其已为自身的违法行为付出代价，就没有理由再承担金钱赔偿责任。问题的关键在于"埋葬银"性质的认定。如果"埋葬银"与赎银性质相同，法律规定某些人群犯罪本可缴纳罚银赎罪，这就意味着对同一行为追征两次赎银，属于重复科罪。如果追征埋葬银的目的仅为体恤人命，毕竟导致无辜之人

---

[1] 《大明律》，怀效锋点校，法律出版社，1998，第157页。
[2] 《大明律》，怀效锋点校，法律出版社，1998，第498页。

死亡，故刑罚之外要对加害人加征金钱赔偿。但过失杀人，同样致无辜者被害，为何法律对"过失杀人者"却仅追赎银而不拟罪？这就造成了法理上的矛盾。故薛允升认为此规定并不合理，"满杖之外，又追给银两，虽为慎重人命起见，究非古法"①。

"威逼人致死"律另一特殊之处体现在其所规定的受害者死亡方式上。其他罪名中受害人的死伤均是出于加害者之手，属于"他杀"，而在"威逼人致死"罪中，受害人乃是因外界"威逼"而选择结束自己的生命，是"自杀"，且"威逼"这一罪名核心构成要件具有相当的抽象性。明代律学家雷梦麟认为，"大凡威逼之事，千形万状，不可悉数，但看生者有可畏之威，死者有不得已之情，即以威逼坐之"②。意即"威逼"二字无法用语言精确概括，其判断依据是"生者有可畏之威，死者有不得已之情"，故是否属于"威逼"，很多时候并不取决于加害行为的"逼迫"程度，而取决于被害者对他人"胁迫"的承受程度。

律文根据不同诱因将犯罪行为分为因"事"威逼人致死与因"罪"（奸盗）威逼人致死两类。以下分述。

1. 因"事"威逼人致死

行为人被处以"杖一百，追埋葬银十一两"的惩罚。但何项属于"事"的范围，律文并未予以明确界定。明代律学家对"事"的范围进行了归纳。张楷撰写的《律条疏议》认为"事"的范围包括户婚、田宅、斗殴、争占等③，此类事项在社会生活中较易引起纠纷进而导致"威逼"。律文依据行为人和被害人的身份进行了特别规定。首先，官吏正常执行公务而导致的被害人死亡不成立"威逼人致死"罪名，不追究其刑事责任：

> 官吏公使人等，追征钱粮，勾摄公事，追捕罪人，因而威逼人致死者，官司所行皆是正法，彼自轻其生耳，又何罪焉？④

如果官吏"非因公务"，而是因"私事"导致被害人死亡，"不以其监

---

① （清）薛允升著《唐明律合编》，怀效锋、李鸣点校，法律出版社，1999，第499页。
② （明）雷梦麟著《读律琐言》，怀效锋、李俊点校，法律出版社，2000，第363页。
③ 杨一凡主编《中国律学文献》（第一辑）（第三册），黑龙江人民出版社，2005，第323页。
④ （明）雷梦麟著《读律琐言》，怀效锋、李俊点校，法律出版社，2000，第361~362页。

临之尊宽之也"①，则其与常人相同，要被追究刑事责任和赔偿责任。其次，依据被害人身份不同，律文对与被害人存在服制关系的行为人作了特别规定。卑幼威逼期亲尊长致死，因"人于期亲尊长，所当爱敬，而不可加以威力者也，乃逼之致死焉，岂有人道者哉②?"故要被处以绞刑。此规定体现了传统律法中"准五服制罪"原则，即如果有关亲属之间相互侵犯，"一般来说，卑幼侵犯尊长，服叙越近处罚越重；相反，尊长侵犯卑幼，则服叙越近处罚越轻"③。

2. 因"罪"（奸盗）威逼人致死

"奸"罪事关社会风化，"盗罪"侵犯私人财产利益，两者都对社会造成了严重危害。行为人本身所犯已属重罪，加之又引起被害人自杀的严重后果，故要被处以重刑。《大明律》规定：

> 凡强盗已行，而不得财者，皆杖一百，流三千里。但得财者，不问首从，皆斩；凡窃盗已行而不得财者，笞五十，免刺。但得财者，以一主为重，并赃论罪（罪止杖一百，流三千里），为从者各减一等。④

因法律对强盗得财的处刑已经是最高刑等斩刑，如又致人自尽，因无可再加，故法律仍对犯罪人处以斩刑。其余情况，如强盗不得财或窃盗致人自尽，行为人的量刑都由流刑加重至斩刑。再如奸罪，《大明律》规定：凡和奸，杖八十；有夫，杖九十。刁奸，杖一百。强奸者，绞；未成者，杖一百，流三千里。奸幼女十二岁以下者，虽和，同强论⑤。行为人刁奸、强奸而致被害者自杀，其罪责都会被加重至斩刑⑥。

由于朱元璋制定的《大明律》不可更改，《大明律》在实践过程中难免会出现法律与社会脱节的情况，为矫正《大明律》的弊端，明代统治者制

---

① （明）雷梦麟著《读律琐言》，怀效锋、李俊点校，法律出版社，2000，第362页。

② （明）雷梦麟著《读律琐言》，怀效锋、李俊点校，法律出版社，2000，第362页。

③ 丁凌华：《五服制度与传统法律》，北京：商务出版社，2013，第219页。

④ 《大明律》，怀效锋点校，法律出版社，1998，第140~142页。

⑤ 《大明律》，怀效锋点校，法律出版社，1998，第197页。

⑥ "和奸"属于奸妇奸夫共同犯罪，如果奸妇因"和奸"自杀，如何处断，律文并未明晰。以继承明律的《大清律例》来看，并非将因和奸致人自尽的行为人一概加重至斩刑（后文详述）。

定了《问刑条例》。《问刑条例》是明代中叶以后与律并行的刑事法规，通常附刻在律文后面，先后有《皇明成化条例》、嘉靖《问刑条例》等，万历十三年（1585）刑部尚书舒化等纂辑万历《问刑条例》382 条，万历三十八年（1610），又增万历十三年以后新颁例 15 条和新题例 8 条[①]。以下为万历三十八年"威逼人致死"律后所附条例：

> 凡因事用强，殴打威逼人致死，果有致命重伤及成残废笃疾者，虽有自尽实迹，依律追给埋葬银量，发边卫充军。
>
> 凡因事威逼人，致死一家二命及非一家但至三命以上者，发边卫充军。若一家三命以上，发边卫永远充军。仍依律各追给埋葬银两。
>
> 凡子孙威逼祖父母、父母，妻妾威逼夫之祖父母、父母致死者，俱比依殴者律，斩。其妻妾威逼夫致死者，比依妻殴夫至笃疾者律，绞。俱奏请定夺。
>
> 妇人夫亡愿守志，别无主婚之人，若有用强求娶，逼受聘财，因而致死者，依律问罪，追给埋葬银两，发边卫充军。
>
> 凡军民人等，因事威逼本管官致死，为首者，比依威逼期亲尊长致死律，绞；为从者，枷号半年，发边卫充军。[②]

从律例关系角度看，例文内容补律之未备。例如，依据被害者的身份，分别补充"子孙威逼祖父母、父母，妻妾威逼夫之祖父母父母"的内容（律文中仅涉及"卑幼威逼期亲尊长"）以及"军民人等，因事威逼本管官致死"的规定；依据犯罪结果轻重，补充了因事威逼人致死造成的一家二命、非一家但至三命以上及一家三命等不同结果的规定；依据犯罪情节，增加了殴打致人自尽、孀妇因逼受聘财而自尽的内容。

从立法技术来看，例文出现了依据犯罪情节比附其他罪名论罪的内容。例如，"凡军民人等，因事威逼本管官致死"，比依威逼期亲尊长致死律；"凡子孙威逼祖父母、父母，妻妾威逼夫之祖父母、父母致死者"，比依殴者律。为达到情罪允协，法律可以比附与犯罪情节不同的其他罪名论罪。

---

① 《大明律》，怀效锋点校，法律出版社，1998，第5~6页。
② 《大明律》，怀效锋点校，法律出版社，1998，第418~419页。

此种做法可使律例的适用范围以及可选择的刑罚具备适度的灵活性。

纵观汉代至明代，法律对致人自杀的行为者存在追责的传统。法律追责主要集中于两种情况，一是官吏因未能履行自身职责而使被害人（罪犯）自杀，二是行为人"逼迫"他人自杀。后者的发展脉络比较明晰，从唐代"恐迫人致死"条的制定到宋代的司法实践，再到明代出现了"威逼人致死"罪名。至清代，相关法律规定更为细密、完备，形成了致人自尽罪名体系。

## 第二节　清代致人自尽罪名体系的建立

清代律例对致人自尽的规定相当细致，涉及多个条款，包含多个具体罪名。本书拟采用"体系"一词来概括诸多罪名之间的关系。"体系"为近代词，主要指若干事物互相联系而构成的一个整体①。本书在此处用"体系"来概括多个性质相同（均为对致人自尽行为者的惩治）的罪名所组成的整体。此整体虽不具有严格意义上体系内部诸要素之间的互动和逻辑严密次序，多个罪名之间也不乏重叠和参差之处，但该整体内部诸多罪名之间也存在刑罚上的协调对应、具体规定之间的互补关系，故本书仍从宽泛意义上将之视为"致人自尽罪名体系"。

学界研究致人自尽的法律规定，多集中于"威逼人致死"罪名。本书研究内容为自杀行为中的他者责任追究，涵盖诸多致人自尽的情形，并非"威逼人致死"罪名研究（虽然这一罪名是本书关注的重点）。因《大清律例》中致人自尽的规定涉及不同门内的多个条款，且部分内容存在重叠甚至矛盾抵牾，分析这一致人自尽罪名体系的内容，不能毫无保留地按照相关律例在《大清律例》中已有的门类归属作简单排列。以"威逼人致死"罪为例对以上观点作一说明。

《大清律例》中的律文与其后所附条例的关系比较复杂。从两者地位来看，"律为永久不变之根本法，故一成则不妄行改废之。例所谓条例，则与

---

① 中国社会科学院语言研究所词典编辑室编《现代汉语词典》（第6版），商务印书馆，2012，第1281页。

此异。因时变通，损益改废，无所不可"①。律文更加具有稳定性，而例文则随社会发展随时变动；从两者的抽象程度来看，"律是一种高度抽象、概括力强的法律规范形式，而条例则相对来说是一种比较具体、针对性强的法律规范形式"②。律文的抽象程度更强，例的产生途径或为因案成例，或为官员条奏，或为皇帝谕旨等，其具体性和针对性更强。因为"律一成则万古不易，无复随时推移。条例随时变通无穷，以情之轻重曲折为准，于是律与条例，时有枘凿不相容之事"③。"威逼人致死"律下所附例文就存在"以例破律"的情况。

首先，体现在"致死"不再具有"自杀"的专指性。清初立法，律后所附6条例文分别为：因奸威逼、因事用强殴打、因事致死二命或三命、子孙威逼祖父母或父母、用强求娶守志寡妇、军民人等威逼本管官④，全部涉及自杀，彼时该条可视作"威逼致人自尽"的专门罪名。随着例文的不断修撰，此罪名的构成要件中突破了"自杀"这一死亡结果形式上的限定，即"致死"不再专指"自杀"，也包括杀死、烧死等多种情况⑤。其次，例文突破律文"威逼"这一核心限定。律文以威逼行为与自杀结果为核心要件。无威逼行为，即使出现致人自尽的结果也会以其他罪名论罪。但随着例文的不断增修，出现了将并无"威逼"行为导致他人自尽的情形也归类

---

① 〔日〕织田万著《清国行政法》，李秀清、王沛点校，中国政法大学出版社，2003，第56页。

② 苏亦工：《明清律典与条例》（修订版），商务印书馆，2020，第224、238页。

③ 〔日〕织田万著《清国行政法》，李秀清、王沛点校，中国政法大学出版社，2003，第57页。

④ （清）沈之奇撰，《大清律辑注》，怀效锋、李俊点校，法律出版社，2000，第704~708页。

⑤ 典型如道光三年制定，也是威逼人致死门内唯一有关因盗威逼人致死的规定："贼犯除有心放火，图窃财物，延烧事主毙命者，仍照例依强盗分别问拟斩决、斩枭外，如因遗落火煤，或因拨门不开，燃烧门闩板壁，或用火煤照亮，窃取财物，致火起延烧，不期烧毙事主一二命，及三命而非一家者，俱照因盗威逼人致死律，拟斩监候。若烧毙一家三命者，拟斩立决。三命以上，加以枭示。"（清）吴坤修等编纂《大清律例根原》（三），上海辞书出版社，2012，第1306~1307页。细究例文内容，主要是惩治窃盗因故意放火或无心失火导致事主死亡的规定。窃盗偷窃财物，有心放火导致事主毙命依强盗例拟罪；非有心放火，而是在窃取财物过程中遗落火煤或用火煤照亮引起火灾而导致事主毙命，俱照因盗威逼人致死律拟斩监候。此例又依照致死人数，规定了不同的刑罚。"此门共二十五条，因盗威逼止此一条"，但这唯一的因盗威逼规定中，既非自杀，也很难符合"威逼"这一构成要件。

到"威逼人致死"罪名之内的情况①。

综上，"威逼人致死"律例存在不兼容甚至冲突的问题，不能毫无保留地将例文规定的诸多情形直接纳入"威逼人致死"罪名。

鉴于此，本书认为有必要打破不同门内律例，甚至同一门律例的归属，将性质相同或相似的规定依照某种标准重新归类。

首先，按照行为性质分为"因犯罪行为导致他人自尽"与"因非罪行为导致他人自尽"两个大类。有些行为本属犯罪，且又导致了他人自杀这一更为严重的后果，本书将此类归于"因犯罪行为导致他人自尽"类。与此相对应，有些行为性质不属于"罪"的范畴，也在行为过程中导致了他人自杀，清律同样要对此类"非罪"行为加以惩治，本书将其归于"因非罪行为导致他人自尽"类。

需要说明的是，传统法律中"罪"与"非罪"并无唯一且明确的标准，它是一种"综合国家律法、礼教伦理、人情风俗的实质判断"。大致可划分为三层标准，分别为：律、令等制定法中的具体犯罪构成，比附援引（轻重相举）以及"不应为"②（可视为"兜底性"条款）。因后两个标准主要体现在法律适用过程中，故本书对于"非罪"的判断主要依照第一层标准，在《大清律例》中没有规定，不符合犯罪构成要件的行为均视为"非罪"。

其次，按照有无"威逼"行为，在"因犯罪行为导致他人自尽"类别下再划分为"威逼他人自尽"与"引起他人自尽"两类③。

何谓"威逼"？在法理上这是一个令人困惑的问题。清初，律学家沈之奇对"威逼人致死"的解释是："谓以威势凌逼人，威之气炎难当，逼之窘辱难受，既畏其威，复遭其逼，惧怕而不敢校，愤恨而无所申，因而自尽

---

① 典型如以下例文：

    1. 妻妾悍泼，若辄起口角，事涉微细，并无逼迫情状，其夫轻生自尽者，照子孙违犯教令，致父母轻生自尽例，拟绞监候。

    2. 凡村野愚民本无图奸之心，又无手足勾引、挟制窘辱情状，不过出语亵狎，本妇一闻秽语，即便轻生，照强奸未成本妇羞忿自尽例减一等，杖一百，流三千里。

    条例 1 中因微细小事发生口角，并无逼迫；条例 2 中更是明确说明无"挟制窘辱"，两者皆不符合"威逼"的构成要件，但归类于该罪名之下。

② 陈新宇：《帝制中国的法源与适用：以比附问题为中心的展开》，上海人民出版社，2015，第 92 页。

③ 本书认为"威逼"行为都属于犯罪，非罪行为不存在"威逼"。

者。"①"威逼"可概括为"倚势而逼""挟制窘辱"，但"究竟挟制窘辱系何情状，亦未叙明"②。本书认为，"威逼"这一抽象词并无具体所指，并不指代具体行为③，其实质是对行为性质的界定（或限定），且此种行为性质的判定更多是司法官员依据具体案情作出的，即如果司法官员认为某种具体行为（如强奸、调奸、殴打等）存在"挟制窘辱"的性质，就可认为此行为符合"威逼"的构成要件，成立"威逼致死"的罪名。换言之，"威逼他人"自尽中的行为都应属于"犯罪"，按照法理逻辑，正当行为不存在"挟制窘辱"的性质，是不能成立"威逼"罪名的④。

《大清律例根原》在律文的按语部分，为区别"威逼人致死"罪名与其他罪名的相异之处，采用部分列举方式，指出其他如愚民口语相争、因公务拘捕、逼勒、勒索财物等致人自尽的多种情形及其罪名：

> 若愚民口语相争及公私人等因公勾摄，初无威逼之状，而其人轻生自尽，止当坐不应重律。至其人本不肯死而逼勒自尽，则当坐故杀。若勒索财物致人自尽，则又当以恐吓取财，计赃从重论。

可见，虽然都是致人自尽的行为，但其中的追责依据并不相同。以其中有无"威逼"为别，可分为"威逼他人自尽"及虽无威逼行为却也出现他人自尽这一结果的"引起他人自尽"两大类。

最后，按照犯罪诱因将"威逼他人自尽"再分为"因事威逼他人自尽"

---

① （清）沈之奇著《大清律辑注》，怀效锋、李俊点校，法律出版社，2000，第704页。

② （清）薛允升著《读例存疑（重刊本）》（四），黄静嘉编校，台湾成文出版社，1970，第869页。其实，语言的表现力是有限的，词语具有多义性。法律条文作为审断的依据，概括性、抽象性是法律的一个基本特点，合理的概括性和抽象性，才能保证法律对生活事实的高度涵盖性。但出于对法律确定性的追求，法律制定者往往倾向于意义确定的概念，这样才能有效指导实践。张明楷：《刑法学》，法律出版社，2016，第182页。从这个意义上讲，"威逼"确非意义确定的概念，存在含义不确定的边缘地带，即缺乏实行行为的"定型性"。

③ 以常识判断，逼勒自尽从情罪角度分析，属于"威逼"性质，但以故意杀人论罪，应是从主观意图出发，逼勒自尽有致死对方之意，而"威逼"并无致死他人之意。从主观恶性程度来讲，"威逼"的逼迫程度要低于直接致死对方的"逼令自尽"。

④ 但在司法实践中，正当行为有时候也会成立"威逼致死"罪名，但基本上限于卑幼侵犯尊长一类的案件。法律为维护尊长权利，即使卑幼并无过错，只要出现尊长自杀，也会以此罪名对卑幼加以惩治。

及"因罪威逼他人自尽"。

《大清律例·刑律·人命》"威逼人致死"条律文规定:

> 凡因事（户婚、田土、钱债之类），威逼人致（自尽）死，（审犯人必有可畏之威）杖一百。若官吏、公使人等，非因公务而威逼平民致死者，罪同。（以上二项）并追埋葬银一十两（给付死者之家）。若（卑幼）威逼期亲尊长致死者，绞（监候），大功以下，递减一等。若因（行）奸（为）盗而威逼人致死者，斩（监候）（奸不论已成与未成，盗不论得财与不得财）。①

律文对"事"的律注为"户婚、田土、钱债之类"。这一类事件社会生活中比较常见，且"大约彼此无甚曲真可分"②，很难截然分辨出双方是非对错，属于常说的"细故"，或民事范围（相对于刑事）。但如果因此类事件出现了恃强欺凌、逼迫他人自尽的结果，即使行为人并无杀意，但为矜悯死者，惩治"豪强凶暴"③，法律以"威逼人致死"罪名惩治行为人:

> 若户婚、田土、钱债等事，恃其强横，挟制窘辱，在其人虽有冤苦莫伸之情，在犯或事起理直、并无置于死之意，而死由自尽，故虽至一家二命及非一家三命以上只拟绞候。此则准情定法，所以昭平允也。④

除了因"事"威逼他人自尽外，律文对行奸为盗而致人自尽的行为人处以斩监候的重刑。原因应是此类行为主观恶性强，社会危害性大，本身已为重罪，又产生他人自杀这一更为严重的后果，故要严惩。

律文为区别犯罪情节，按照诱因分为"因事威逼"及"因奸盗威逼"

---

① （清）吴坤修等编纂《大清律例根原》（三），上海辞书出版社，2012，第1291页。
② （清）薛允升著《读例存疑（重刊本）》（四），黄静嘉编校，台湾成文出版社，1970，第869页。
③ 沈家本：《寄簃文存》，商务印书馆，2017，第64~66页。
④ （清）全士潮等纂辑《驳案汇编》，何勤华等点校，法律出版社，2009，第686页。

两类，但此种划分引发了法理上的问题及困惑，突出表现在"事"与"奸盗"两者的关系上。如果认为两者是普遍与特殊的关系，即奸盗也属于"事"的范畴，只是"事"的特殊表现。基于其主观恶性强、社会危害性大，对此类行为特别作出规定。问题是，除了"奸盗"外，律文为何不对社会中其他各种主观恶性和社会危害并不必然低于"奸盗"的犯罪行为（诸如诬告、恐吓、殴打、强嫁）致人自尽作出规定？没有规定，是否意味着此类致他人自杀的行为都是按照"因事威逼"来处断，刑罚为杖一百？依据《大清律例》规定，显然不是。或许有人提出，"威逼人致死"罪名的构成要件是"威逼"，那诬告、恐吓等就一定不存在"威逼"的性质吗？为在罪名上作区分，是不是还应出现"因诬告威逼他人自尽""因诬告导致他人自尽"诸如此类会导致法律及其适用混乱的罪名。

本书认为，"事"与"奸盗"应是性质不同的两个范畴。"户婚、田土、钱债之类"仅作为犯罪诱因，法律惩治的是此类事件中的"威逼"行为，对其中的"威逼"并无具体所指，主要根据犯罪结果来认定；但"奸盗"并非仅指犯罪诱因，"奸盗"也是判断成立"威逼"与否的具体表现，即如因强奸、调奸等行为致人自尽，其为奸行为便被认定符合"威逼"这一构成要件，成立"威逼致死"罪名。基于此，本书将与"奸盗"行为性质相同，且有具体所指的犯罪行为统归"因罪威逼他人自尽"类别。

此外，因《大清律例》及《吏部处分则例》等对负有司法工作职责（如缉捕、监狱看管、中途押解等）人员因"失职"造成他人自杀的追责与上述分类存在差异，不仅有刑事责任，还要追究官员的行政责任，故单列一类。致人自尽罪名体系分类见图1。

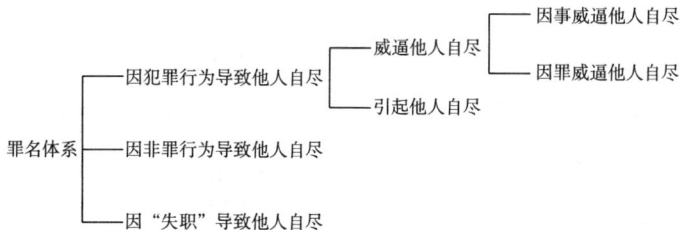

**图1　致人自尽罪名体系分类**

## 一 因犯罪行为导致他人自尽

本部分主要分析因犯罪行为导致他人自杀的相关法律规定。以犯罪行为有无"威逼"性质为别，再具体分为"威逼他人自尽"与"引起他人自尽"两类，以下分述。

### （一）威逼他人自尽

1. 因事威逼他人自尽

表 2 　因事威逼他人自尽律例一览

| 律例编号* | 行为主体 | 实行行为 | 行为结果 | 刑罚 | 出处 | 纂修情况** |
|---|---|---|---|---|---|---|
| 299-00 威逼人致死 | | 凡因事（户婚、田土、钱债之类）威逼人（审犯人必有可畏之威） | 致（自尽）死 | 杖一百，追埋葬银一十两（给付死者之家） | 《大清律例·刑律·人命》"威逼人致死"条 | 明律，顺治三年添入小注。乾隆三十七年以卑幼威逼期亲尊长致死，威逼二字立言不顺，改为"因事逼迫" |
| | 官吏、公使人等 | 非因公务而威逼 | 平民致死者 | 杖一百，追埋葬银一十两（给付死者之家） | | |
| | 卑幼 | 逼迫 | 期亲尊长致死 | 绞监候，大功以下，递减一等 | | |
| 299-02 因事威逼人致死一家二命以上 | | 威逼 | 致死一家二命，及非一家但至三命以上 | 发近边充军，依律各追给埋葬银两 | 同上栏 | 明代问刑条例 |
| | | | 致死一家三命以上 | 发边远充军，依律各追给埋葬银两 | | |
| 299-07 逼迫本管官致死 | 军民人等 | 逼迫 | 本管官自尽 | 为首者，比依逼迫期亲尊长致死律，绞。为从者，枷号三个月，发近边充军 | 同上栏 | 问刑明代条例，乾隆三十七年改定 |

续表

| 律例编号 | 行为主体 | 实行行为 | 行为结果 | 刑罚 | 出处 | 纂修情况 |
|---|---|---|---|---|---|---|
| 299-08 威逼窘辱致死一家二命、三命及非一家三命以上 | 豪强凶恶之徒 | 恃财倚势，因事威逼，挟制窘辱 | 致死一家三命以上 | 斩监候 | 同上栏 | 乾隆三十六年，刑部奏准定例 |
| | | | 致死一家二命，及非一家但至三命以上 | 绞监候 | | |
| 299-10 妻妾悍泼逼死其夫 | 妻妾 | （悍泼）逼迫其夫 | 夫自尽 | 绞立决 | 同上栏 | 乾隆四十八年于子孙不孝例内分出，另为条例，嘉庆六年改定 |

《大清律例》律文有律目，如"威逼人致死"即为律目，律后所附条例，有文无目，且均无索引。为便于利用，台湾学者黄静嘉对薛允升所著《读例存疑》律例进行编号，并对条例进行编目。本表中所列编号及例目即采用黄静嘉编校的《读例存疑》（重刊本）中所列编号。例如，"威逼人致死"律文编号为"299-00"，其下所附第一条例文编号为299-01，例目为：因奸威逼人致死。

关于律例纂修情况，主要参考《大清律例根原》及《读例存疑》。

299-00为"威逼人致死"律文中关于因事威逼人致死的规定。"因事"主要针对以户婚、田土、钱债一类事件作为诱因而逼迫他人自尽的行为。公使、官吏等公务人员，如非因公务而威逼他人自尽，与常人科刑相同，均为杖一百，并追埋葬银给付死者之家。此外，例文基于服制身份，对卑幼逼迫尊长作出特别规定。以下主要从立法内容及立法技术两方面加以分析。

首先，身份成为决定罪名成立与否的关键因素。律文明确提出，行为人要有"可畏之威"才能成立"威逼"罪名。"威"字本意为女巫手执干戚而舞，用来显示上天的神威，可引申为"威仪""威严"。"威"有刑杀之权的意思，可引申为"震慑，使畏惧"之意。有刑杀之权者必有尊贵的地位，故"威"又引申为"威望"[1]。从字义上讲，行为人应具有声望、地位、财势方面的优势，才有可能具备"可畏之威"。"威逼致死"罪立法之初，也意在惩治这

---

① 李永勃、蔡英杰：《释"威"》，《汉字文化》2016年第3期，第41~43页。

些具有优势地位之人（或可称作"豪强"）去凌逼弱势者①。

具体立法过程中，清律忽视行为人须具备"威势"这一基本前提，处于弱势地位者也可成立"威逼致死"罪名，典型体现在卑幼威逼尊长自尽的法律制度上。清初，继承明律，"威逼人致死"律文原为"卑幼威逼期亲尊长致死"。乾隆三十七年（1772），将"威逼"二字改为"因事逼迫"②。其背景源于当年阜宁县发生的一件兄弟争闹致母亲自杀案：陈有茂因田价与其弟陈有盛产生争执，多次争闹，后逼妻寻死，图赖其弟，其母爱怜少子，忿激自尽。三法司依照"子威逼父母致死例"，拟以斩决。乾隆皇帝基于该罪犯情罪较重，法所难宽，同意三法司的量刑，但认为所引例文未为允协：

> 惟所引子威逼父母例文于义实为未协。明刑所以弼教，若以威逼二字属之子孙，于父母、祖父母，言之不顺，岂可著为法令。此等准情定罪，当改为子孙不孝，致父母自尽，定为例条，庶足以饬伦常而示惩儆，所有此案即著照此改正。第子孙不孝其亲。情节轻重不同。亦有未可概拟斩决者，并著刑部详悉酌议具奏。寻议，嗣后凡子孙不孝，致祖父母、父母自尽之案，如审有触忤干犯情节，致亲窘迫自尽，即拟以斩决。若行为违犯教令，致亲抱忿轻生者，酌拟绞候，庶按情定罪，各有等差。再查律例内尚有卑幼威逼尊长，军民威逼本官致死之条，立言亦觉不顺，应请俱改为因事逼迫字样，似觉允当，从之。③

乾隆皇帝从伦理角度出发，认为"威逼"二字属之子孙，于父母、祖父母，言之不顺，不可定为法令。"立言不顺"是因为："子孙之于祖父母、父母，妻妾乃于夫及夫之祖父母、父母，其事皆不得自专，曷因事而用威也？既无所因事，又威不能加于所尊，而谓之威逼，可乎？"④ 这说明，在尊长与卑幼名分相临之下，有"威"的只能是父母，子女只有服从的义务。既然子女对于父母只能服从，毫无"威势"，"威逼"父母的罪名难以成立，

---

① 沈家本：《寄簃文存》，商务印书馆，2017，第 64 页。

② （清）吴坤修等编纂《大清律例根原》（三），上海辞书出版社，2017，第 1295 页。

③ 《清高宗实录》卷 906，乾隆三十七年四月乙亥。《清实录》（第 20 册），中华书局，1986，第 113~114 页。

④ （明）雷梦麟著《读律琐言》，怀效锋、李俊点校，法律出版社，2000，第 362 页。

故乾隆谕令将"子威逼父母"例文中的"威逼"改为"逼迫"，并进一步区分不孝行为的具体表现是触忤还是违犯教令，分别定拟为斩决、绞监候，成为定例。妻妾于夫及夫之祖父母有犯，罪同，故一并修改①。

例文虽已修改，但律文中仍有"卑幼威逼期亲尊长"字样，同样是立言不顺，为了律例协调，刑部随案奏明，"卑幼威逼尊长致死，军民威逼本官致死"均改为"逼迫字样"，乾隆皇帝允准②。这也说明，威逼之"威"，并非人人可有，卑幼之于尊长、军民之于本官，均无"威"可言。而尊长之于卑幼、官吏之于所管军民，这些处于服制等级较高或者身份地位较高的人才有可畏之威。

但实际上，"威逼致人自尽"的罪名却不适用于尊长致卑幼自尽的情形：

> 律内不言逼死卑幼者，期亲尊长名分相临，不得以威逼论，止科不应重罪。③

律内无"尊长威逼卑幼"的罪名，不是因为尊长不会利用自己的"威"去"威逼"卑幼，即使尊长威逼卑幼自尽，法律为维护"伦常等第"，也不成立"威逼人致死"罪，只依照"不应为"罪科刑，这充分反映了法律维护伦理等级的意旨。

无"威"的卑幼致尊长自尽成立"威逼致死"罪名，有"威"的尊长致卑幼自尽，不成立"威逼致死"罪名（只科"不应为"罪），可见身份是决定罪名成立与否的关键因素。这一原则也体现在299-07平民逼迫本管长官例和299-10妻妾逼迫丈夫例中，平民逼迫本管官、妻妾逼迫丈夫都属于以下犯上，均成立"威逼致死"罪名。但丈夫逼迫妻子自尽，却不适用"威逼致死"罪名④。

299-02"因事威逼人致死一家二命以上"例与299-08"威逼窘辱致死一家二命、三命及非一家三命以上"例都是对因事威逼致死多人的律例，因涉及清代律典的立法技术，详见本章第三节分析。

---

① （清）吴坤修等编纂《大清律例根原》（三），上海辞书出版社，2012，第1295页。
② （清）吴坤修等编纂《大清律例根原》（三），上海辞书出版社，2012，第1295页。
③ （清）吴坤修等编纂《大清律例根原》（三），上海辞书出版社，2012，第1291页。
④ 清律对于丈夫殴打妻子致其自尽的最高量刑为徒罪。而对于一般的殴骂致妻子自杀的，法律规定"勿论"，即不予处理。详见后文所列条例。

2. 因罪威逼他人自尽（见表3）

表3 因罪威逼他人自尽律例一览

| 律例编号 | 行为主体 | 实行行为 | 行为结果 | 刑罚 | 出处 | 纂修情况 |
|---|---|---|---|---|---|---|
| 299-00 威逼人致死 | | 因（行）、奸、（为）盗（奸不论已成与未成、盗不论得财与不得财） | 威逼人致死 | 斩监候 | 《大清律例·刑律·威逼人命》"威逼人致死"条 | 明律，顺治三年添入小注 |
| 299-01 因奸威逼人致死 | | 凡因奸威逼人致死人犯（务要审有挟制窘辱情状） | 本妇、本夫、父母、亲属自尽 | 奸夫不以威逼拟斩 | 同上栏 | 明万历十六年定例 |
| 299-13 因奸逼毙一家三命 | | 因奸威逼 | 一家二人，及非一家但至三人以上 | 近边充军，追给埋葬银两 | 同上栏 | 嘉庆二十年定例 |
| | | | 致死一家三命 | 斩立决，追给埋葬银两 | | |
| 299-04 强奸或调奸服亲致本夫、本妇及父母亲属羞忿自尽 | | 强奸未成，或经调戏 | 内外缌麻以上亲，及缌麻以上亲之妻，同母异父之女及母异父姊妹其夫与本妇羞忿自尽 | 斩监候 | 同上栏 | 雍正十二年定例。嘉庆十四年改定，嘉庆十六年纂入定例 |
| | | 强奸已成 | 夫、父母、亲属及本妇羞忿自尽 | 斩立决 | 同上栏 | |

续表

| 律例编号 | 行为主体 | 实行行为 | 行为结果 | 刑罚 | 出处 | 纂修情况 |
|---|---|---|---|---|---|---|
| 299－14 强奸已成未成本妇被杀伤及夫与父母亲属羞忿自尽 |  | 强奸已成 | 夫与父母、亲属及本妇羞忿自尽 | 斩监候 | 同上栏 | 嘉庆十二年，直隶曲周县民人李嘉贵强奸姊族杨李氏案，纂辑为例。嘉庆十七年、二十二年修改，咸丰元年改定 |
|  |  | 强奸未成，或但经调戏 |  | 绞监候 |  |  |
| 299－20 强奸妇女已成未成立时杀死本妇自尽 |  | 强奸未成 |  | 发黑龙江给披甲人为奴 | 同上栏 | 嘉庆十二年，直隶曲周县民人族杨李氏强奸姊案，纂辑为例。嘉庆十七年、二十二年修改，咸丰元年改定 |
|  |  | 强奸已成 | 犯奸妇女 | 杖一百，流三千里 |  |  |
| 369－00 诬执翁奸 | 翁 | 强奸（未成） | 儿媳自尽 | 照亲属强奸未成例科断 | 《大清律例·刑律·犯奸》"诬执翁奸"条 | 顺治三年定，雍正三年修改 |
| 370－02 家长亲属奸奴雇工妻女未成致令自尽 | 家长有服亲属 | 强奸 | 奴仆雇工人妻女自尽 | 杖一百，发近边充军 | 《大清律例·刑律·犯奸》"奴及雇工人奸家长妻"条 | 乾隆三十年，刑部议覆河南巡抚蒋期朔题，杨有图雇工人之妻曹三姐奸赤服属雇工人妻赤氏未成，致氏自尽一案，纂为定例 |

续表

| 律例编号 | 行为主体 | 实行行为 | 行为结果 | 刑罚 | 出处 | 纂修情况 |
|---|---|---|---|---|---|---|
| 112-02 强夺良家妻女中途夺回及妇女并亲属羞忿自尽 | | 强夺良家妻女 | (中途夺回)已被奸污,妇女自尽 | 照强奸已成本妇羞忿自尽例,拟斩监候 | 《大清律例·户律·婚姻》"强占良家妻女"条 | 乾隆五年,甘肃按察使赵城条例。乾隆八年修改,嘉庆十四年增定 |
| | | | (中途夺回,未被奸污)妇女自尽 | 照强奸未成本妇羞忿自尽例,拟绞监候 | | |
| | | | 其未成父母亲属羞忿自尽 | 分别已成未成,本妇自尽之例同拟 | | |
| 366-02 轮奸良人妇女已成、未成及杀死并致本妇自尽 | | 轮奸良人妇女(已成) | 本妇自尽 | 首犯拟斩立决。为从拟奸之犯,均按绞立决。同谋未经同奸余犯,发黑龙江给披甲人为奴 | 《大清律例·刑律·犯奸》"犯奸"条 | 雍正五年定例,嘉庆六年、十三年修改 |
| | | 伙谋轮奸(未成) | | 首犯拟斩监候,为从发黑龙江给披甲人为奴 | | |

续表

| 律例编号 | 行为主体 | 实行行为 | 行为结果 | 刑罚 | 出处 | 纂修情况 |
|---|---|---|---|---|---|---|
| 366-12 轮奸已经犯奸妇女及因而致死本妇或自尽 | | 轮奸犯奸妇女（已成） | 本妇自尽 | 首犯拟绞监候，为从奸犯，发黑龙江给披甲人为奴，同谋未经同奸余犯，杖一百，流三千里 | 同上栏 | 嘉庆十九年，由本门轮奸良人妇女入门摘出，另纂为例，二十二年修改，道光六年修改，二十五年改定 |
| | | 轮奸犯奸妇女（未成） | | 首犯发黑龙江给披甲人为奴。为从奸犯，杖一百，徒三年 | | |
| 299-17 逼媳卖奸及奸夫抑媳同陷淫邪致媳自尽 | 婆婆与其奸夫 | 令媳卖奸，不从，折磨殴逼 | 儿媳情急自尽 | 绞监候 | 《大清律例·刑律·威逼人命》"死"条 | 乾隆五十七年，湖北巡抚题张氏逼媳实奸不从，致氏自缢身死一案，奉上谕，纂辑为例。嘉庆六年修改，二十二年改定 |
| | | 抑媳同陷邪淫 | | 改发各省驻防为奴 | | |
| 299-24 因与其姑通奸被其氤截图奸其媳酿命 | 婆婆与其奸夫 | 先与其姑通奸，因教其媳氤破，碍眼即听从奸妇，图奸其媳，不从，其姑毒殴 | 自尽 | 奸妇仍发各省驻防为奴；图奸酿命之犯，拟绞监候，秋审入于情实 | 同上栏 | 嘉庆二十一年，通州民妇李氏因奸夫段通伊媳香儿身死一案，奉旨纂修为例 |

续表

| 律例编号 | 行为主体 | 实行行为 | 行为结果 | 刑罚 | 出处 | 纂修情况 |
|---|---|---|---|---|---|---|
| 112-04 卑幼图财强卖尊长及尊长图财强卖卑幼 | 卑幼 | 谋占资财，贪图聘礼，强卖 | 妇女不甘失节自尽 | 期功以下卑幼及疏远亲族，仍照本例，分别斩绞监候。缌麻尊长亦拟绞监候。期功尊长，发近边充军 | 《大清律例·户律·婚姻》"强占良家妻女"条 | 乾隆六年，附请定例，嘉庆六年修改 |
| 105-01 孀妇自愿改嫁或守志母家夫家强抢或强嫁 | 母家、夫家或亲属 | （孀妇自愿守志）母家夫家抢夺强嫁 | 孀妇不甘失节，因而自尽（不论已未被污） | 祖父母、父母、夫之祖父母、父母，杖一百，徒三年。期亲尊长，杖一百，流三千里。缌麻卑幼，杖一百，流三千里。缌麻卑幼，发边远充军。功缌，拟发极边监候。期亲、功缌，拟发极边监候。期亲、功缌，拟绞监候 | 《大清律例·户律·婚姻》"居丧嫁娶"条 | 嘉庆六年由"威逼人致死"门移入 |
| | 母家、夫家、亲属及娶主 | （孀妇自愿守志）母家夫家抢夺强嫁，娶主知情同抢 | | 娶主以为从论，各减亲属罪一等 | | |

续表

| 律例编号 | 行为主体 | 实行行为 | 行为结果 | 刑罚 | 出处 | 纂修情况 |
|---|---|---|---|---|---|---|
| | | （凡因事）用强殴打威逼 | 果有致命重伤，及成残废驾疾（虽有自尽实迹） | 依律追给埋葬银两，发近边充军 | | |
| | | | 其致命而非重伤，及重伤而非致命 | 追给埋葬银两，杖一百，徒三年 | | |
| | | | 非致命又非重伤 | 杖六十、徒一年 | | |
| 299-05 因事用强殴打威逼人致死或重伤残废驾疾 | 期亲卑幼 | | 刀伤尊长尊属及折肢，若瞎其一目 | 绞立决 | 《大清律例·刑律·人命》"威逼人致死"条 | 明代同刑条例。乾隆三十二年，嘉庆六年修改。道光六年改定 |
| | 功服卑幼 | 殴打威逼尊长 | 殴伤尊长尊属至驾疾 | 绞立决 | | |
| | 缌麻卑幼 | | 殴有致命重伤，未 | 发边远充军 | | |
| | 功服卑幼 | | | 发极边充军 | | |
| | 期亲卑幼 | | | 绞监候 | | |
| | 缌麻卑幼 | | 致命而非重伤或重伤而非致命 | 发近边充军 | | |
| | 功服卑幼 | | | 发边远充军 | | |
| | 期亲卑幼 | | | 绞监候 | | |
| | 功服以下卑幼 | 殴打威逼尊长 | 非致命又重伤 | 于道逼尊长致死本律上加一等拟罪 | | |
| | 期亲卑幼 | | | 绞监候 | | |

（1）侵犯妇女贞节致其自尽①

299-00"威逼人致死"律例只规定行奸为盗致人自尽。除奸盗外的其他犯罪行为未必就不存在"威逼"性质，只是在清代律例中不以"威逼"罪名拟罪而已，其中原因有待考证。虽然律文中规定了"奸盗"，但条例内并无因盗威逼致人自尽的内容。清代律学家薛允升提出，"因盗威逼人致死"与"威逼"情事不合：

> 因奸威逼已觉牵强，因盗威逼，则便难通矣。辑注因盗威逼者，或谓如强盗未入主家，先于门外虚张声势，以致事主及家中人有惊惶自尽者。若窃盗被事主及救援人追逐，因而拒捕，致慌张扑跌而死者皆是。窃谓此与威逼之法未协，亦恐威逼之事所无，强盗尚未入门，事主何至自尽，窃盗被追拒捕，意在脱身，追者扑跌而死，全与威逼情事不合。因奸而威逼人致死者常有之，因盗而威逼人致死者绝无，盗有本律，可不必曲为之说也。②

薛允升认为，因盗威逼他人自尽案件在现实生活中几乎不可能存在。强盗尚未入门，而事主却选择自尽，此事不合常理。如果是事主追捕窃盗扑跌身死，则又与"威逼"构成要件不符。这也应是例文中并无因盗威逼致人自尽规定的原因所在。

本书将有图奸之心、逼奸之行的强奸、轮奸行为，以及同样有强逼行为而损害妇女名节的强卖、强嫁等均归入"因罪威逼他人自尽"类别进行讨论。

①因奸威逼之通例

299-01 因奸威逼人致死例和 299-13 因奸逼毙一家三命例，可作为通例。因奸威逼处刑最重，因"律文最严又事涉暗昧"③，故定 299-01 例文，意在强调成立威逼罪名，务要有"挟制窘辱"的情节。若是和奸而本妇自

---

① "贞节"从历史文献上看，是作为妇女德行的通称，或指涉某些特定的道德实践方式。以明清所表彰的"贞节烈女"群体来看，贞节的概念重在对丈夫在性关系上的绝对忠诚。梁弘孟：《尊长权与贞节的冲突——以刑案汇览中"子妇拒奸杀伤伊翁"类案为例》，《中正大学法学集刊》，第 50 期，2006，第 64 页。

② （清）薛允升著《唐明律合编》，怀效锋、李明点校，法律出版社，1999，第 499 页。

③ （清）薛允升著《读例存疑（重刊本）》（四），黄静嘉编校，台湾成文出版社，1970，第 870 页。

尽，本夫纵容通奸后自尽，与奸夫无干，皆"自作之孽"①，不符合"威逼"构成要件，不成立"威逼致死"罪名。

299-13 涉及因奸威逼致死多人。此例因案生成，《清实录》记载：

> 刑部奏：审拟逼奸致死三命一案。得旨，此案郑源挟制逼奸高殿元之妻耿氏。致高殿元夫妇被逼难堪，不敢控告，先将幼女住妮掐毙，写立冤状，分揣怀内，一同自缢殒命，情殊凶惨。郑源著即处斩，余依议。嗣后如有似此因奸威逼致死一家三命者，毋庸定拟斩监候，即照此案定拟斩决，著刑部载入例册遵行。②

郑源逼奸，高殿元及妻耿氏在杀死幼女后自杀。其女住妮实为其母所杀，但清代立法忽视这一直接因果关系，将郑源逼奸的前行为与幼女被母所杀的结果建立直接因果关系。此种因果类型类似于"条件型因果关系"，即认为没有前者郑源逼奸行为，就没有后者耿氏杀死幼女的结果。至于结果是否为行为人意料所及，不是成立罪名的必要条件。嘉庆皇帝认为此案凶惨，谕令对行为人处以斩立决，并作为新例纂入。

②强奸、强夺、轮奸致人自尽

299-04 强奸或调奸服亲致本夫、本妇及父母亲属羞忿自尽例、299-14 强奸已成未成本妇被杀伤及夫与父母亲属羞忿自尽例、299-20 强奸犯奸妇女已成未成立时杀死本妇及本妇自尽例，均关涉强奸致人自尽。112-02 强夺良家妻女中途夺回及妇女并亲属羞忿自尽，情罪与强奸一致，该例依照强奸例拟罪。比强奸恶性更大的轮奸虽被置于《大清律例·刑律》"犯奸"门内，但为整合律例体系，本书将其与强奸置于一处讨论，包括 366-02 轮奸良人妇女已成、未成及杀死并致本妇自尽例与 366-12 轮奸已经犯奸妇女及因而致死本妇或自尽例。

"强奸者悍然无忌，肆行暴虐"③，法律对此类行为处罚极为严厉，无论

---

① （清）薛允升著《读例存疑（重刊本）》（四），黄静嘉编校，台湾成文出版社，1970，第870页。

② 《清仁宗实录》卷312，嘉庆二十年十一月乙巳。《清实录》（第32册），中华书局，1986，第150~151页。

③ （清）薛允升著《读例存疑（重刊本）》（四），黄静嘉编校，台湾成文出版社，1970，第870页。

是强奸内外缌麻以上亲还是强奸良人妇女，处罪均为死刑。366-02 例对于轮奸良人妇女致其自尽的行为者惩治更为严厉，已成，首从皆斩（绞）立决，即使未成，首犯也拟死罪。

相关律例对自杀被害人的认定范围非常广泛。以强奸内外缌麻以上亲属为例，雍正十二年（1734）定例时，只规定本妇自尽，分强奸已成、未成，分别拟以斩立决和斩监候。嘉庆十四年（1809）改定时，添入本夫、父母、亲属自尽，被害人的认定范围除本妇、本夫、父母外，甚至扩展至"亲属"。例文扩大适用范围主要是基于妇女贞节关乎整个家族荣誉：

> 盖名节乃举世之重，奸淫为恶之首，故无论本夫、本妇、父母、亲属，均应拟斩候，所以惩邪淫而维风化。①

律学家对于强奸例中添入亲属自尽一层颇不以为然，认为有窒碍难通之处。薛允升就举例："强奸妻前夫之女未成，致女之母自尽，则死者系本犯之妻，因妻自尽而科夫以斩候之罪，可乎？"② 认为服制亲属不等，不可一概问拟死罪。

当事人之间的服制关系，影响量刑。同样是强奸致人自尽，如果被害人是普通人，则强奸已成的刑度是斩监候；而如果是内外缌麻以上亲，及缌麻以上亲之妻或妻前夫之女或同母异父姐妹就要加重为斩立决。翁强奸儿媳（369-00 诬执翁奸律），致其自尽，法律依照亲属强奸未成例科断，在死罪上减一等，发边远充军③。

当事人的良贱身份影响量刑。370-02 涉及家长亲属奸奴婢或雇工人妻女致令自尽的处断。强奸普通妇女致令自尽的量刑为斩监候，而当行为人是家长亲

---

① （清）全士潮等纂辑《驳案汇编》，何勤华等点校，法律出版社，2009，第880页。

② （清）薛允升著《读例存疑（重刊本）》（四），黄静嘉编校，台湾成文出版社，1970，第873页。

③ 《大清律例·刑律·犯奸》368-00 亲属相奸律文规定：若奸父祖妾、伯叔母、姑、姊妹、子孙之妇、兄弟之女者，（奸夫、奸妇）各（决）斩。依据律条，公公与儿媳若是和奸，应处死罪。368-02 亲属强奸调奸未成例又规定：凡亲属和奸，律应死罪者，若强奸未成，发边远充军。（清）薛允升著《读例存疑（重刊本）》（四），黄静嘉编校，台湾成文出版社，1970，第1088页。依据上述条例，公公强奸儿媳致其自尽应罚边远充军，并不问拟死罪。薛允升认为此量刑与299-04 强奸缌麻以上亲未成例中，将强奸缌麻以上亲者拟以斩监候，两者量刑参差。

属时，量刑则为杖一百，发近边充军。可见，"与奴婢或雇工人之间有性侵行为时，身份较高者法律地位较有利，而身份较低者法律地位则恶化"[1]。

被害者的贞节程度也是影响量刑的因素。299-20 和 366-02 例文依据被害妇女贞节程度将其分为良人和犯奸妇女两类，其量刑存在差别。这说明，"法律对于妇女的保护是以其贞节为着眼点的"[2]，如果妇女失去贞节，就会被视为本身存在过错。被害者曾经所犯过错即使与行为人的强奸并无关联，也会影响对加害者的量刑。与良人妇女相比，当犯奸妇女受到侵犯时，法律并不给予同样的对待。

③尊长因奸致死卑幼

299-17 逼媳卖奸及奸夫抑媳同陷淫邪致媳自尽例和 299-24 因与姑通奸被窥破图奸其媳酿命例，均涉婆婆因奸致死儿媳，且都是在皇帝谕令之下纂修为例。

299-17 出自张周氏逼令伊媳卖奸自缢身死案。此案中，婆婆张周氏逼令冯氏卖奸图利，因冯氏坚执不从，时加磨折，关禁楼房不给饮食，并殴伤左右胁肘，致冯氏被逼情急投缳自尽[3]。刑部原照"奸妇抑媳同陷邪淫，致媳情急自尽例"发伊犁等处给兵丁为奴。乾隆皇帝认为处断不妥：

> 朕办理庶狱，于翁姑致死子媳之案，无论其本有违犯教令训戒不悛以致毙命，及伊媳并无过犯而翁姑性暴致毙其命者，其翁姑俱不加以重罪，原以谊属尊长，无抵偿卑幼之理。况系自缢身死，本不应将其姑抵罪。但此案……殊出情理之外。是其恩义已绝，即当以凡论，与寻常尊长致死卑幼者不同。此而不严加惩治，何以风节烈而儆淫凶？[4]

在"礼本刑用"的立法精神下，国家法律彰显尊长的地位。一般情况下尊长侵犯卑幼，其刑度较普通人相犯减轻。律例规定，非理殴子孙之妇，

---

① 梁弘孟：《尊长权与贞节的冲突——以刑案汇览中"子妇拒奸杀伤伊翁"类案件为例》，《中正大学法学集刊》第 50 期，2006，第 70 页。
② 宋兴家：《贞节与权利：清代"强占良家妻女"条例研究》，《法律史评论》2020 年第 1 卷，第 90 页。
③ （清）祝庆祺等编《刑案汇览三编》（二），北京古籍出版社，2004，第 1224 页。
④ （清）祝庆祺等编《刑案汇览三编》（二），北京古籍出版社，2004，第 1224 页。

至死者，杖一百、徒三年；故杀者，杖一百，流二千里①，并无抵偿卑幼之理。此案特殊之处在于婆婆不仅逼媳卖奸，且殴逼儿媳致其自杀。为维护社会风化，使"淫恶无耻之徒知所儆畏，以示明刑弼教之意"，乾隆下旨加重对婆婆的惩治，张周氏拟绞监候，入于本年秋审情实办理，并纂修为新例。这说明，法律并非在任何情况下都绝对维护尊长权，当尊长权侵犯妇女贞节权时，法律更注重后者。

299-24 因与姑通奸被窥破图奸其媳酿命例，源自李氏因奸殴逼儿媳香儿身死一案：

> 李氏因与郎复兴通奸，经伊媳香儿窥破，致郎复兴不便常往，该犯妇辄起意抑令香儿亦同郎复兴奸好，以图塞口，令香儿与郎复兴斟酒不从，肆行殴詈，并指甲戳破其左眼，致香儿羞忿情急，服卤身死。②

刑部比照"但经调戏致本妇羞忿自尽绞监候例"，量减一等，将郎复兴处杖一百，流三千里；依照婆婆与奸夫抑媳同陷淫邪致媳自尽例，将婆婆李氏发各省驻防为奴。嘉庆皇帝认为："香儿贞烈捐躯，竟无抵命之人，殊不足以惩奸邪而维风化。"③ 于是将郎复兴加重改为绞监候，入于朝审情实办理，并纂定新例。这一立法过程突出反映了"抵命"的理念。在统治者的观念里，唯有"以命"才能抵偿"贞烈捐躯"者，这一朴素的正义观体现了社会对于"贞节"的极端重视。

④强卖、强嫁等致人自尽

112-04 卑幼图财强卖尊长及尊长图财强卖卑幼例，及 105-01 孀妇自愿改嫁或守志母家夫家强抢或强嫁例，均关涉强迫失贞致其自杀。与上述强奸、轮奸以直接侵犯女性身体从而破坏其贞节的方式不同，强卖与强嫁都是"迫使妇女放弃作为原本丈夫之妻的身份，而进入另一段婚姻"④，破坏

---

① （清）薛允升著《读例存疑（重刊本）》（四），黄静嘉编校，台湾成文出版社，1970，第949页。
② （清）祝庆祺等编《刑案汇览三编》（二），北京古籍出版社，2004，第1224~1225页。
③ （清）祝庆祺等编《刑案汇览三编》（二），北京古籍出版社，2004，第1224~1225页。
④ 梁弘孟：《尊长权与贞节的冲突——以刑案汇览中"子妇拒奸杀伤伊翁"类案件为例》，《中正大学法学集刊》第50期，2006，第70页。

了妇女对丈夫性关系的绝对忠诚，也同样侵害了妇女的贞节。法律出于维护妇女贞节的目的，对强卖和强嫁妇女的行为予以严厉打击。因贪图聘礼而强卖或强嫁孀妇者一般都是亲属，故法律在量刑时主要是基于加害者与被害者的身份关系，呈现服制关系越近处罚越轻、服制关系越远处罚越重的特点。

（2）因殴打威逼人自尽

299-05 因事用强殴打威逼人致死或重伤残废笃疾例关涉殴打致人自尽。殴打行为本身已属违法，又致人自尽，故本书将其归入因罪威逼他人自尽部分。

首先，"威逼"本指"挟制窘辱"，是对行为性质的界定。此例中"殴打威逼"的含义并非指殴打且"挟制窘辱"被害者，而是致他人自尽的殴打行为本身即可视作"威逼"，成立"威逼致死"罪名，"用强殴打即系律注所称可畏之威，显有足以致死之势，因载在威逼人致死门内，故以威逼二字申释用强殴打四字"[1]。可见，各种对他人人身、名誉等造成侵害的行为均有可能被立法规定为"威逼"。

其次，作为犯罪结果的被害人自杀并非量刑的唯一依据。例文还要根据被害者生前的伤情分为殴有致命重伤、及成笃疾；殴有致命重伤、未成残疾；致命而非重伤、重伤而非致命三种情况。此种划分应是认为伤情与行为人主观恶性直接相关，伤情越重，行为人主观恶性越强。例文又将行为人分为期亲卑幼、功服卑幼、缌麻卑幼等三类分别量刑，且相同结果之下，服制关系越近科刑越重，体现了身份在区别量刑中的作用。

最后，例文突出维护尊长权利。若殴打行为双方均是常人，对行为人殴有致命重伤或成笃疾的最高量刑为发近边充军，追给埋葬银两。如果是卑幼殴打尊长致令自尽，其刑罚会加重为绞立决。而尊长殴打卑幼致令自尽，并不适用"威逼致死"罪名，也不因卑幼自尽而加重对尊长的惩处，否认尊长殴打行为与卑幼自尽之间的因果关系，只是"各按服制照律科其伤罪"。如果尊长并未殴打却令卑幼自尽，法律应不予处罚，"唯殴打致令自尽，既止科其伤罪，则未殴打致令自尽之案，其无罪名可科，自无疑义"[2]。

---

① （清）祝庆祺等编《刑案汇览三编》（二），北京古籍出版社，2004，第1203页。

② （清）薛允升著《读例存疑（重刊本）》（四），黄静嘉编校，台湾成文出版社，1970，第874页。

（二）引起他人自尽（见表4）

表4 因犯罪行为引起他人自尽律例一览

| 律例编号 | 行为主体 | 实行行为 | 行为结果 | 刑罚 | 出处 | 纂修情况 |
|---|---|---|---|---|---|---|
| 299-03 因奸致夫或父母羞忿自尽 | 妇女 | 通奸 | 父母（并未纵容之，一经见闻，杀奸不遂）羞忿自尽 | （无论出嫁、在室）俱拟绞立决 | 《大清律例·刑律·人命》"威逼人致死"条 | 乾隆三十年，刑部奏准定例，乾隆五十六年修改，嘉庆九年改定 |
| | | | 本夫（并未纵容，一经见闻，杀奸不遂）羞忿自尽 | 奸妇拟绞监候。奸夫奸妇拟杖一百、徒三年 | | |
| | | | 父母本夫（虽知奸情，而迫于奸夫之强悍不能报复，并非有心纵容）羞忿自尽 | 奸夫、奸妇仍照律未纵容之例科断 | | |
| | | | 本夫（纵容通奸）后因奸情败露迫自尽 | 奸夫、奸妇止科奸罪 | | |
| 299-23 凡人及亲属相奸奸妇羞忿自尽 | 奸夫、奸妇 | 和奸 | 奸妇因奸情败露，羞愧自尽 | 奸夫杖一百、徒三年 | 同上栏 | 乾隆二十八年，贵州按察使赵孙英条奏定例。道光九年增定 |
| | | 亲属相奸 | | 奸夫发近边充军 | | |

续表

| 律例编号 | 行为主体 | 实行行为 | 行为结果 | 刑罚 | 出处 | 纂修情况 |
|---|---|---|---|---|---|---|
| 299-16 调奸和息后追悔致死一命及两命 | | 调奸妇女未成 | （业经和息之后，因人耻笑）夫与父母、亲属及本妇，复追悔抱恐羞死二命 | 调奸之犯边远充军 | 同上栏 | 乾隆四十六年，广西巡抚题北川县民陈正仁调戏唐惠志之妻陈氏，随和后因人耻笑，夫妻先后上服毒身死。嘉庆六年改定 |
| | | | （业经和息之后，因人耻笑）夫与父母、亲属及本妇，复追悔抱恐羞死一命 | 调奸之犯一百，流三千里 | | |
| 299-18 妇女因人亵语戏谑羞忿自尽 | | 因他事与妇女角口，彼此嚚骂 | 妇女一闻亵语，气忿轻生 | 杖一百，流三千里 | 同上栏 | 乾隆五十年，山东巡抚题刘氏粮因张粱氏令其捆缚高粱，秽言嚼谑，致其自杀，奏论旨，奏准定例 |
| 299-22 秽语村辱致本妇本夫自尽 | | 因事与妇人角口，秽语村辱 | 本妇气忿轻生，又致其夫痛妻自尽 | 绞监候，入于秋审缓决 | 同上栏 | 嘉庆二十年，刑部议覆四川李潮致案，奏论旨纂修为例 |

续表

| 律例编号 | 行为主体 | 实行行为 | 行为结果 | 刑罚 | 出处 | 纂修情况 |
|---|---|---|---|---|---|---|
| 299-09 子孙不孝致祖父母、父母自尽 | 子孙 | 不孝 | （有触忤干犯情节）祖父母、父母忿激轻生，窘迫自尽 | 斩立决 | 同上栏 | 明代同刑条例。乾隆三十七年修改，江苏巡抚吴坛题请顾氏逼迫伊父自尽，奉上谕纂修为例。四十八年改定 |
| | | | （无触忤情节，但其行为违犯教令）祖父母、父母（夫之祖父母、父母）抱忿轻生自尽 | 绞监候 | | |
| 338-01 不能养赡致父母自缢死 | 子 | 贫不能营生养赡 | 父母自缢 | 杖一百，流三千里 | 《大清律例·刑律·诉讼》"子孙违反教令"条 | 明代条例，乾隆三十二年改定 |
| 338-03 子孙犯奸盗等致祖父母、父母自尽或被杀 | 子孙 | 犯奸盗 | 祖父母、父母（并伊子孙，因犯邪淫，身犯罪发生 | 绞立决 | 同上栏 | 乾隆三十四年，刑部核拟广东省何长子诱奸幼女致伊母廖氏服毒身死一案，议准定例。嘉庆五年、九年及十一年修改，十四年改定 |
| | | | 祖父母、父母（纵未纵容，容祖护，后经发觉）畏罪自尽 | 改发云、贵、两广极边烟瘴充军 | | |
| | | | 祖父母、父母（教令子孙犯盗，后因罪自尽发觉）畏罪自尽 | 杖一百，徒三年 | | |
| | | 罪犯应死，及谋故杀人 | （事情败露）祖父母、父母自尽 | 照各本犯罪名，拟以立决 | | |

续表

| 律例编号 | 行为主体 | 实行行为 | 行为结果 | 刑罚 | 出处 | 纂修情况 |
|---|---|---|---|---|---|---|
| 318-05 卑幼误伤尊长致死罪干斩决审非逼凶干犯 | 子 | 误伤尊长致死（罪干斩决，审非逼凶干犯） | 父母自戕殒命 | （毋庸量请未减）俱改拟绞决 | 《大清律例·刑律·斗殴》"殴期亲尊长"条 | 乾隆十八年，刑部议覆安徽按巡抚张师载题折犯衷大山误札胞姊一案，钦奉谕旨，恭纂为例 |
| 285-09 母犯奸子杀奸夫父母忿迫自尽 | 子 | （因母犯奸，激于义忿，非奸所登时）将奸夫杀死 | 父母（因奸情败露）忿愧自尽 | 照罪人不拒捕而擅杀绞监候依本律拟 | 《大清律例·刑律·人命》"杀死奸夫"条 | 乾隆四十三年，刑部议覆云南巡抚高广美宗锡题文山县民申张保殴死母至伊父母先后服毒身死一案，钦奉上谕，议准定例 |
| 293-01 与夫口角被殴有重伤致妻自缢身尽者 | 夫 | （妻与夫口角）夫将妻殴有重伤 | 妻自缢身死 | 杖八十 | 《大清律例·刑律·人命》"夫殴死有罪妻妾"条 | 雍正三年定例 |
| 293-02 殴伤无罪妻妾 | 夫 | 殴无罪妻妾致折伤以上 | 妻妾自尽 | 依夫殴妻妾致折伤本律科断 | 同上栏 | 系律后总注，乾隆五年另纂为例 |
| 312-04 主使两人或数人殴一人致死为从及余人 | 夫 | 主使两人或数人殴一人 | 其人自尽 | 止照所伤拟罪 | 《大清律例·刑律·斗殴》"威力制缚人"条 | 系律后总注，乾隆五年，另纂为例 |
| 269-21 事主追捕窃盗失足身死及失财自尽 |  | 窃盗 | （窃盗逃走，事主失财）窘迫自尽 | 照因奸酿命例，杖一百，徒三年 | 《大清律例·刑律·贼盗》"窃盗"条 | 乾隆三十五年，广西布政使吴虎炳条奏定例，嘉庆十九年改定 |

续表

| 律例编号 | 行为主体 | 实行行为 | 行为结果 | 刑词 | 出处 | 纂修情况 |
|---|---|---|---|---|---|---|
| 273-08 刁徒吓诈逼命之案 | | 刁徒无端肇衅，平空诬诈，欺压乡愚 | 被诈之人自尽 | 绞监候 | 《大清律例·刑律·贼盗》"恐吓取财"条 | 嘉庆九年，刑部议准定例，道光二十年改定 |
| | | 刁徒吓诈逼命之案，如事出有因 | | 为首之犯，杖一百流三千里。为从者，杖一百徒三年 | | |
| 273-14 捉人勒赎之案 | | 捉人勒赎者 | （虽无凌虐）之人情急自尽 | 为首之犯，俱照苗人伏草杀人横加刑例拟斩监候，为从发遣新疆给官兵为奴 | 同上栏 | 嘉庆二十五年，刑部议准定例。道光三年、十四年修改，二十四年改定 |
| 336-02 奸徒诈称官司察访挟制陷害诈骗报复 | | 奸徒串结衙门人役，假以上司察访为由，纂集事件，挟制官府，诈骗财物、报复私仇 | 被诈之人自尽 | 绞监候 | 《大清律例·刑律·诉讼》"诬告"条 | 明代同刑条例，雍正五年，乾隆三十三年修改，嘉庆六年改定 |
| 336-13 捏造奸赃款迹，挟仇污蔑致被诬人自尽 | | 捏造奸赃款迹，写揭字帖，及编造歌谣，挟仇污蔑 | 被诬之人忿激自尽 | 照诬告致死例，拟绞监候 | 同上栏 | 乾隆二十四年覆江苏按察使崔应阶条奏定例，二十九年修改，嘉庆六年改定 |

续表

| 律例编号 | 行为主体 | 实行行为 | 行为结果 | 刑罚 | 出处 | 纂修情况 |
|---|---|---|---|---|---|---|
| 336-24<br>诬良或疑良为窃捆缚逼及拷打致死及致自尽者 | | 诬良为窃，诬告到官，或捆缚诈逼认 | 被诬之人自尽 | 绞监候 | 同上栏 | 一系乾隆四十六年，湖北巡抚郑大进题准定例，道光二年修改，一系嘉庆十六年定例，在人命门内，道光六年修并，十二年改定 |
| | | 诬良为窃，捏指，并未诬告到官，亦无捆缚诈逼认情事（止空言） | 死由自尽 | 杖一百、流三千里 | | |
| | | 诬良为窃，捆缚拷打 | 致令自尽 | 杖一百、流三千里 | | |
| | | 诬良为窃，殴有致命重伤，及成残废等疾 | 被诬之人自尽 | 发边远充军 | | |
| | | 诬良为窃，止空言查问 | 死由自尽 | 杖一百、徒三年 | | |
| 361-02<br>假差占宿公馆安拿吓诈扰害军民及殴死、伤人并自尽者 | | 诈充各衙门差役，假以差遣体访事情，占宿公馆，妄拿平人，及搜查客船，吓取财物，扰害军民 | 被诈之人自尽 | 绞监候 | 《大清律例·刑律·诈伪》"诈称内使等官"条 | 此例原系二条。一系明代同刑律条例，雍正三年修改。一系乾隆二十四年，湖北按察使沈作明条奏定例，乾隆五十三年修并，嘉庆五年修改，乾隆改，九年修改，十七年改定 |

1. 因奸致人自尽

299-03 因奸致夫或父母羞忿自尽例、299-23 凡人及亲属相奸奸妇羞忿自尽例及 299-16 调奸和息后追悔致死一命及两命例，均属于因奸致他人自尽。

299-03 属于通奸，"与妇女通奸，致其夫及父母自尽，与因奸威逼不同"①，奸夫本无逼奸之行，致奸妇之本夫和父母自尽更非意料所及。299-23 属于和奸，奸妇因奸情败露自尽，"系属孽由自作，与人无尤"②。299-16 属于调奸和息后因人耻笑而自尽，其"不死于调奸而死于耻笑"③，律意已明。本书认为其行为性质均无法构成"威逼"。故将其从"威逼人致死"罪名下分出，列入"因犯罪行为引起他人自杀"类别。

首先，例文反映了严格的结果责任。只要出现有人自杀的结果，就需要找出为此负责之人。典型体现在和奸败露、奸妇自尽规定中。虽然奸妇之死，与人无尤，但要对奸夫加重惩处。按照法理，奸夫本应只科以通奸之罪，《大清律例·刑律·犯奸》"犯奸"条规定：凡和奸，杖八十，有夫者，杖九十④。其量刑最高为杖刑，但因为出现了奸妇自杀的情形，故将奸夫加重为徒刑。

其次，行为人的过错影响量刑。以妇女通奸为例，如果父母、本夫并未纵容，因杀奸不遂羞忿自尽，奸妇会被处以绞立决重刑。如果父母、本夫纵容，本身存在过错，则奸妇的刑罚会被减轻为"实发驻防兵丁为奴"。

2. 因詈骂、村辱致人自尽

299-18 妇女因人亵语戏谑羞忿自尽例和 299-22 秽语村辱致本妇本夫自尽例，涉及詈骂或村辱致人自尽。此种行为属于日常争执，无图奸之心，也无强逼、强迫的性质，不满足"因奸威逼"的性质，故从"威逼人致死"罪名下分出。因《大清律例·刑律·骂詈》"骂人"律规定：凡骂人者，笞

---

① （清）薛允升著《读例存疑（重刊本）》（四），黄静嘉编校，台湾成文出版社，1970，第871 页。

② （清）薛允升著《读例存疑（重刊本）》（四），黄静嘉编校，台湾成文出版社，1970，第883 页。

③ （清）薛允升著《读例存疑（重刊本）》（四），黄静嘉编校，台湾成文出版社，1970，第881 页。

④ （清）薛允升著《读例存疑（重刊本）》（五），黄静嘉编校，台湾成文出版社，1970，第1079 页。

一十；互相骂者，各笞一十①。"盖詈骂非礼，且恐驯致斗殴"，为"禁非礼以杜争斗之渐"，法律规定骂人为罪。"恶言凌辱曰骂，秽言相讪曰詈"②，以此观之，上述口角詈骂、秽语村辱应属于此类犯罪。故本书将其列入"因罪导致他人自尽"类别。

299-22 秽语村辱致本妇本夫自尽例属于"因案成例"：

> 此案章王氏至李潮敦地内寻割猪草，李潮敦瞥见，虑其踏坏粮食，阻勿寻割。章王氏不依，李潮敦理说，章王氏即向争闹，李潮敦气忿，即以贪图便宜不如回去卖娼之语向其村辱。章王氏听闻哭泣回家，气忿自缢身死。伊夫章有富查知，痛妻忧忿，亦即自缢殒命。③

刑部比照"因事威逼人致死一家二命例"，将李潮敦拟发近边充军。嘉庆皇帝认为，"该犯一言，伊夫妇二人先后殒命，其情罪较重。该部比照威逼人致死一家二命例问拟充军，所拟尚轻"④。因情罪不符，故将李潮敦照手足勾引例加重改为绞监候，归入秋审缓决。由此案可见，清代立法会根据犯罪的具体情节，如死亡者的人数对行为者分别定罪，以实现"情罪相符"的目的。当然，案件也显示了清律对被害者认定的宽泛性。章有富并非案件的直接受害者，其自尽实因妻子死亡悲痛所致。但司法裁断忽略这一事实，将其等同于直接受害者。其立法逻辑反映了清代自杀人命需要有人负责并加以抵偿的理念。

3. 子孙因罪致祖父母、父母自尽

299-09 子孙不孝致祖父母、父母自尽例、338-01 不能养赡致父母自缢死例、338-03 子孙犯奸盗等致祖父母、父母自尽或被杀例、318-05 卑幼误伤尊长致死罪干斩决审非逞凶干犯例及 285-09 母犯奸子杀奸夫母忿迫自尽例，均属于子孙因罪致祖父母、父母自尽。

首先，上述部分条例内容存在交叉。典型如 299-09 中的不孝与 338-01 不能养赡致父母自尽的规定。《大清律例·名例》"十恶"中列举不孝的行为表现：

---

① （清）吴坤修等编纂《大清律例根原》（三），上海辞书出版社，2012，第 1429 页。
② （清）吴坤修等编纂《大清律例根原》（三），上海辞书出版社，2012，第 1429 页。
③ （清）祝庆祺等编《刑案汇览》（二），北京古籍出版社，2004，第 1310 页。
④ （清）祝庆祺等编《刑案汇览》（二），北京古籍出版社，2004，第 1310 页。

> 告言咒骂祖父母、父母，夫之祖父母、父母；父母在，别籍异财；若奉养有缺，居父母丧身自嫁娶，若作乐释服从吉；闻祖父母、父母丧，匿不举哀，诈称祖父母父母死。①

"不孝"作为一项罪名，具有很强的"道德立法"意味。其牵涉的罪行非常广，上述只是列举，并非全部。"不孝"的边界往往非常模糊。也正因如此，例文又以"有触忤干犯情节"和"本无触忤干犯，但其行为违犯教令"为别，对子孙区别量刑。

"子孙违犯教令"条款大致包括"违犯教令"与"供养有缺"两个罪名。338-01 例规定子孙因贫无法养赡父母致其自尽，将被处以"杖一百，流三千里"。与 299-09 条例中的违犯教令致父母自尽处刑存在差异。子孙违犯教令律文规定，"家道勘供而故缺"，意即子孙家境可以负担养赡，却故意亏缺，不履行赡养义务，才成立此罪名。但例文逻辑则简单机械：只要是因为子贫不能营生养赡，导致父母自缢身死，即可成立该项罪名。至于不能营生养赡的原因，或是确无养赡条件（如子孙为笃疾之人），或是子孙平日游荡懒惰不能供养父母，"既有经常或故意为之，亦有偶然或过失所致者"②，本应区别对待，但法律对此并无区别，而是一概论罪。

其次，即使祖父母、父母并非直接受害人，只要出现祖父母、父母自杀的结果，子孙的行为都会与祖父母、父母自杀建立直接因果关系，从而被处以重刑。338-03 规定，子孙犯奸盗致祖父母、父母自尽或被杀，分为祖父母、父母并未纵容、纵容祖护、教令犯罪等三种情节分别科罪。无论何种情节，祖父母、父母均非直接受害者，即使子孙犯奸盗，也并无致死祖父母、父母之意；如祖父母、父母纵容祖护子孙犯罪，其行为不仅违背社会道德，也有悖法律规定；如果是教令子孙犯罪，家长为造意者，本应为首犯，子孙为从犯，但只要子孙犯罪在前、祖父母、父母自杀在后，子孙都成立致死祖父母、父母的罪名。318-05 卑幼误伤尊长致死及 285-09 母犯奸子杀奸夫，立法逻辑与前述一致，只不过量刑不一，子犯奸盗，致父

---

① （清）吴坤修等编纂《大清律例根原》（一），上海辞书出版社，2012，第 16 页。

② 孙家红：《关于"子孙违犯教令"的历史考察——一个微观史学的尝试》，社会科学文献出版社，2013，第 133 页。

母忧忿戕生，绞决；谋故杀人，致祖父母、父母自尽，斩决；杀死母之奸夫，致其父母愧忿自尽，照擅杀拟绞监候。

4. 夫致妻自尽

293-01 和 293-02 两例都是关于丈夫殴伤妻子致妻自缢的规定。《读律琐言》曾论夫殴妻致其自尽的立法逻辑：

> 若夫殴骂妻妾，因而自尽，不由殴伤身死者，勿论。若有他罪不至死，而夫擅杀之者，仍问殴妻至死律。若殴妻至折伤以上，虽自尽，仍问殴罪，减凡人二等。盖自尽虽由于妻，而殴至折伤，则其夫亦有罪矣。①

从上引论述来看，法律上并无丈夫致妻子自杀的罪名，丈夫其实无须对妻子的自杀负责。即使丈夫被科罪，也只是按照所殴伤来量刑，实质上否定了丈夫的行为与妻子自杀之间的因果关系。这说明，行为者的身份影响因果关系的成立。

5. 因诬告、吓诈、窃盗等致人自尽

312-04 主使两人或数人殴一人致死为从及余人例、269-21 事主追捕窃盗失足身死及失财自尽例、273-08 刁徒吓诈逼命例、273-14 捉人勒赎例、336-02 奸徒诈称官司察访挟制陷害诈骗报复例、336-13 "捏造奸赃款迹，挟仇污蔑致被诬人自尽例"、336-24 诬良或疑良为窃捆缚吓逼及拷打致死及致自尽例及 361-02 假差占宿公馆安拿吓诈扰害军民及致死、伤人并自尽例中的行为人，或是威力主使殴人之暴徒，或是窃盗，或是吓诈逼命之凶徒，或是陷害良善之奸徒，或是挟仇污蔑之刁徒，此类人群乃是社会秩序的威胁和破坏者。为加强社会控制，法律对此类人群犯罪致人自尽的行为予以严惩。

## 二  因非罪行为导致他人自尽

清代，某些行为并未被《大清律例》纳入惩治范围，最多是在道德层面有可指摘之处。一旦此种行为造成某人自杀，尽管其本身并非犯罪行为，也会被法律加以处罚（见表5）。

---

① （明）雷梦麟纂《读律琐言》，怀效锋、李俊点校，法律出版社，2000，第162页。

表5 因非罪行为导致他人自尽律例一览

| 律例编号 | 行为主体 | 实行行为 | 行为结果 | 刑罚 | 出处 | 纂修情况 |
|---|---|---|---|---|---|---|
| 299-12 村野愚民出语亵押致奸女轻生 | 村野愚民 | 不过出语亵押 | （本无图奸之心，又无手足句引挨制等辱情状）本妇一闻秽语，即便轻生 | 照强奸未成本妇羞忿自尽例，减一等，杖一百，流三千里 | 《大清律例·刑律·人命》"威逼人致死"条 | 乾隆五年，大常寺少卿唐绥祖条奏定例 |
| 299-18 妇女因人亵语戏谑羞忿自尽 | | （并无他故）戏言亲面相押 | 妇女羞忿自尽 | 照但经调戏本妇羞忿自尽例，拟绞监候 | 同上栏 | 乾隆五十年，山东巡抚题刘烺因张粱民令其捆缚高粱，秽言嘲谑，致其自杀，奉谕旨，奏准定例 |
| | | （并未与妇女亲面相谑）止与其夫及亲属互相戏谑 | 妇女听闻秽语，羞忿自尽 | 杖一百，流三千里 | 同上栏 | |
| 299-15 奸夫奸妇商谋同死奸夫奸妇殒命故夫审明有无谋故斗杀分别治罪 | 奸夫奸妇 | 商谋同死 | 若已将奸妇致死，奸夫并无自戕伤痕同死确据 | （审明或系谋故斗杀一节）核其实在情节，各按本律拟以奸绞 | 同上栏 | |
| | | | （奸妇致死）奸夫业经自戕，因人救阻，医治伤差，实有确据 | 将奸夫减斗杀一等，杖一百，流三千里 | 同上栏 | 乾隆二十九年，刑部奏准定例 |
| 299-10 妻妾悍泼逼迫其夫 | 妻妾 | 口角 | （事涉微细，并无逼迫）其夫轻生自尽 | 照子孙违犯教令致父母轻生自尽例，拟绞监候 | 同上栏 | 乾隆四十八年，子孙不孝条例内分出，另为条例，嘉庆六年改定 |

### （一）出语亵狎致妇女自尽

299-12 村愚出语亵狎致妇女轻生例和 299-18 妇女因人亵语戏谑羞忿自尽例，均关涉出语亵狎致妇女自尽。

古有"亵狎而不庄者"之说[1]，"亵狎"即轻慢、不庄重之意。出语亵狎或仅戏谑，主要指言语不端正，并无图奸之心又无手足勾引之状，无法构成犯罪行为，是故本书将其归类于"非罪行为"[2]。法律忽视行为性质，主要以结果归罪，即使是戏谑，只要事实上妇女因此事自杀，戏谑行为与自杀结果之间就构成刑法上的因果关系，行为人就会被处以重刑。

299-18 妇女因人亵语戏谑羞忿自尽例，源于乾隆五十年（1785）山东司堂邑县民张季之妻梁氏因刘烺出语亵狎自缢身死一案：

> 张季同妻梁氏赴地披取高粱，梁氏见刘捆缚不坚，令其另换。刘烺复拔秫秸一颗，向梁氏声言，这根粗壮，你可喜欢？梁氏疑为有心调戏，含忍不解，旋即投缳殒命。[3]

地方官员认为，刘烺本无图奸之心，不过出语亵狎，依据"村愚出语亵狎致妇女轻生"例，问拟杖流。乾隆皇帝认为语言调戏与出言亵狎，都是秽亵之谈并无区别，调戏致人自尽拟绞监候，出语亵狎致人自尽拟杖一百、流三千里，属于"情同罪异"，令刑部妥议具奏。刑部认为调戏与出语亵狎两者的区别在于是否有图奸之心，但又承认"无心与有意隐而难窥"，行为人的主观意图并不易判定。实际生活中，无图奸之心主要表现在下列情形中：或是与本妇之夫及亲属互相调谑，本妇听闻秽语气忿轻生，或是因他事与妇女角口，口不择言，致出语秽晋，妇女不甘抱恨自戕。除此之外，其他情形则很难否认行为人无"图奸之心"，故刑部条奏，嗣后以戏言觊觎相狎的行为，均应被判定为有图奸之意，照但经调戏本妇羞忿自尽例，

---

[1]　（清）皮锡瑞著《经学通论》，中华书局，1954，第 61 页。

[2]　（清）薛允升著《读例存疑（重刊本）》（四），黄静嘉编校，台湾成文出版社，1970，第 881 页。

[3]　（清）祝庆祺等编《刑案汇览三编》（二），北京古籍出版社，2004，第 1293~1294 页。

拟绞监候。此议得到皇帝允准，纂为通行，后成为条例①。

### （二）相约自杀

299-15 奸夫奸妇商谋同死，属于现代法律中的"相约自杀"。奸夫与奸妇虽有通奸之罪，但其"商谋同死"的行为并未被清律规定为犯罪行为，故本书将"商谋同死"归于非犯罪行为。

例文仅规定奸夫奸妇商谋同死，奸夫下手将奸妇致死而已身不死的情形，又具体分为以下两种情况：一是奸夫下手将奸妇致死，自身并无自戕伤痕同死确据，以谋杀或斗杀论罪；二是奸妇已死，奸夫自戕不死，实有确据，处杖一百、流三千里。由于条例规定过于具体，对于奸夫并未下手，死由奸妇自缢、自刎，或商谋同死，奸夫已经殒命，奸妇经救得生等情况转而无从判断。

### （三）妻因事致丈夫自杀

299-10 妻妾悍泼逼死其夫例规定了妻与夫因事口角而夫轻生自尽的情形。此例典型体现了清律立法的特点：身份是成立犯罪与否的关键因素。丈夫殴骂妻子致其自尽，虽然丈夫的殴骂行为确实是妻子自杀的原因，但法律否定两者之间存在刑法上的因果关系，故不对丈夫追责；相反，妻子与丈夫细微争执，并无逼迫之意图及行为，丈夫却轻生自尽，法律也要追究妻子的责任。盖因夫妻关系在清代与父子关系具有名分伦理的相似性，妻子作为卑幼侵害作为至亲尊长的丈夫，属于"伦纪攸关"的严重犯罪，必须要为尊长的死亡负责。

### 三 因"失职"导致他人自尽

清代律法对负责缉捕、监狱看管、中途押解等与司法相关工作的人员制定了明确职责规定，如果官吏因未能正常履责，致犯人自杀，就会被追责。对于负有行政责任人员的"失职"行为进行处罚，其目的是保证官吏正常履行职责，维持整个司法程序的运作。此类犯罪大约等同于现代法律中的身份犯，即行为人具备一定身份要素的犯罪（见表6）。

---

① （清）祝庆祺等编《刑案汇览三编》（二），北京古籍出版社，2004，第1294页。

表6 因"失职"导致他人自尽律例规定一览表

| 律例编号 | 行为主体 | 实行行为 | 行为结果 | 刑罚 | 出处 | 纂修情况 |
|---|---|---|---|---|---|---|
| 299-06 奉差员役逼死印官 | 奉差员役 | 额外需索 | 逼死印官 | 依威逼致死律，杖一百，徒三年；若有受贿实迹，依任法从重论 | 《大清律例·刑律·人命》"威逼人致死"条 | 康熙年间现行例，雍正五年纂入定例 |
| 344-03 蠹役吓诈贫民及吓诈毙命 | 衙门蠹役 | 吓诈 | 致毙人命 | 不论赃数多寡，拟绞监候，为从减一等 | 《大清律例·刑律·官吏受赃》"官吏受财"条 | 此例原系二条，一系康熙年间现行例，雍正三年、乾隆五年、三十二年修改。一系雍正七年，刑部议覆陕西按察使武格恐吓诈取财。原按恐吓诈取财。乾隆四十八年，入于此门 |
| 344-14 衙役逼毙人命及条诈私和拷打入犯 | 衙门差役 | （无诈赃情事）藉差倚势凌虐吓逼 | （被诈者）忿迫轻生 | 为首杖一百，流三千里 | 同上栏 | 道光十三年，刑部遵旨纂辑定例 |
| | 衙门差役 | 私代办公，诈赃起衅 | | 照蠹役诈赃毙命例一体同拟 | | |
| | 差役子弟亲属 | 私代办公，非衅起诈赃 | | 为首实发云、贵，两广极边烟瘴充军 | | |

续表

| 律例编号 | 行为主体 | 实行行为 | 行为结果 | 刑罚 | 出处 | 纂修情况 |
|---|---|---|---|---|---|---|
| 344-04 白役诈赃逼命之案 | 白役与正役 | 白役诈赃通命；正役知情同行，在场帮索，及正役且未同行，而主使诈赃 | | 白役拟绞监候，正役发极边四千里充军 | | |
| | | 白役诈赃通命；正役仅止知情同行（并无吓诈情事） | 逼毙人命 | 白役拟绞监候，正役杖一百，流三千里 | 同上栏 | 乾隆四十三年，刑部议覆湖北按察使吴之黼条奏定例，嘉庆十七年改定 |
| | | 白役诈赃通命；正役并未主使诈赃，亦未知情同行，但于事后分赃 | | 白役拟绞监候，正役杖一百，徒三年，赃多者计赃从重论 | | |
| 399-00 与囚金刀解脱 | 狱卒 | 以金刀及他物（如毒药之类，凡）可以（使人）自杀，及解脱锁钮之具，而与囚 | 因狱中自尽 | 狱卒杖八十，徒二年；司狱官典及提牢官知而不举，与同罪 | 《大清律例·刑律·断狱》"与囚金刀解脱"条 | 此仍明律，雍正三年改定，其小注系顺治三年添入 |
| | | 失于检点防范 | | 狱卒杖六十，司狱官笞五十，提牢官笞四十 | | |

续表

| 律例编号 | 行为主体 | 实行行为 | 行为结果 | 刑罚 | 出处 | 纂修情况 |
|---|---|---|---|---|---|---|
| 395-01<br>侵挪钱粮分别散禁锁禁勒比监追及在监自尽 | 狱卒 | （应行监禁之犯）不行监追，及失于防范 | 人犯自尽 | 将该管之州县官，均照管溺职例革职，其该管之上司官，或徇隐，或失察，交部分别议处 | 《大清律例·刑律·断狱》"囚应禁而不禁"条 | 雍正六年，九卿遵旨议准定例，乾隆五年、三十一年修改，嘉庆六年改定 |
| 292-14<br>疯人容隐不报不行看守以致自杀杀人者 | 该管官 | 疯病之人，如亲属邻佑人等已经报明，该管官不严防看守 | 疯病之人自杀 | 交部议处 | 《大清律例·刑律·人命》"戏杀误杀过失杀"条 | 雍正九年刑部议准定律。乾隆三十二年删定 |
| 366-13<br>调奸图奸未成案乡保不即转报致本妇自尽 | 乡保 | 凡调奸、图奸未成者，经本妇告知，乡保不即禀官 | 本妇怀忿自尽 | 照甲长不行转报窃盗例，杖八十 | 《大清律例·刑律·犯奸》"犯奸"条 | 乾隆十年，刑部议覆通政使张若露条奏定例 |
| | 地方官 | 凡调奸、图奸未成者，经本乡保、亲族告知，实时禀明，地方官不即审理 | | 交部议处 | | |

### （一）差役逼毙人命

299-06 奉差员役逼死印官例、344-03 蠹役吓诈贫民及吓诈毙命例、344-04 白役诈赃逼命例，都是关于差役依仗自身权势、婪赃致毙人命或吓逼他人自尽的规定。

299-06 涉及奉差员役额外需索逼死印官，其余两例涉及逼毙平民。两者量刑轻重悬殊，"旧例因事威逼人致死，除奸盗及有关服制名分外，其余均不问拟死罪"，故差役逼死印官，止加等问拟徒罪。后两例分别为乾隆四十八（1783）和嘉庆十七年（1812）年所定例，差役假差吓诈人命拟绞刑。逼死平民较逼死印官为重，量刑参差。

清律对差役诈赃致毙人命的处刑并非"计赃科罪"，而是不论赃数多寡，只要存在"诈赃"行为，一概拟以绞监候重刑。其原因，应是差役本职为政府在职人役，作为办事人员，理应秉公守法，却恃势欺压乡民，甚至出现"因索贿逼毙人命"的严重后果，成为"民害"，为"儆奸蠹而安善良"①，彰显其"以重人命而示惩创"② 的目的，故定例甚严，刑罚较重。

"吏书皂快除经制外，类多帮身白役。"③ 对于此类衙门中的编外差役，律例对于正役和白役在执行公务中的诈赃毙命行为有详细规定，以正役是否同行帮索、虽未同行但主使诈赃，或仅止同行并未诈赃、及仅事后分赃等不同情形给与不同的量刑。

344-14 衙役逼毙人命及索诈私押拷打人犯例，涉及对衙役并无诈赃却致毙人命以及差役亲属私代办公致毙人命的处断。"因其尚非衅起诈赃，仅科以威逼致死拟杖之条，未免情浮于法"，为加大对差役"奉差之名任意凌虐吓逼，致令罪不至死之犯被迫轻生"④ 行为的打击力度，例文规定了"于蠹役诈赃毙命拟绞例上量减拟流"的惩治方式。差役的子侄或其他亲属与差役关系密切，但并非在官人役，其依傍差役的势力，私自代其办公，行

---

① （清）祝庆祺等编《刑案汇览三编》（三），北京古籍出版社，2004，第 1860 页
② （清）祝庆祺等编《刑案汇览三编》（三），北京古籍出版社，2004，第 1853 页。
③ （清）黄六鸿著《福惠全书》，周保明点校，广陵书社，2018，第 47 页。"白役"通常指那些未被衙门正式登记在册，仅仅临时被雇来为衙门提供辅助性工作的办事人员。参见〔美〕白德瑞著《爪牙：清代县衙的书吏与差役》，尤陈俊、赖俊楠译，广西师范大学出版社，2021，第 212 页。
④ （清）祝庆祺等编《刑案汇览三编》（三），北京古籍出版社，2004，第 1870 页。

为本身已经违法，又逼毙人命，"更出情理之外，尤属可恶"①，例文规定也加大对此类人群的惩治力度。

### （二）失职致人犯自尽

399-00 与囚金刃解脱律及 395-01 侵挪钱粮分别散禁锁禁勒比监追及在监自尽例都规定了对狱卒因失职导致人犯自杀的追责。

人犯在监狱或监禁时自杀，会追究相关管理人员的责任，其中包括看役、禁卒等直接服役的狱卒，也包括对监狱管理负有直接责任的官员，一般包括司狱官、典史及提牢官等，既有刑事追究也有行政责任追究。分析例文内容前，有必要简述一下清代监狱的管理制度。

清代监狱实行双重管理制度，监狱官员按照责任分为"有狱官"和"管狱官"。有狱官统辖管理监狱事务，对监狱负最高管理责任。州县一级为知州、知县，省一级为按察使，刑部则为提牢厅的主事。管狱官专门从事具体的狱务管理，州县一级为吏目、典史，省一级为按察司的司狱，刑部则为司狱司的司狱。

负责监狱管理的官员或服役之人或因故意或因工作疏忽导致狱囚在监自尽会被给予不同的刑事处罚。狱卒有意为狱囚提供金刃及毒药等堪以自杀的工具，量刑为杖一百，因而导致狱囚自杀的，量刑为杖八十，徒两年。若是因为工作疏忽，失于防范致囚自杀者，狱卒杖刑，司狱官、提牢官笞刑。

《钦定吏部分则例》详细规定了对致罪犯在狱自尽相关人员的责任追究：

> 人犯在狱，除情重要犯乘机自戕幸逃显戮者，该管有狱各官听该督抚等严行查参，分别治罪外，其斩绞人犯自尽者，管狱官降一级调用，有狱官罚俸一年；凌迟重犯自尽者，管狱官降二级调用，有狱官降一级留任；军流以下人犯自尽者，管狱官罚俸九个月，有狱官罚俸六个月。督抚所参贪劣官员委官看守如疏忽看守以致自尽者，将承委

---

① （清）祝庆祺等编《刑案汇览三编》（三），北京古籍出版社，2004，第1870页。

之官罚俸三个月。①

人犯在狱自尽，律例根据人犯罪刑的轻重给予相关官员不同的行政处罚。原则大致为：自尽罪犯本罪越重，监狱管理官员所受行政处罚也会越重，从降级调用到罚俸不等。其中处罚最重的是"情重要犯"自尽，因其"幸逃显戮"，无法按照国家法律规定将其公开处死，影响了法律的威慑性，故督抚会对管理监狱各官进行查参。

此外，清代为弥补亏空，减少财政损失，针对亏空挪移钱粮之犯制定了专门管理条例，分为应行监禁而不监禁致令自尽以及失于防范致令自尽两种情况，对州县官的行政处罚都是革职。因失于防范致囚自杀，狱卒处杖刑，司狱官、提牢官处笞刑，州县官被革职的处罚与此相比"似嫌过重"②。

《钦定六部处分则例》中详细规定了对致侵欺挪移案内人犯自尽行为人的责任追究：

> 侵欺挪移案内拟斩情实应行监追之官犯在监自尽，管狱、有狱官俱革职挐问，府州同城者降三级调用，不同城者降二级留任，道员同城者降二级调用，不同城者降一级留任，臬司无论同城与否均降一级留任，督抚罚俸一年，俱公罪。如该上司不即揭报题参，将府州革职道员降三级调用，臬司降二级调用，督抚降一级调用，俱私罪。若将应行监追之人听其在外居住以致自尽者，州县以上各官亦照此例分别议处，狱官免议。侵欺挪移案内应行散禁官房之官犯如有疏忽以致自尽者，看守之员罚俸三个月，公罪。③

侵欺挪移案内拟斩应行监追人犯在狱自尽，管狱官、有狱官、州县官、道员、臬司、督抚都会被处以从革职查问、降级、罚俸等不同等级的行政处分。对于应行监追之官犯，不行监禁，听其在外居住以致自尽的，除狱

---

① （清）阿桂等编纂《钦定吏部则例（处分则例）》卷44，乾隆刻本。
② （清）薛允升著《读例存疑（重刊本）》（五），黄静嘉编校，台湾成文出版社，1970，第1199页。
③ （清）文孚等编纂《钦定六部处分则例》卷49，光绪刻本。

官免议外，其他官员处罚同上。至于侵欺挪移案内应行散禁官房之官犯，因狱官工作疏忽，以致该类官犯自尽的，只对看守之员罚俸三个月。

罪犯在被押解途中自尽，清代同样会追究解送及看守官员的责任：

> 解送及看守官员无论罪犯轻重，如有得财释放者，俱参革交刑部审问。如有自尽者，按人犯罪名轻重并已未加有肘锁照例分别议处，笞杖人犯中途自尽者，亦照例核议，其递至中途寄监自尽者，将管狱官照监犯自尽例处分，原解之员免议，若在村庄坊店歇宿自尽者，仍将原解、添解之员分别议处，例载处分则例提解门。①

人犯如在被解送过程中自尽，解送及看守官员的责任大小取决于人犯本罪轻重及差役在解送途中的行为是否合法。具体又分为罪犯中途自尽、递解中途寄监自尽、递解过程中在村庄坊店歇宿自尽等三种不同情形，具体内容载于《钦定六部处分则例》"提解门"：

### 解犯中途自尽

各省秋审发回监候及他省递解人犯如罪应斩绞并问发新疆及由新疆改发内地之逃遣已被拿获例应正法人犯，系少差解役未加肘锁以致中途自尽者，该管州县官降一级调用，系多差解役加肘锁自尽者，降一级留任，俱公罪。如遣军流徒等犯系少差解役未加肘锁以致中途自尽者，该管州县官降一级留任，系多差解役已加肘锁自尽者，罚俸一年，俱公罪。

人犯递至中途寄监自尽，将该州县管狱、有狱官照监犯自尽例分别罪名议处，例载禁狱门。原解之员免议。

人犯递至中途在村庄坊店歇宿自尽，如经地方官拨有兵役看守者，系斩绞人犯，地方官降一级调用，原解官降一级留任，俱公罪。系遣军流徒人犯，地方官降一级留任，原解官罚俸一年，俱公罪。如原解官并未知会地方官拨有兵役看守，自在坊店歇宿以致自尽者，只将原解官照地方官之例议处，地方官免议。其有途中仓猝跌毙溺毙者按该

---

① （清）明亮、纳苏泰等纂修《钦定中枢政考（八旗）》卷26，嘉庆二十五年刊本。

犯罪名将原解官照监毙例议处，例载禁狱门。①

为更明晰地展示解犯中途自尽的相关人员责任追究，本书将上述条文规定用表格展示（见表7）。

**表7　解犯中途自尽责任追究一览**

| 罪犯 | 自尽地点 | 看守情况 | 责任追究 |
|---|---|---|---|
| 各省秋审发回监候；各省递解人犯如罪应斩绞；发新疆及由新疆改发内地之逃遣已被拿获例应正法人犯 | 中途 | 少差解役未加肘锁 | 州县官降一级调用 |
| | | 多差解役加肘锁 | 州县官降一级留任 |
| 遣军流徒各犯 | | 少差解役未加肘锁 | 州县官降一级留任 |
| | | 多差解役加肘锁 | 州县官罚俸一年 |
| 凌迟重犯 | 递至中途寄监 | | 管狱官降二级调用，有狱官降一级留任 |
| 斩绞人犯 | | | 州县管狱官降一级调用，有狱官罚俸一年 |
| 军流以下人犯 | | | 管狱官罚俸九个月，有狱官罚俸六个月 |
| 斩绞人犯 | 递至中途在村庄坊店歇宿 | 地方官拨有兵役看守 | 地方官降一级调用，原解官降一级留任 |
| | | 原解官并未知会地方官拨有兵役看守 | 原解官降一级调用 |
| 遣军流徒人犯 | 递至中途在村庄坊店歇宿 | 地方官拨有兵役看守 | 地方官降一级留任，原解官罚俸一年 |
| | | 原解官并未知会地方官拨有兵役看守 | 原解官降一级留任 |

从表7可知，清代主要依据罪犯的本罪轻重、罪犯自尽的地点、是否对罪犯按照相关规范看守等因素，对相关人员进行责任追究。无论是因押解

---

① （清）文孚等编纂《钦定六部处分则例》卷46，光绪刻本。

人犯工作本身存在疏漏，还是押解工作并无疏忽之处，只要造成人犯自尽的结果，相关责任人都会受到行政处罚。根据职权划分，其行政处罚的对象集中于押解工作的主要负责人，如在押解途中人犯自尽，主要处罚该管州县官；在途中寄监自尽，主要处罚所在州县的管狱官和有狱官，在中途村庄、坊店歇宿自尽，主要处罚原解官。

### （三）地方官因失职致人自杀

292-14 疯人容隐不报不行看守以致自杀及杀人例及 366-13 调奸图奸未成乡保不即转报致本妇自尽例，都涉及对地方官因未能正常履责而造成他人自杀的责任追究。

薛允升认为，疯病之人自杀并不应追究邻佑及地方官责任。"谋故斗杀人，罪及凶手足矣，并不波及亲属邻佑，且地方官并无处分。疯病杀人，则累及亲属，累及邻佑，并罪及地方官，何也？"[①]

366-13 调奸图奸未成案乡保不即转报致本妇自尽例的制定源于刑部议覆通政使张若霭的条奏。张若霭奏称：

> 本年秋审各省罪犯因调奸致本妇羞忿自尽者甚多，请嗣后凡图奸未成者，即于三日内，将该犯枷责，以平本妇羞忿，不致轻生，该犯亦可免抵偿。……本家投明，乡保不即禀官者，照窃盗等事甲长不行转报例治罪。乡保已禀，而该州县不即审理，致本妇怀忿自尽者，照违令律参处。[②]

原奏中的"违令律"量刑应为笞五十，属于刑事处罚。但制定律条时又改为"交部议处"，至于如何议处，《吏部处分则例》中并未标明。

综上，由 3 条律文、46 条例文构成的清代致人自尽罪名体系，所规定的内容非常细致。体系由多个罪名构成，相当复杂。不仅由犯罪行为导致的他人自杀要被追责，即使非犯罪行为引起他人自杀，也会在某些情况下

---

① （清）薛允升著《读例存疑》（重刊本）（五），黄静嘉编校，台湾成文出版社，1970，第858 页。

② 《清高宗实录》卷 54，乾隆十年十二月壬子，《清实录》（第 12 册），中华书局，1985，第295~296 页。

被追责，追责的普遍性反映了清代主要以自杀死亡结果进行归罪的立法特点。

## 第三节 清代致人自尽罪名体系的特点

从横向看，清代致人自尽罪名体系内部具有复杂性和非严密性特点，这与清代的立法技术和程序密切相关。从纵向看，体系包含的内容随着时间演进更张，这与立法趋势和立法目的关联性较大。

### 一 立法技术

#### （一）立法技术与罪名体系的复杂性

清代致人自尽罪名体系呈现一定的复杂性。该体系并非由单一罪名构成，而是包括威逼、诬告、强嫁、吓诈等多个具体罪名。相关条款分布于《大清律例》的刑律和户律，且各条文之间不乏重叠、交叉甚至矛盾之处。造成这一现象的原因与传统法律的立法技术密切相关。

传统法律的立法并未采取现代刑法通用的主观抽象主义，更多采取的是客观具体主义。表现为：根据行为主体身份、行为方式、造成的结果等，设立各种不同的罪名，各异其刑。例如，根据行为人的主观恶性，例文规定了轮奸、强奸、调奸、通奸、亵语戏谑等各种行为性质不同且都是致妇女自尽的规定。依据犯罪结果不同，可分为致死一命、一家二命或非一家三命及以上等多种情形。依据被害人的身份可分为官民相犯、亲属相犯、良贱相犯、常人相犯等多个类型。

致人自尽体系包含46条例文，其中16条例文中的行为双方存在服制关系。这说明，服制入律是立法具体化的重要原因：

> 为强调服制伦常的重要性，不同服制的亲属相犯，其刑罚轻重的等级差异，皆须在律例中以列举的方式给予规定，不厌其烦，非如此不足以彰显纲常名分的价值和意义。其结果必然导致法律规范的行为模式部分越来越碎片化、具体化，必然使得法律体系中需要增加越来

越多这样的条文，以适应实际案件之需。①

传统社会是一个身份社会，法律对家族中的尊卑、长幼、亲疏、远近关系予以区别对待，服制即为法律制定的基础。律例为维护伦理等级秩序，对不同服制的亲属相犯皆作出详尽规定。可以说："客观具体主义的立法方式一方面是专制主义强化的结果；另一方面也与传统社会的差序格局有关，以同罪异罚来强化道德社会中伦理价值的维护。"②

另外，立法具体化也与律例（尤其是例文）的制定程序有关。《钦定大清律例》颁布于乾隆五年（1740），其中的律文部分在雍正时期就已经基本定型。雍正定律时，将律定位为"万事不变之成宪"，子孙后代不可轻易更张。乾隆修律时，主要着力于例文的修订。最初定为三年一小修、五年一大修，后改为五年一小修、十年一大修。例文的来源除臣工条奏外，也有很多是具体案件，属于"因案成例"。

由案件生成条例过程大致如下：当现实中发生的具体案件不在已有罪名的涵摄范围内，出现"律无明文"时，刑部会就具体案件作出裁决，上呈皇帝，经过皇帝的批准，成为"通行章程"。在法理上，"通行章程"与《大清律例》有类特别法与普通法的关系"③。"通行"中的一部分在修订法律时会进入《大清律例》成为条例，具有了一般司法原则的地位。但新的罪名毕竟是从具体案件中抽象出来的，一般包含了案件的某些要点，使得罪名的构成要件比较具体。以下以338-03子孙犯奸盗等致祖父母、父母自尽或被杀例的制定为例作一说明。

乾隆三十四年（1769），广东省何长子奸污十岁幼女事情败露，致母亲廖氏潜服毒草身死。刑部因"律无明文"，比照"妇女与人通奸父母羞忿自尽例"，拟绞。又依"奸十岁以上幼女虽和同强"论罪。因二罪相等，从一科断，拟绞监候。乾隆皇帝认为，刑部拟议甚属错谬，原因在于"谬为比

---

① 顾元：《服制命案、干分嫁娶与清代的衡平司法》，法律出版社，2018，第167~168页。瞿同祖先生也认为，重视身份的差别，法律的发展必然趋向具体化。根据亲属相犯双方的辈分和服制不同，立法烦琐而具体。瞿同祖：《法律在中国社会中的作用——历史的考察》，《中外法学》1998年第4期，第6页。

② 顾元：《服制命案、干分嫁娶与清代的衡平司法》，法律出版社，2018，第167页。

③ 孙家红：《关于"子孙违反教令"的历史考察——一个微观史学的尝试》，社会科学文献出版社，2018，第127~128页。

附"。妇女与人通奸父母羞忿自尽之例，针对的是被奸妇女之父母而言。与何长子奸人女而致令己母畏惧自毙者，情事绝不相同。"明刑所以弼教，此等败伦伤化之徒不使早正刑章，则所为弼教者安在？"① 在皇帝的谕令之下，乾隆三十七年（1772）纂例：凡子孙因奸、因盗以致祖父母、父母忧忿戕生，或畏累自尽，均照过失杀例治罪。若罪犯应死，及谋、故杀人事情败露，致其祖父母、父母自尽者，即照各本犯罪名，拟以立决。②

该例由案件生成，只涉及子犯奸致祖父母、父母自尽。现实中，很可能出现父母纵容子孙犯奸后畏罪自尽的情形，如何科断？

嘉庆五年（1800），广东陈亚闰与陈连欢之妻石氏通奸被获。陈亚闰之母李氏知情纵逃，因闻控究服毒身死。刑部认为："该氏之自尽由于纵子犯奸，复赶往庇护，闻控畏罪所致，与并未纵容之父母畏累自尽者，情节不同，例无专条，自应酌量问拟。"请旨，将陈亚闰发黑龙江为奴。又因奸盗"事同一理"，为画一办理③，故将原例修改为：

> 凡子孙因奸、因盗，祖父母、父母并未纵容，因伊子身犯邪淫，忧忿戕生者绞立决。如祖父母、父母纵容袒护，后经发觉，畏罪自尽，将犯奸、盗之子孙发黑龙江，给披甲人为奴。若罪犯应死，及谋、故杀人事情败露，致其祖父母、父母自尽者，即照各本犯罪名，拟以立决。④

此例两次修订，都由具体案例而来，且只言奸盗，未及别项情节。犯奸有强奸、调奸、和奸之别，盗有强盗、窃盗及赃数多寡之别，按照律意，不分情节轻重，概拟绞决，显然并不恰当。

例文不断滋生未必能很好地适应现实需要。规定越具体越详尽，其涵摄范围就越有限，越容易出现"律无明文"的情况。如此，根据社会实际增加临时性的条例也就成为必然，罪名体系的复杂化也就在所难免。

---

① 《清高宗实录》卷833，乾隆三十四年四月丁丑。《清实录》（第19册），中华书局，1986，第118~119页。

② （清）吴坤修等纂修《大清律例根原》（三），上海辞书出版社，2012，1490页。

③ （清）吴坤修等纂修《大清律例根原》（三），上海辞书出版社，2012，1490~1491页。

④ （清）吴坤修等纂修《大清律例根原》（三），上海辞书出版社，2012，1491页。

### （二）立法技术与罪名体系的非严密性

致人自尽罪名体系由分布于不同律（如刑律和户律）、不同门（如刑律的人命、犯奸、斗殴、诉讼、贼盗、诈伪等）内的多条律例构成。其内部并非一个相互依存的有机整体，这使得整个体系缺乏严密性。

体系缺乏严密性的突出表现之一即行为性质及结果相似的罪名被分别列入不同门内。例如，关于子孙犯奸致父母自尽的规定，同时出现于《大清律例·刑律·人命》"威逼人致死条"299-03 因奸致父母羞忿自尽例及《大清律例·刑律·诉讼》"子孙违犯教令"条 388-03 子孙犯奸盗致祖父母、父母自尽及被杀例中（见表8）。

表8 因奸致祖父母、父母自尽不同例文对比

| 例文编号 | 行为人 | 行为 | 结果 | 量刑 |
| --- | --- | --- | --- | --- |
| 299-03<br>因奸致父母<br>羞忿自尽例 | 妇女 | 通奸 | （并未纵容）父母一经见闻，杀奸不遂，羞忿自尽 | 无论出嫁、在室，俱拟绞立决 |
| | | | （父母纵容通奸）因奸情败露，愧迫自尽 | 妇女实发驻防，给兵丁为奴。奸夫止科奸罪 |
| 388-03<br>子孙犯奸盗致祖父母、<br>父母自尽及被杀例 | 子孙 | 犯奸盗 | 祖父母、父母（并未纵容）忧忿戕生 | 拟绞立决 |
| | | | 祖父母、父母（纵容祖护，后经发觉），畏罪自尽 | 将犯奸盗之子孙，改发云、贵、两广极边烟瘴充军 |

上述两条例文，都包括因子孙犯奸致祖父母、父母自尽的具体量刑，其中又都分为非纵容和纵容等具体情形，属于"一事分列两门"[1]，本可归并为一处，"子孙犯法致亲自尽之例，与但经违犯教令者迥别，亦应改归人命篇威逼人致死律后，与子孙不孝致父母自尽例相并，庶为以类相从"[2]。两例的规定存在重叠之处。从行为主体看，子孙的范围包括妇女这一性别

---

① （清）薛允升著《读例存疑（重刊本）》（五），黄静嘉编校，台湾成文出版社，1970，第1017页。

② 马建石、杨育棠主编《大清律例通考校注》，中国政法大学出版社，1992，第895页。

主体，前者的涵盖范围更广。从行为性质的抽象程度看，299-03 例比较具体，只规定"通奸"这一具体情形。388-03 例抽象程度高，规定"犯奸盗"，其中，犯奸包括强奸、和奸、调奸等多种情形，涵摄的事实范围更广。只要子孙犯奸致祖父母、父母自尽，无论祖父母、父母是杀奸不遂、非杀奸不遂，或是仅因被人耻笑而自尽，都可以据此拟断。

"一事分列两门"带来的直接问题就是量刑参差。例如，388-03 例内子孙因奸盗致纵容之父母自尽，量刑为发极边烟瘴充军；299-03 例内，因奸致纵容之父母自尽，妇女实发驻防为奴。罪行相同、罪名不同，量刑也不一致。

量刑参差的问题不仅存在于不同门的律例，即使同一门内条例也在所难免。例如，"威逼致死"律内 299-02"因事威逼人致死一家二命以上"例与 299-08"威逼窘辱致死一家二命、三命及非一家三命以上"例，虽然都是关于因事威逼致死多人的规定，但例文内容之间仍存在参差之处（见表 9）。

表 9　因事威逼致死多人例文规定对比

| 例文 | 行为模式 | 犯罪方式 | 死因 | 犯罪结果 | 量刑 |
|---|---|---|---|---|---|
| 因事威逼人致死一家二命以上 | 因事威逼 | 威逼 | 自尽 | 一家二人，及非一家但至三命以上 | 发近边充军，追给埋葬银两 |
| | | | | 致死一家三人以上 | 发边远充军，追给埋葬银两 |
| 威逼窘辱致死一家二命、三命及非一家三命以上 | 豪强凶恶之徒恃财倚势，因事威逼、挟制、窘辱，令平民冤苦无申 | 恃财倚势，挟制窘辱 | 自尽 | 致死一家三命以上 | 斩监候 |
| | | | | 一家二命，及非一家但至三命以上 | 绞监候 |

两条例文在犯罪方式和犯罪结果方面重合度较高，且"因事威逼"相比"豪强恃财倚势，因事威逼"更具抽象性，涵摄度更高。对此，清代律学家薛允升提出：

> 至下条所云恃财倚势挟制窘辱，究系空言，并未指出实在情节。而中间仍有因事威逼一语，只以有无挟制窘辱为生死之分，究竟挟制

窨辱系何情状亦未叙明，碍难援引。……不然或威逼索欠项，或彼此口角，恃强将人捆缚、殴打、关禁、凌虐，致人忿激自尽，一家二、三命谓之因事威逼可，谓之挟制窨辱亦可，司谳者将何所适从耶？①

虽然都是对威逼致死多人的规定，但量刑存在很大差别，一拟死刑，一拟充军，这无疑会给法律适用带来困扰。究其原因，主要跟例文的制定程序有关。"因事威逼人致死一家二命以上"例出自明代《问刑条例》。因律文中的威逼人致死是针对致死一人而言，"此例补威逼二人、三人致死者"②。而"威逼窨辱致死一家二命、三命及非一家三命以上"例则属于"因案生例"。

乾隆三十六年（1771），湖南安仁县监生段兴邦以田土细故，捏词控告，复用言恐吓，致佃户周德先父子五人，先后服毒投塘自尽。刑部依照"因事威逼一家三命以上"，将段兴邦发近边充军，并请将田亩一半断给周德先之孙。乾隆皇帝认为，段兴邦"实属豪强凶恶"，情罪较重，若仅拟军罪，不足蔽辜。处理此案之军机大臣永德明知段兴邦之情罪较重，仍照常拟以充军，咨部完结，"转以科断田产末节专折陈奏，貌似严惩而意存轻纵。"故传旨申饬，并传谕大学士刘统勋等覆奏③。八月十九日，刑部议奏，"请嗣后有豪强凶徒威逼致死一家三命以上者，改为斩监候；致死一家二命及非一家之三命以上者，改为绞监候。"湖南段兴邦威逼周德先父子五人身死一案即照此例核拟④。此议得到乾隆允准，成为新例。

量刑参差造成的体系非严密性，其深层原因仍与清代立法技术密切相关。正如前文所述，《大清律例》诸多条例都属于"因案成例"，条例本身就是对具体案件的抽象和概括，尤其是奉旨纂定之例，"何敢再议"⑤？在修订过程中很难兼顾与其他律例的协调。

---

① （清）薛允升著《读例存疑（重刊本）》（四），黄静嘉编校，台湾成文出版社，1970，第871页。

② （清）薛允升著《读例存疑（重刊本）》（四），黄静嘉编校，台湾成文出版社，1970，第871页。

③ 《清高宗实录》卷890，乾隆三十六年八月己卯。《清实录》（第19册），中华书局，1986，第935页。

④ 《清高宗实录》卷891，乾隆三十六年八月丁亥。《清实录》（第19册），中华书局，1986，第945页。

⑤ （清）薛允升著《读例存疑（重刊本）》（四），黄静嘉编校，台湾成文出版社，1970，第881页。

此外，律例条文之间的冲突及量刑参差当然也与当时立法人员的法律水平密切相关，如果每次修律能够同时对关联性条款一并作出相应调整，也可以在一定程度上避免律条之间的矛盾和冲突。立法程序与立法人员法律水平相比，前者对罪名体系的严密性影响更大。当遇到律无明文的案例时，刑部的处理意见需上呈皇帝，并在皇帝谕令的基础上酌议成定例。在奉旨纂定条例过程中，立法人员完全是根据皇帝的旨意行事，由此形成的定例，其弹性空间很小。在制定过程中，主要是对某一具体条款的修改或增订，并非对整个关联性条款均作修改，如此很难避免例文内容上的重复或量刑上的参差。

有学者指出，量刑参差源于清律自身的局限性。"由于清律（尤其是例文方面）的概括性不够，律外有例，因事制例，例又生例，整个法典的适用弹性，除借靠一定的司法手段来完成外，基本就是靠不断地修改例文来实现……在不断修改增删例文过程中，例文的规模总体上一直呈增加趋势；随着清律规模的不断扩大，欲保持律例条文之间的一致性、协调性，自然是越来越难。"①

《清史稿》谈及乾隆修撰律例时的情况，"高宗御临六十年，性矜明察，每阅谳牍，必求其情罪曲当，以万变不齐之情，欲御以万变不齐之例，故乾隆一朝纂修八九次，删原例、增例诸名目，而改变旧例，及因案增设者为独多"②。其后历朝，条例的增订也不在少数：

> 嘉庆以降，按期开馆，沿道光、咸丰以迄同治，而条例乃增至一千八百九十有二。盖清代定例，一如宋时之编敕，有例不用律，律既多成虚文，而例遂愈滋繁碎。其间前后抵触，或律外加重，或因例破律，或疑事设一例，或一省一地方专一例，甚且此例而生彼例。不惟与他部参差，即一例分载各门者，亦不无歧义。辗转纠纷，易滋高下。③

清代在修例时也只是将皇帝的谕旨及臣工所奏直接编入，并没有从总

---

① 孙家红：《关于"子孙违犯教令"的历史考察——一个微观史学的尝试》，社会科学文献出版社，2018，第158页。
② 赵尔巽等纂《清史稿》卷142，刑法一，中华书局：1977，第4186页。
③ 赵尔巽等纂《清史稿》卷142，刑法一，中华书局，1977，第4186页。

体上进行综合厘正①。这种立法程序极易造成罪名体系内部产生重叠或矛盾，进而影响体系的严密性。

## 二　立法态势

致人自尽罪名体系的内容，随着时间的推移不断变化。顺治时包括 3 条律文，5 条例文；雍正时增加 6 条例文；乾隆时期立法规模最大，增加 23 条例文；嘉庆时增加 10 条例文；道光时增加 2 条例文②，至此其内容大致定形，形成一个包含 3 条律文、46 条例文的罪名体系。律例变动自然与社会发展及产生的新的犯罪案件有关，但仍可从其变动中发现立法趋势。

### （一）重点打击侵犯妇女名节的犯罪③

致人自尽罪名体系中，有关惩治侵犯妇女名节犯罪的规定占有相当比重，具体见表 10。

表 10　致人自尽罪名体系中侵犯妇女名节相关律例一览

| 时期 | 条例 | 制定时间 |
|---|---|---|
| 顺治 | 凡因奸威逼人致死，人犯务要审有挟制窘辱情状。其死者，无论本妇、本夫、父母、亲属，奸夫亦以威逼拟斩 | 顺治三年定例 |
| | 妇人夫亡愿守志，别无主婚之人，若有用强求娶，逼受聘财，因而致死者，依律问罪，追给埋葬银两，发边卫充军 | 顺治三年定例 |
| | 强奸子妇未成，而妇自尽，照亲属强奸未成例科断 | 顺治三年定例 |
| 雍正 | 若强奸既成，本妇羞忿自尽，仍照因奸威逼致死律，拟斩监候。至于强奸未成，或但经调戏，本妇羞忿自尽者，俱拟斩监候，秋审时俱拟情实 | 雍正十一年定例 |
| | 若强奸既成，其夫与父母、亲属羞忿自尽，仍照威逼致死本律，拟斩监候。至强奸未成，或但经调戏，其夫与父母、亲属羞忿自尽者，俱拟绞监候 | 雍正十一年定例 |

---

① 赵尔巽等纂《清史稿》卷 142，刑法一，中华书局，1977，第 4187 页。

② 某些律例不断发生合并、移改，本书统计主要是以其最初出现的年代为计，并不以其最终改定为准。

③ "名节"为名誉与节操（主要指贞节）。本书认为，侵犯名节犯罪主要包括两类。一是侵犯贞节。直接侵害妇女身体或强迫妇女进入另一段婚姻，都破坏了妇女对丈夫的性忠诚之类，属于侵犯妇女贞节的行为。二是有些行为并无破坏其贞节之意，只因为戏谑或出语亵狎或秽语村辱而使妇女在名誉上受损，属于破坏其名誉的行为。

| 时期 | 条例 | 制定时间 |
|---|---|---|
| 雍正 | 强奸内、外缌麻以上亲，及缌麻以上亲之妻，若妻前夫之女、同母异父姊妹未成，本妇羞忿自尽者，俱拟斩监候，其强奸已成，本妇羞忿自尽者，俱拟斩立决 | 雍正十二年定例 |
| 乾隆 | 凡村野愚民本无图奸之心，又无手足勾引、挟制窘辱情状，不过出语亵狎，本妇一闻秽语，即便轻生，照强奸未成本妇羞忿自尽例减一等，杖一百，流三千里 | 乾隆五年定例 |
| | 强夺良家妻女中途夺回，若已被奸污，而妇女自尽者，照强奸已成本妇羞忿自尽例，拟斩监候。未被奸污而自尽者，照强奸未成本妇羞忿自尽，拟绞监候。若强夺良家妻女，其夫或父母亲属羞忿自尽者，亦分别已成未成照本妇自尽之例问拟 | 乾隆八年定例 |
| | 家长之有服亲属，强奸奴仆雇工人妻女未成，致令羞忿自尽者，杖一百，发近边充军 | 乾隆二十年定例 |
| | 凡妇女因人亵语戏谑羞忿自尽之案，如系并无他故，辄以戏言觌面相狎者，即照但经调戏本妇羞忿自尽例，拟绞监候。其因他事与妇女角口，彼此詈骂，妇女一闻秽语，气忿轻生，以及并未与妇女觌面相谑，止与其夫及亲属互相戏谑，妇女听闻秽语，羞忿自尽者，仍照例杖一百、流三千里 | 乾隆五十年定例 |
| | 凡调奸妇女未成，业经和息之后，如有因人耻笑，其夫与父母亲属及本妇，复追悔抱忿自尽，致死二命者，将调奸之犯改发边远充军。若致死一命者，杖一百、流三千里 | 乾隆五十年定例 |
| | 妇女令媳卖奸，不从，折磨殴逼，致媳情急自尽者，拟绞监候。若奸夫抑媳同陷邪淫，致媳情急自尽者，改发各省驻防为奴 | 乾隆五十七年定例 |
| 嘉庆 | 凡谋占资财，贪图聘礼，若中途夺回，妇女不甘失节，因而自尽者，期功以下卑幼及疏远亲族，仍照本例，分别斩绞监候；缌麻尊属尊长，亦拟绞监候；期功尊属尊长，发近边充军 | 嘉庆六年定例 |
| | 轮奸良人妇女已成，致本妇自尽者，首犯拟斩立决。为从同奸之犯，均拟绞立决。同谋未经同奸余犯，发黑龙江给披甲人为奴；轮奸未成，如致本妇自尽者，首犯拟斩监候，为从发黑龙江给披甲人为奴 | 嘉庆九年定例 |
| | 强奸犯奸妇女已成，致本妇羞愧自尽者，发黑龙江给披甲人为奴。如强奸犯奸妇女未成，致本妇羞愧自尽者，杖一百、流三千里。若妇女犯奸后，已经悔过自新，确有证据者，仍以良人妇女论 | 嘉庆十二年定例 |
| | 轮奸已经犯奸妇女已成者，如致本妇自尽者，首犯拟绞监候。为从同奸者，发黑龙江给披甲人为奴。若轮奸未成，如致本妇自尽者，首犯发黑龙江给披甲人为奴，为从杖一百，徒三年 | 嘉庆十九年定例 |

续表

| 时期 | 条例 | 制定时间 |
|---|---|---|
| 嘉庆 | 因事与妇人角口秽语村辱，以致本妇气忿轻生，又致其夫痛妻自尽者，拟绞监候，入于秋审缓决 | 嘉庆二十年定例 |
| | 奸淫之徒先与其姑通奸，因被其媳窥破碍眼，即听从奸妇，图奸其媳，不从，致被其姑毒殴自尽者，除奸妇仍发各省驻防为奴外，将图奸酿命之犯，拟绞监候，秋审入于情实 | 嘉庆二十一年定例 |
| | 因奸威逼人，致死一家三命者，拟斩立决 | 嘉庆二十年定例 |

如表 10 所示，侵犯妇女名节的律例约占致人自尽罪名体系内容的三分之一。从清初顺治时期至雍正、乾隆、嘉庆朝仍不断增订，对各种侵犯妇女名节犯罪的严厉打击，显示了清代极端重视保护妇女名节。

首先，相关律例对直接侵犯妇女身体从而破坏妇女贞节的犯罪规定日益具体、琐细。清初例文只有因奸威逼人致死的总体规定。至清中期，因奸致死妇女，根据加害人的身份可分为亲属、良贱，根据行为性质分为轮奸、强奸、调奸等诸多情形，根据行为结果分为已成、未成，根据受害者的身份分为良家妇女和犯奸妇女等。如此形成一个纵横交织的网络，力求将所有因奸致死的情形网络在内。这个网络也可视作妇女贞节的"保护网"。

其次，对于强迫妇女进入另一段婚姻而破坏妇女名节的犯罪也予以严惩。法律对祖父母、父母及夫之祖父母、父母强嫁妇女致其自杀的处刑越改越严。雍正年间，按照威逼致死处刑，量刑为杖一百。嘉庆六年（1801），其刑罚为杖一百、徒三年，拟罪较故杀子孙为重[①]。

最后，律例加大对损害妇女名誉行为的打击力度。即使行为人仅出语亵狎或秽语村辱，"本无图奸之心，又无手足勾引、挟制窘辱情状"，只要妇女因自身名誉受损而自杀，行为人都要被严惩。日常生活中人际关系错综复杂，当涉及妇女名誉时，国家希望人们的行为符合礼教规范，并将此纳入国家法律的强制规范内，通过法律手段确保严格的道德礼教被遵守。

---

① （清）薛允升著《读例存疑（重刊本）》（二），黄静嘉编校，台湾成文出版社，1970，第294 页。

### （二）致人自尽罪名体系的刑罚存在加重趋势

致人自尽罪名体系刑罚的加重，主要反映在清代律例对某一犯罪行为的处刑变化上。上文已经述及父祖强嫁孀妇致其自尽的处刑变化。此处再以妇女通奸致父母自尽为例予以说明。乾隆三十年（1765），刑部奏准定例：

> 妇女与人通奸，本夫与父母并未纵容，一经见闻，杀奸不遂，羞忿自尽者，将奸妇拟绞监候。[①]

乾隆五十三年（1788），发生陈张氏与王杰通奸被拐致伊父张起羞忿自尽案[②]。本案审断关涉两条例文，一是威逼人致死门下"妇女与人通奸，父母并未纵容，一经见闻，杀奸不遂，因而羞忿自尽"例[③]。本例所指妇女未有专指，"出嫁女与在室女"都应包括在内。另一条是"子孙违犯教令"门内"子孙有犯奸盗致父母、祖父母忧忿自尽例"[④]。此例所指子孙应为家族内之子孙，如果是妇女，应指"在室女"，刑罚为绞立决。故妇女的身份成为处断的关键。此案陈张氏为出嫁女，身份已明。地方法司依照"妇女与人通奸致父母自尽例"拟断，将陈张氏拟绞监候，律例适用并无抵牾之处，刑部亦照拟核覆。

乾隆皇帝对此裁断并不认同。他认为此案虽然属于照例办理。"但张起之死由于伊女陈张氏与人通奸所致，与子孙因奸因盗致祖父母、父母忧忿自尽者情罪相同，自应一律问拟绞决"。因事关伦常，不能按照妇女的身份区分此罪与彼罪，"且明刑所以弼教，父母天伦不得因已未出嫁遂有区别"，为维护伦常这一更高的价值，法律体系本身的协调性让位于更高的法律宗旨，在皇帝的意旨下，清律加重量刑，"嗣后妇女通奸致父母羞忿自尽者，

---

① （清）吴坤修等纂修《大清律例根原》（三），上海辞书出版社，2012，1298 页。

② 此案详情参见（清）祝庆祺等编《刑案汇览三编》（二），北京古籍出版社，2004，第1218 页。

③ 柏桦编纂《清代律例汇编通考》，人民出版社，2018，第 437 页。

④ 柏桦编纂《清代律例汇编通考》，人民出版社，2018，第 1751 页。

无论已嫁在室之女，俱著问拟绞立决"①。

清代致人自尽的刑罚加重趋势，也可从死刑罪名增多中得以一窥（见表 11）。

表 11 致人自尽体系中的死刑罪名一览

| 时期 | 律例编号 | 死刑罪名 | 刑罚 | 制定时间 |
|---|---|---|---|---|
| 顺治 | 299-00 威逼人致死 | 卑幼因事逼迫期亲尊长致死 | 绞监候 | 顺治三年 |
| | | 行奸为盗而威逼人致死 | 斩监候 | |
| | 299-01 奸威逼人致死 | 因奸威逼人致死人犯（务要审有挟制窘辱情状）无论本妇、本夫、父、母亲属（自尽） | 斩 | 顺治三年定例 |
| | 299-07 逼迫本管官致死 | 军民人等因事逼迫本管官自尽 | 为首者绞 | 顺治三年定例 |
| 雍正 | 366-02 轮奸良人妇女已成、未成及杀死并致本妇自尽 | 轮奸良人妇女已成，本妇自尽 | 首犯拟斩立决。为从同奸之犯，均拟绞立决。 | 雍正五年定例 |
| | | 伙谋轮奸良人妇女未成，妇女自尽 | 首犯拟斩监候 | |
| | 299-04 强奸或调奸服亲致本夫、本妇及父母亲属羞忿自尽 | 强奸未成，或但经调戏，内外缌麻以上亲，及缌麻以上亲之妻、若妻前夫之女、同母异父姐妹，其夫与父母亲属及本妇羞忿自尽 | 斩监候 | 雍正十二年定例 |
| | | 强奸已成，内外缌麻以上亲，及缌麻以上亲之妻、若妻前夫之女、同母异父姐妹，夫、与父母、亲属及本妇羞忿自尽 | 斩立决 | |

---

① 柏桦编纂《清代律例汇编通考》，人民出版社，2018，第 437 页。

| 时期 | 律例编号 | 死刑罪名 | 刑罚 | 制定时间 |
|---|---|---|---|---|
| 乾隆 | 112-02 强夺良家妻女中途夺回及妇女并亲属羞忿自尽 | 强夺良家妻女，中途夺回，已被奸污，本妇、本夫或父母亲属羞忿自尽 | 斩监候 | 乾隆五年定例 |
| | | 强夺良家妻女，中途夺回，未被奸污，本妇、本夫或父母亲属羞忿自尽 | 绞监候 | |
| | 112-04 卑幼图财强卖尊长及尊长图财强卖卑幼 | 谋占资财，贪图聘礼强卖，妇女不甘失节自尽 | 期功以下卑幼及疏远亲族，仍照本例，分别斩绞监候，缌麻尊属尊长亦拟绞监候 | 乾隆六年定例 |
| | 318-05 卑幼误伤尊长致死罪干斩决审非逞凶干犯 | 误伤尊长致死，罪干斩决，审非逞凶干犯，父母自戕殒命 | 绞立决 | 乾隆十八年定例 |
| | 336-13 捏造奸赃款迹，挟仇污蔑致被诬人自尽 | 捏造奸赃款迹，写揭字帖，及编造歌谣，挟仇污蔑，被诬之人忿激自尽 | 绞监候 | 乾隆二十四年定例 |
| | 299-03 因奸致夫或父母羞忿自尽 | 妇女通奸致并未纵容之父母一经见闻，杀奸不遂，羞忿自尽 | 绞立决 | 乾隆三十年定例 |
| | | 妇女通奸，其本夫并未纵容，一经见闻，杀奸不遂，羞忿自尽 | 绞监候 | |
| | 344-03 蠹役吓诈贫民及吓诈毙命 | 衙门蠹役吓诈致毙人命，不论赃数多寡 | 绞监候 | 乾隆三十二年改定 |
| | 338-03 子孙犯奸盗等致祖父母、父母自尽或被杀 | 子孙有犯奸盗，祖父母、父母并未纵容，因伊子孙身犯邪淫，忧忿戕生 | 绞立决 | 乾隆三十四年定例，嘉庆五年、九年及十一年修改，十四年改定 |
| | | 罪犯应死，及谋故杀人，事情败露，祖父母、父母自尽 | 照各本犯罪名，拟以立决 | |

| 时期 | 律例编号 | 死刑罪名 | 刑罚 | 制定时间 |
|---|---|---|---|---|
| 乾隆 | 299-0 威逼窘辱致死一家二命、三命及非一家三命以上 | 豪强凶恶之徒恃财倚势，因事威逼，挟制窘辱致死一家三命以上 | 斩监候 | 乾隆三十六年刑部奏准定例 |
| | | 豪强凶恶之徒恃财倚势，因事威逼，挟制窘辱致死一家二命，及非一家但至三命以上 | 绞监候 | |
| | 299-09 子孙不孝致祖父母、父母自尽 | 子孙不孝，有触忤干犯情节，祖父母、父母忿激轻生，窘迫自尽 | 斩立决 | 乾隆三十七年修改，四十八年改定 |
| | | 子孙不孝，无触忤情节，但其行为违犯教令，祖父母、父母，夫之祖父母、父母，抱忿轻生自尽 | 绞监候 | |
| | 285-09 母犯奸子杀奸夫母忿迫自尽 | 因母犯奸淫，激于义忿，非奸所登时，将奸夫杀死，父母因奸情败露忿愧自尽 | 绞监候 | 乾隆四十三年定例 |
| | 344-04 白役诈赃逼命之案 | 白役诈赃毙命 | 绞监候 | 乾隆四十三年定例 |
| | 336-24 诬良或疑良为窃捆缚吓逼及拷打致死及致自尽 | 诬良为窃之案，若诬告到官，或捆缚吓诈逼认，被诬之人自尽 | 绞监候 | 乾隆四十六年定例，道光六年修订 |
| | 299-1 妻妾悍泼逼死其夫 | 妻妾悍泼逼迫其夫自尽 | 绞立决 | 乾隆四十八年另为条例 |
| | 299-17 逼媳卖奸及奸夫抑媳同陷淫邪致媳自尽 | 婆婆令媳卖奸，不从，折磨殴逼，致其情急自尽 | 绞监候 | 乾隆五十七年定例 |
| 嘉庆 | 105-01 孀妇自愿改嫁或守志母家夫家强抢或强嫁 | 孀妇自愿守志，母家夫家抢夺强嫁，孀妇不甘失节，因而自尽 | 期亲卑幼拟绞监候 | 嘉庆六年由"威逼人致死"门移入 |

| 时期 | 律例编号 | 死刑罪名 | 刑罚 | 制定时间 |
|---|---|---|---|---|
| 嘉庆 | 336-02 奸徒诈称官司察访挟制陷害诈骗报复 | 奸徒串结衙门人役，假以上司察访为由，纂集事件，挟制官府，陷害良善。或诈骗财物、报复私仇，被诈之人自尽 | 绞监候 | 嘉庆六年改定 |
| | 299-05 因事用强殴打威逼人致死或重伤残废笃疾 | 期亲卑幼殴打逼迫尊长，刃伤尊长及折肢，若瞎其一目，致其自尽 | 绞立决 | 嘉庆六年改定 |
| | | 期亲卑幼将尊长殴有致命重伤，未成残疾，致其自尽 | 绞监候 | |
| | | 期亲卑幼殴打逼迫尊长，致命而非重伤或重伤而非致命，致其自尽 | 绞监候 | |
| | | 期亲卑幼殴打逼迫尊长，非致命又非重伤，致其自尽 | 绞监候 | |
| | | 功服卑幼殴伤尊长尊属至笃疾，致其自尽 | 绞立决 | |
| | 361-02 假差占宿公馆妄拿吓诈扰害军民及致死、伤人并自尽 | 诈充各衙门差役，假以差遣体访事情，缉捕盗贼为由，占宿公馆，妄拿平人，及搜查客船，吓取财物，扰害军民，被诈之人自尽 | 绞监候 | 嘉庆九年改定 |
| | 273-08 刁徒吓诈逼命之案 | 刁徒无端肇衅，平空诳诈，欺压乡愚，被诈之人自尽 | 绞监候 | 嘉庆九年定例，道光二十年改定 |
| | 299-14 强奸已成未成本妇被杀伤及夫与父母亲属羞忿自尽 | 强奸已成，其夫与父母亲属及本妇羞忿自尽 | 斩监候 | 嘉庆十二年纂定，十七年、二十二年修改 |
| | | 强奸未成，或但经调戏，其夫与父母亲属及本妇羞忿自尽 | 绞监候 | |

续表

| 时期 | 律例编号 | 死刑罪名 | 刑罚 | 制定时间 |
|---|---|---|---|---|
| 嘉庆 | 299-22 秽语村辱致本妇本夫自尽 | 因事与妇人角口，秽语村辱本妇气忿轻生，又致其夫痛妻自尽 | 拟绞监候，入于秋审缓决 | 嘉庆二十年定例 |
| | 299-13 因奸逼毙一家三命 | 因奸威逼致死一家三命 | 斩立决 | 嘉庆二十年定例 |
| | 299-24 因与姑通奸被窥破图奸其媳酿命 | 先与其姑通奸，因被其媳窥破，碍眼，即听从奸妇，图奸其媳，不从，其姑毒殴致媳自尽 | 奸夫拟绞监候秋审入于情实 | 嘉庆二十一年定例 |
| 道光 | 344-14 衙役逼弊人命及索诈私押拷打人犯 | 差役子侄、亲属私代办公，逼毙人命，诈赃起衅 | 绞监候 | 道光十三年定例 |

《大清律例·名例律》规定："死刑二：绞、斩。内外死罪人犯，除应决不待时外，余俱监固候秋审、朝审，分别情实、缓决、矜疑，奏请定夺。"参见（清）吴坤修等编纂《大清律例根原》（一），上海辞书出版社，2012，第2页。从上述规定可见，"立决"是指作出死刑判决后，立即处死，具体可分为斩立决和绞立决。"监固待决"，是指拟定"死刑监候"罪名后，经过秋审或朝审的程序，或情实予勾或不勾，或缓决，或减等，并不一定被执行死刑。本书不将"死刑监候"进入秋审或朝审后的情况列入讨论范围，而是将"斩监候"或"绞监候"也列入死刑罪名中。

清初顺治时期，死罪集中于"威逼人致死"律下的卑幼逼迫尊长致死及因奸盗致人自尽两个罪名。越往后，死罪罪名越多。《大清律例·刑律》下的人命、犯奸、诉讼、诈伪等多个门下共出现42项致人自尽的死罪罪名，清代律学家薛允升对此评价：

> 《唐律》有恐迫人使畏惧致死者，各随其状，以故斗戏杀伤论，而无威逼致死之法，《明律》定为满杖，除奸盗及有关服制外，虽因事用强殴打致成残废、笃疾，及死系一家三命，或三命以上，亦止充军而止，非亲行杀人之事，故不科死罪也。后来条例日烦，死罪罪名日益增多，如刁徒、假差、蠹役，及和奸、调奸、强奸、轮奸等类，致令自尽，并其亲属自尽者，不一而足，秋审且有入于情实者，较之亲手杀人之案，办理转严。[①]

---

① （清）薛允升著《读例存疑（重刊本）》（四），黄静嘉编校，台湾成文出版社，1970，第884页。

死罪罪名集中于如下几个方面。一是侵犯妇女名节的犯罪（17 项）。上文已述，此处不赘。二是涉及服制关系的亲属相犯方面的犯罪（16 项），主要集中于子孙侵犯祖父母、父母和卑幼侵犯期亲尊长方面。三是行为人依仗自身权势致死他人的犯罪（6 项）。例如，豪强恃财倚势致死多人，刁徒串结衙门人役或诈充衙门差役之人致他人自尽等。四是具有特定身份的公务人员的犯罪（3 项）。主要针对差役、差役亲属和并非衙门正式人员的白役致死他人的情形。死刑罪名的增多，一定程度上体现了清律利用重刑打击犯罪、维护社会秩序的立法思维。当然，清律用最严厉的死刑震慑相关犯罪，也从侧面反映了法律保护的对象及其立法目的。

## 三 立法目的

根据致人自尽罪名体系的结构以及上文关于死罪罪名的分析，本书将立法目的概括为四个方面。

维风化，清代重视妇女的名节，对侵犯妇女名节的行为予以严惩。"法律上对于破坏贞节行为的制裁，就是国家藉由反面、消极的吓阻，以帮助女性维护贞节。"[1] 罪名体系内关于侵犯妇女名节的立法规模不断扩大，包括的犯罪行为也日益增多，相关内容前文已述，此处不赘。

明人伦，传统社会以身份等级为基础，立法的主要目的之一就是维护"人伦"秩序。致人自尽罪名体系严惩卑幼侵犯尊长的行为，以强化伦理等级秩序。例如，法律对于子女的犯奸、为盗，或者"用消极的手段被动侵害受法律保护的社会关系"[2]（如供养有阙等）等引起父母自尽的行为实行严厉制裁。法律强化尊长权利，对卑幼则只强调义务。例如，清律中并无祖父母、父母逼迫子孙自杀的罪名；妻子因为口角细故致丈夫自杀，法律要对处于卑幼地位的妻子处以绞刑；丈夫殴骂妻子，致其自杀，法律却对此不予追责。可见，身份关系在立法中起到了区分"有罪"或者"无罪"、"此罪"或者"比罪"以及量刑轻重的作用。

惩凶暴，惩治凶暴者的目的在于维护社会相对弱势阶层最基本的生存

---

① 梁弘孟：《尊长权与贞节的冲突——以刑案汇览中"子妇拒奸杀伤伊翁"类案件为例》，《中正大学法学集刊》第 50 期，2016，第 65 页。

② 魏道明：《清代家族内的罪与刑》，社会科学文献出版社，2021，第 195 页。

权利。宋代《名公书判清明集》就将致人自尽的案例集中收录于"豪横"门内，法律重在惩治"凌势之豪强"的目的已经很明显。明清律对此有所继承。行为人除了依势威逼之外，挟仇污蔑、诬良为窃、捉人勒赎、诈充差役、窃盗、讹诈等也会引起他人自杀的严重后果。虽然不能将此类行为人尽归于"豪强"之列，但其无疑属于社会中的非良善之徒，或可用律例中的"刁恶"之徒加以概括。为保护弱势群体，维持正常的社会秩序，法律对此类人群进行严厉制裁。

罚失职，清代致人自尽的罪名体系中涉及一类身份犯罪。从事与司法活动相关的官吏，本负有司法职责却未能正确履职以致他人自尽，其中既包括从事各种具体工作的差役，"藉差倚势凌虐吓逼"致人自尽，也包括从事押解、监管人犯者，因疏忽等原因致人犯自杀的情况。为维护司法秩序，法律对此类人员进行惩处，不仅对负有直接责任的差役群体加以刑事处罚，还要对负有管理之责的上级官员进行行政处罚。

# 第三章 法律推理：因果关系的建立与责任证成

清代在法律实践中强调："办理自尽命案，必须究明实在致死缘由，按照律例定拟，庶罪名方无枉纵。"① 查明案件真相是法律推理、司法裁定的重要前提。"自杀"在加害人行为方式、死亡结果等方面与"他杀"迥异，运用法律推理确定加害行为与被害人自杀之间存在因果关系，进而追究行为人之刑责，成为案件审断的关键环节。"无枉无纵"即"情罪允协"成为清代司法官员在案件裁决时的主要目标。

## 第一节 致死确情：案件的事实推理

州县作为基层一级，承担案情最初认定及案件拟判之责。欲研究自杀案件的事实推理过程及特点，州县层级是绕不开的一个环节。以下以一起致人自杀案件为例，展现基层官员处理此类案件的司法程序②。

清代巴县司法档案中记载了一起惠先具报其姐自缢身死案。案件的原始档案保留相对完整，包括报状、报案时县衙讯问笔录、县衙刑房验尸行稿、查勘尸身现场单、验尸单、县衙审单、审讯笔录、结状、拟呈报的案情行稿、重庆府批回等共计13份文档③。

乾隆二十七年（1762）7月25日，距离巴县县城十五里的直里一甲村

---

① （清）全士潮等编纂《驳案汇编》，何勤华等点校，法律出版社，2009，第357页。

② 现有关于清代致人自尽案件的研究，即使其研究内容和关注点不同，但利用的材料一般都以刑部案例尤其是《刑案汇览》《驳案汇编》《刑部加减成案》等为主。关注案件在基层处理情形的研究相对不足。王志强：《清代国家法：多元差异与集权统一》，第四章"行动之法：刑部的法律推理"，第102~135页。

③ 四川省档案馆编《清代巴县档案整理初编·司法卷·乾隆朝》（二），西南交通大学出版社，2015，第2~15页。

民惠先向官府报案，供称其姐姐惠氏（伍太和之妻）自缢身死。惠先与伍太和租住房屋的房主伍星耀及邻人一同报案。

25 日当天，县衙询问报案人惠先案情并做笔录，由县衙刑房票差验尸行稿。

27 日，知县带领仵作至现场验尸。开具尸身现场查单，包括死亡地点以及尸体位置等。验尸单内详细记载尸身伤痕：右臂膊紫红色伤一处，横长二寸二分，宽三分；相连一处紫红色伤，横长一寸八分，宽三分；左臂膊紫红色伤一处，斜长二寸三分，宽四分；相连一处伤横长一寸三分，宽三分，俱系柴棍伤，认定惠氏为自缢身死。仵作验尸后由县官复加亲验，并取具仵作不致遗漏伤痕的甘结。

巴县的档案记载中，县衙对死者死亡性质的认定还需要相关人员出具结状，获得其承认（或确认）。县衙开具的审单上有原告惠先，死者丈夫伍太和，传信人伍太和外甥刘官保，房主伍星耀，邻佑冯星、赖玉华、蔺方虞、胡仕聪，乡约谢方伦、陈秀一，保长陈国瑞等 11 人的姓名。此 11 人都在"惠氏实系自缢身死并无别故"的结状上签字画押，至此验尸程序正式结束①。官府也正是通过此步骤完成死亡结果的最终认定。

死亡结果认定之后，官员还需要确定是否应由特定之人为某人死亡承担刑责。对于自杀案件来说，由于被害人已经死亡，官员只能通过讯问相关人员，对被害人死亡之前的整个事件予以考察，判定是否某些他人的行为就是引起被害人自杀的原因，从而在加害者的行为与被害者死亡结果之间建立因果关系，并对行为人追究刑责。

以下是巴县知县对相关人员的讯问口供②：

惠先（死者弟弟）：小的是本县人，姐子自幼嫁与伍太和为妻，已

① 囿于各种因素，笔者搜寻到的地方案例有限。人命案件呈报到官府后，地方官带相关人员进行验尸是法定程序，对于现场和尸身的勘验内容在保存相对完整的档案中均可以找到。中国边疆史地研究中心、新疆维吾尔自治区档案局合编《清代新疆档案选辑》（五十四），第 146 页和 149 页记载的商户王恒泰服烟土自杀案等。上述巴县案件中，官府验尸结束后，与死者或者与案件有关的人员需要对官府的死亡定性予以"出结"承认。此种"结状"是通例，还是巴县本地的司法惯例，此问题留待更多资料的印证。四川省档案馆编《清代巴县档案汇编（乾隆卷）》，档案出版社，1991，第 83~84 页。

② 四川省档案馆编《清代巴县档案整理初编·司法卷·乾隆朝》（二），西南交通大学出版社，2015，第 11~12 页。

生两子两女。七月二十三日，伍太和着人来赶小的，说姐子病重得很，小的忙来探望，只见姐子已吊死了。又见项颈下有伤痕，小的才来报案。今蒙验讯，因姐子懒于做饭，被伍太和骂责气忿自缢身死，并无别故，小的具结就是。

赖玉华（左邻）：小的与伍太和比邻居住，他夫妇平日是和好的。七月二十一日午后，伍太和赶场回家来，因他妻子做饭迟了，伍太和骂了几句，惠氏强嘴，反把器具打毁，是伍太和用柴棍打了她两下，小的拢来劝散。到二十三日早饭时，伍太和喊说他妻子惠氏在空房屋里吊死了，小的忙来同伍太和把惠氏解下，救治不活，才去赶他小舅子惠先拢来赴案具报。今蒙验明，惠氏实系因被殴气忿自缢并无别故，小的具得结的。

冯星（右邻）：七月二十三日早饭后，伍太和喊说他妻子惠氏吊死了，小的拢去查看，惠氏已解下吊了，才去赶他舅子惠先拢来报案。今蒙验明实系因殴后自缢并无别故，小的具得结的。

伍星耀（房主）：伍太和是小的堂叔，去年才来佃小的房子居住，他们夫妇平日是和好的。二十一日，为做饭迟了吵闹，小的住处远不晓得。到二十三日小的听见人说堂婶惠氏吊死了忙来查问。同惠先赴案举报，今蒙验明实系自缢身并无别故，小的具得结的。

伍太和（死者丈夫，本案当事人）：小的祖籍广东陵县人，在川生长，今年三十四岁。妻子惠氏自幼娶配的，已生两子两女俱幼。小的去年九月搬来这里，佃堂侄伍星耀房屋居住。七月二十一日，小的赶场回来，肚饿了，妻子还没做饭。小的说她懒惰，妻子强嘴使性，反把家用的缸钵打碎两个，小的忍不住气，在灶前拾起柴棍，在妻子颈项下打了两下，当时赖玉华拢来劝散。到二十三日早，妻子做熟了饭，拿了女儿的两件破衣服说到空房里去缝补，半晌不见出来，小的叫妻子吃饭，见门开了不答应，才推开门，见妻子已在竹竿上吊着，小的喊叫赖玉华拢来慌忙解下救治不活，即着人去赶舅子惠先来看，说妻子身上有伤，就来报明案下。今蒙验明，实系因殴后自缢，并无别故，小的具结领埋就是。

巴县知县认为案情已经明晰，于是将惠氏自缢身死一案的案情认定如下：

> 惠氏自幼嫁与伍太和为配，已生子女，素相和谐。于乾隆二十七年七月二十一日，太和赶场归家，见惠氏尚未炊爨，被太和斥责。讵惠氏反将器具掷破叫骂，太和随拾柴棍向殴，惠氏项颈下两伤，经邻赖玉华劝散，不料惠氏被夫殴责，气忿莫释，于二十三日早晨，赴空房自缢，太和瞥见，当即解救不活，投经妻舅惠先具报到县。验讯实因懒于炊爨被夫殴责不甘自缢身死。[1]

接下来，巴县知县将案情的事实（自然事实）转化为法律事实，认为伍太和的行为符合"妻与夫口角，以致妻自缢无伤痕者，无庸议。若殴有重伤缢死者，其夫杖八十"例的相关规定，依例判伍太和杖八十，折责三十板[2]。

该判罚其实有很大商榷余地。"重伤"是成立"夫殴伤致妻自缢"罪名的核心要件。死者尸身上有四处柴棍殴打过的伤痕，能否据此认定为"重伤"，颇有疑义。何谓"重伤"，《大清律例》并无明晰的规定，与此相关的内容集中于"夫殴死有罪妻妾"律下的两条例文中[3]：

> 1. 妻与夫口角，以致妻自缢无伤痕者，无庸议。若殴有重伤缢死者，其夫杖八十（此条系雍正三年定例）。
> 2. 凡妻妾无罪被殴，致折伤以上者，虽有自尽实迹，仍依夫殴妻妾致折伤本律科断。

清代律学家薛允升在论及第一项条例时认为，例文中判定"重伤"的依据并不明晰。"究竟何项方为重伤之处，例未指明，设如与妻因事口角，

① 四川省档案馆编《清代巴县档案整理初编·司法卷·乾隆朝》（二），西南交通大学出版社，2015，第 12 页。
② 四川省档案馆编《清代巴县档案整理初编·司法卷·乾隆朝》（二），西南交通大学出版社，2015，第 14 页。
③ （清）薛允升著《读例存疑（重刊本）》（四），黄静嘉编校，台湾成文出版社，1970，第 864 页。

用刀将其砍伤，或用他物及手足殴伤，致妻自缢身死，依上条定拟，则俱应杖八十。"① 如此，用刀砍伤或用手足他物殴伤，似都应属于"重伤"的范畴。

第二项例文中"折伤以上"无疑应属于"重伤"，但该条例文却规定，夫殴妻至折伤以上致其自杀，依据殴伤本律科罪。"如殴至残废、笃疾，则应分别问拟徒罪。"同是"重伤"，一拟徒罪一拟杖罪，"彼此相较，殊不画一"。

惠氏被其夫用柴棍殴打因而自缢身死。实际上，按照尸伤很难将案件定性为"殴有重伤而自缢"。此案没有严格按照律例规定将殴打妻子致妻自缢的丈夫做无罪处理，而是处以杖八十的刑罚，或许是为了平息死者家族的愤怒。夫妻本应和睦恭敬，妻子做饭延迟或者顶嘴的行为也算不上重大过错，却因为被丈夫殴打而自杀。法律对丈夫施加一定刑责，可在一定程度上避免更大规模的冲突。对巴县档案中有关家族和家庭案例的相关研究证实了这一观点。"个人之间的冲突常常家族化、扩大化和复杂化。比如，夫妻间发生矛盾后，特别是妻子自缢身死或被迫改嫁的情况发生时，很容易演化为夫方家族和妻方家族间旷日持久的冲突甚至大规模的械斗。"② 在协调国法与人情的基础上，一起本不涉及责任追究的自杀事件转化为追究自杀行为中他者责任的自杀案件，这一现象值得深入研究。

重庆府在批回中对案情及其量刑均未有置议，按照清代案件的审转程序，案件会被逐级上报，直至皇帝的最终判定③。

综观此案，大致可以将致人自尽案件的司法程序概括为：自杀死亡—勘验（确认死亡结果）—讯问（还原案情事实）—拟判—上报等几个环节。后文关于致人自尽案件因果关系的建立及案件的司法论证等均以此为思路展开。

案件裁断都是从结果开始，再去"建构"（事实已经发生，故无法"还原"）命案之前发生的事件，从中选择（或确定）需要为此命案担负刑责

---

① （清）薛允升著《读例存疑（重刊本）》（四），黄静嘉编校，台湾成文出版社，1970，第864页。
② 四川省档案馆编《清代巴县档案整理初编·司法卷·乾隆朝（二）》，西南交通大学出版社，2015，第1页。
③ 具体程序详见后文。

的行为，并对行为人进行惩处。如此，只要出现了自尽人命，首要就是对死亡结果予以确认，该步骤涉及案件的定性，从而为此后开展的一系列司法活动提供了最初的也是最直接的依据。

## 一　死亡结果的认定

出现人命事件之后，司法官员需要通过一定的方法和程序揭示某人死亡的具体情形，有学者称为死亡的物理性原因[①]。确认某人具体死亡原因一般需要经过命案呈送到官及官府现场勘验两个步骤来完成。

### （一）命案呈送到官

发生人命案件后，由尸亲、苦主或者案发地的地保、牌头、甲长、邻佑等人负责呈报。呈报人须按照要求逐项据实报明，如有漏报、误报、瞒报等行为，一般需要承担刑事责任。黄六鸿在《福惠全书》中就曾论及命案呈报的具体过程：

> 本境遇有人命，该庄地查明立时具呈报州县，注明某人于某日或系被某人谋杀、杀死、打死，或现伤未死，或系与某人角口争闹自己缢死、投河、刎死，身尸现在何处，务要逐项据实报明，不得含糊混饰。如有以轻作重、以真乱假、或隐匿不报，迟至三日方报者，定将该庄地以受贿作弊重究枷责。[②]

地方出现人命案件后，相关人员需要及时呈报官府，不可延误，以免贻误官府侦办。在呈报时应说明人物、时间、尸体地点，死亡的大致情形。此外，还要呈报人命案件的性质，是属于谋杀、故杀还是自杀等，这样便于地方官在报验时即对人命案件的性质作出大致裁判。相关人员不能随意处置尸体，而是要申报官府进行检验：

---

① 〔英〕杰弗里·D. 麦科马克：《帝制中国时代关于命案因果关系立法中的两个问题》，张世明、步德茂等主编《世界学者论中国传统法律文化（1644—1911）》，法律出版社，2009，第116页。
② （清）黄六鸿著《福惠全书》卷14，周保明点校，广陵书社，2018，第247页。

> 若地界内有死人，里长、地邻不申报官司检验，而辄移他处及埋藏者，杖八十。以致失尸者，（首）杖一百。残毁及弃尸水中者，（首）杖六十、徒一年。（残弃之人，仍坐流罪）弃而不失、及髡发、若伤者，各减一等（杖一百。若邻里自行残毁，仍坐流罪）。因而盗取衣服者，计赃准窃盗论，免刺。①

如果没有及时上报，相关人员（里长、地邻等）都要受到惩罚。《刑案汇览》中记载的下则案例，可从侧面说明。嘉庆八年（1803）江苏发生一起案件：

> 晏证因黎薛氏之媳谢氏被姑詈骂自缢，未经报官。晏证起意向黎薛氏房主卜居氏勒诈不遂，逼令黎薛氏报官相验，希图卜居氏拖累泄忿。黎薛氏央邻人陈三桂许钱二千四百文，晏证勒要现钱，逼令向卜居氏借给，致黎薛氏投河殒命。②

此案中，谢氏被婆婆黎薛氏詈骂自缢身死。婆婆没有报官相验。该案行为人晏证逼令黎薛氏报官，目的是拖累黎薛氏的房主卜居氏，从而达到勒索讹诈的目的。最终，黎薛氏投河殒命。因一起自杀人命未报官相验，而成为别人讹诈勒索的诱因，结果导致另一起自杀案件。这可从侧面说明官府对于人命案件的重视，只要出现人命，就必须报官相验。

### （二）官府现场勘验

出现人命后，对尸体进行勘验是确定死因及案件性质的重要步骤。"实际上州县官真正去现场勘验的只有命案，包括谋杀、故杀、斗殴杀，误杀、戏杀、过失杀及擅杀、格杀、自杀等。"③ 如果是他杀，则需要按照法定程序提讯尸亲、凶犯等预先确定致命之处，然后根据《洗冤录》详验尸体伤痕，互相印证。《大清律例·刑律·断狱》"检验尸伤不以实"条例规定：

---

① （清）朱轼、常鼐等纂修《大清律集解》卷 18，雍正内府刻本。
② （清）祝庆祺等编《刑案汇览三编》（一），北京古籍出版社，2004，第 660 页。
③ 郑秦：《清代法律制度研究》，中国政法大学出版社，2000，第 117 页。

果系斗杀、故杀、谋杀等项，当检验者，在京委刑部司官及五城兵马司、京县知县，在外委州县正印官，务须于未检验之先，即详鞫尸亲、证佐、凶犯人等，令其实招以何物伤何致命之处，立为一案。随即亲诣尸所，督令仵作如法检报。定执要害致命去处，细验其圆长、斜正、青赤、分寸，果否系某物所伤，公同一干人众质对明白，各情输服，然后成招。①

如果是自杀，除需判定其自杀方式外，还要确定其性质是属于"讯有别故"的人命案件，还是"讯无别故"的人命事件。《大清律例·刑律·断狱》"检验尸伤不以实"条例规定：

凡人命呈报到官，该地方印官立即前往相验。止许随带仵作一名、刑书一名、皂隶二名，一切夫马饭食，俱自行备用。并严禁书役人等，不许需索分文。其果系轻生自尽，殴非重伤者，即于尸场审明定案，将原被邻证人等释放。如该地方印官不行自备夫马，取之地方者，照因公科敛律议处。书役需索者，照例计赃分别治罪。如故意迟延拖累者，照易结不结例处分。若系自尽，并无他故，尸亲捏词控告，按诬告律科断。如刁悍之徒，藉命打抢者，照白昼抢夺例拟罪，仍追抢毁物件给还原主。其勒索和私者，照私和律科断，勒索财物入官。至该上司于州县所报自尽命案，果属明确无疑者，不得苛驳，准予立案。若情事未明，仍即秉公指驳，俟其详复核夺。②

清代律学家薛允升认为，本条例文制定的目的是"恐其扰累地方"③。首先，例文明确要求发生人命案件时，死亡发生地的州县正印官负责检验，本着及时检验与"减从原则"，只随带仵作、刑书、皂隶等人，此系"验尸

---

① （清）薛允升著《读例存疑（重刊本）》（五），黄静嘉编校，台湾成文出版社，1970，第1268页。

② （清）薛允升著《读例存疑（重刊本）》（五），黄静嘉编校，台湾成文出版社，1970，第1269页。

③ 此条系雍正三年定例。参见（清）薛允升著《读例存疑（重刊本）》（五），黄静嘉编校，台湾成文出版社，1970，第1269页。

之通例"。仵作负责验尸喝报，刑书按照喝报填写"尸格"，皂隶等人员或是提前到现场做好检验准备工作，或是在地方官出行时开道，或是协助维护尸检现场秩序等①。其次，本条重点规定了自尽命案的处理程序，如果确系轻生自尽、殴非重伤之类，应于验尸场所审明定案，并将原告、被告、证人等释放②。再次，例文规定了勘验现场秩序的维持以及对与自尽命案相关的尸亲捏词控告、刁悍之徒藉命打抢、勒索私和等违法行为的打击措施。最后，例文也述及自尽命案的上报程序，遇有自尽命案，地方官应予以上报，确系轻生自尽，上级应准予立案，若有可疑之情，仍要指驳，令州县详复。

基层官府的勘验结果对于案件事实的认定及案件法律定性至关重要。有学者认为，古代刑事司法中物证鉴识、供证关系、尸体检验等理论至宋代就已趋于成熟。正如《折狱龟鉴》所述："旁求证佐，或有伪也；直取证验，斯为实也。"③南宋宋慈借鉴前人成果，总结自己提点刑狱的经验，写出了中国第一部法医学专著《洗冤录》。该书在清代成为官方勘验的依据，《清史稿》载："凡检验以宋慈所撰之《洗冤录》为准，刑部题定验尸图格，颁行各省。"④地方勘验尸身必须根据《洗冤录》添入尸格。

清代吕芝田在所纂《律法须知》中提出，勘验自尽人命时务须详查，以对他杀与自杀的案件进行正确的法律定性：

> 验自尽之案，若身负重伤及验而无伤而情形可疑者，如缢死应勘其所吊处，梁尘有无滚乱，及垫脚之处有无泥土脚迹，脚底鞋底土色是否一样，若梁尘无滚乱情形，高吊又无接脚之物，或泥雨时及湿地垫脚之上无脚印，鞋底土色个别，则防系别人吊起，假做自缢，盖勒

---

① 吕虹：《清代司法检验制度研究》，中国政法大学出版社，2015，第二章"清代司法检验规则体系之构建"（第84~156页）对清代司法检验人员的具体职责及司法检验的启动程序等有详细论述，加深了笔者对命案检验程序的认识。

② 薛允升认为，"殴非重伤之案，例应将行殴之人拟徒，不应将其遽行释放"，原因是"而时（雍正三年：笔者注）并无拟徒之例也"。参见（清）薛允升著《读例存疑（重刊本）》（五），黄静嘉编校，台湾成文出版社，1970，第1269页。

③ 闫召华：《口供何以中心——"罪从供定"传统及其文化解读》，《法制与社会发展》2011年第5期，第101页。

④ （清）赵尔巽等编纂《清史稿》卷144，刑法三，中华书局，1977，第4213页。

死后吊起，有伤痕情形可验可辨。更有将其先醉以酒，昏沉抬来吊起者即与自尽无异，全在相验时体察细鞫，自无不得实情。

　　自尽命案每有先被殴而后自尽者，亦有既服毒而又溺水或投缳者，又有自戕不死而复自缢或投水者，甚至有勒毙假作自缢者，此等案件若不斟酌妥办，必干驳诘，全在临时变化不留疑窦耳。①

现场勘验作为关键环节，为其后的司法程序提供了最原始、最直接的证据。需要说明的是，并非所有自杀人命案件都必须经过相验环节，《大清律例·刑律·断狱》"检验尸伤不以实"条例规定了某些自杀人命案件可以免验：

　　诸人自缢、溺水身死，别无他故，亲属情愿安葬，官司详审明白，准告免检。若事主被强盗杀死，苦主自告免检者，官与相视伤损，将尸给亲埋葬。其狱囚患病，责保看治而死者，情无可疑，亦许亲属告免覆检。若据杀伤而死者，亲属虽告不听免检。②

如果属于自杀（别无他故）、被强盗杀死、狱囚患病而死等，需亲属自告方可免验。关于自杀者亲属准告免验的情形，律条只提及自缢、溺水两种情况，至于其他"别无他故"的自杀，是否必须相验，律条规定并不明晰。

在清人所著的《办案要略》中述及自杀人命案件可以免验的多种情形，可视为具体办案中对上述规定的补充：

　　点出委系因何身死一语最宜详慎，不可率混，致有出入。服毒自尽，取验盛药器皿有无余剩毒药，叙入详内。妇人轻生、自缢、自戕、投水、病毙，下身无伤者，取具尸亲免验甘结。若告称谋、故、殴死、服毒、跌伤及处女因奸致死者，又当验明下身以免日后诬指翻控。若

---

① （清）吕芝田撰《律法须知二卷》（上）论命案，清光绪九年贵州臬署刻本。
② （清）薛允升著《读例存疑（重刊本）》（五），黄静嘉编校，台湾成文出版社，1970，第1268页。

男子，下身不论有伤无伤从无免验也。①

验尸过程中，男女存在差异。男子下身无论是否有伤均须相验。妇女则需视不同情况而定。如果妇女采取自缢、自戕、投水等自杀方式，排除下身无伤，确系轻生外，尸亲可具结免验甘结。但服毒身死是一例外，不仅应在盛药器皿中验取剩余毒药，还需验明下身，原因或是自缢、自戕、投水，可于尸体表面进行判断，而服毒不仅需依据尸体表面迹象，还需用专门验毒工具进行检验，目的是防止日后诬控。

某些自尽轻生妇女的尸体可免于相验，主要是因为"讯无别故"，与他人无涉，不需要责任追究。加之，亲属出具免验甘结，已无日后翻控的可能，案件在程序上即可告结。试举一例。

光绪九年（1883）发生一起自杀事件。赵明清之妻马氏与同院邻亲戚杨明福之妻冶氏因细故产生口角。马氏被丈夫赵明清责打两下，一时气忿轻生，自揣小刀至杨明福家自抹咽喉身死②。档案中收录了马氏舅舅马金元、母亲马马氏、丈夫赵明清、哥哥马祥英出具的甘结，恳请免验，并承诺赵马氏族人不得借端诬控。既然尸亲都恳请免验，出具甘结，不再继续追究责任，官府自然也就可以据此结案。

此外，无须对某些妇女尸体相验的另一重要原因与尊重妇女隐私和名节有关。正如乾隆元年（1736）刑部贵州司主事陆钟辉在向刑部呈送的报告中提出：

凡人命案件，定狱全凭相验，而男女有别，立法不厌详明。查在京刑部验伤，凡系妇女皆用稳婆照依仵作如法相验，所以别男女廉耻，法甚善也。至如外省州县，人命相验，不论男女，总凭仵作当场喝报，从无令稳婆相验者。窃思妇女当以廉耻为重，不因生死而异视，若以匹妇戕生而令男子检视，似未妥协。且妇女命案处于斗殴者少，出于自尽者多，其在无知轻生者尚当悯其廉耻，而况因奸不从守节自尽之

① （清）王又槐：《办案要略》卷1，光绪十八年浙江书局刊本。
② 中国边疆史地研究中心、新疆维吾尔自治区档案局合编《清代新疆档案选辑·刑科》（第54），广西师范大学出版社，2012，第234~235页。

妇，生前矢志完贞，身后男子检验，似非所以慰幽节之魄，即揆之守正不污之志亦大拂其初心矣。①

陆钟辉基于维护妇女廉耻初心，提出在全国范围内采用稳婆检验妇女尸体的方法，以达到"刑法之中寓维持礼教之意"的目的。

尸体相验是人命案件审判、定罪的关键环节之一。相验的结果如果是他杀，则需要以通详的形式向省内直属上司报告其处理结果。如果相验的结果是自杀，则需要讯问相关人员，以判定是确系轻生（无关责任追究）的自杀事件，还是别有他故（涉及责任追究）的致人自杀案件。如果是自杀事件，因与人无涉，不存在责任追究，就会按照程序向上级部门会题结案。如果是"别有他故"，则其性质属于人命重案，其处理程序应与他杀类似。图1为大致过程。

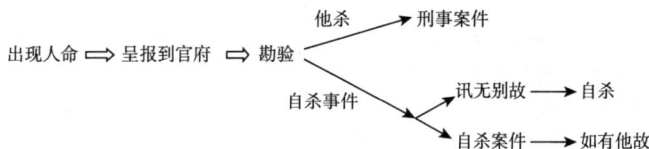

**图1　官府对人命案件的勘验过程**

## 二　上报程序

以是否追究自杀行为中的他者责任为别，自杀人命分为自杀事件与致人自尽案件，两者在司法程序上存在差异。

### （一）自尽事件的司法程序

"讯无别故"是司法官员对自尽事件判定的重要标准，即事件不符合《大清律例》犯罪构成要件，无法形成罪名，故不予追责。需要说明的是，

---

① 中国第一历史档案馆：宫中朱批奏折"奏为进呈陆钟辉履历清单并请饬刑部凡遇检验妇女照内部用稳婆之例事"，档案号：04-01—30-0082-063，转引自吕虹《清代司法检验制度研究》，中国政法大学出版社，2015，第134页。

"讯无别故"一方面确实包括自杀者的"主动自杀",如因病、因贫穷、因被情所困等,此类情形中没有他者的参与,自杀就作为一般死亡(同生老病死一样)被认为是正常的生命终结;另一方面,虽然有他者的因素,且他者的因素是导致自杀的直接原因,但依然不予追责(见表1)。以下对后者进行讨论。

表 1 《大清律例》中致他人自尽不予追责的法律规定

| 律例 | 内容 | 双方关系 | 被害者 | 责任者 | 诱因 | 刑罚 |
|---|---|---|---|---|---|---|
| 夫殴死有罪妻妾 | 夫殴骂妻妾,因而自尽身死 | 夫妻 | 妻妾 | 夫 | 殴骂 | 勿论 |
| | 殴伤有罪妻妾,致令自尽 | 夫妻 | 妻妾 | 夫 | 殴伤 | 勿论 |
| 威逼人致死 | 奉差员役执持勘合火牌,照数支取,该地方官不能措办,因而自尽 | 奉差员役与地方官 | 地方官 | 奉差员役 | 照数支取 | 勿论 |
| 决罚不如法 | (官司决法人,监临责打人。)于人臀腿受刑去处,依法决打,邂逅致死,及(决打之后)自尽 | 官与犯人 | 犯人 | 官 | 决打 | 勿论 |
| 罪人拒捕 | 因(不分因罪应死,不应死)(因追逐)窘迫而自杀 | 捕者与囚 | 囚犯 | 捕人 | 缉捕 | 勿论 |

表1所列的"决罚不如法"和"罪人拒捕"均与司法执行过程有关。依法对犯人进行责打或追捕,在此过程中如果犯人自杀,法律不追究官吏责任,其目的是确保司法秩序的运行。假设依法决打和追捕囚犯引起的自杀都要追责,正常司法活动将很难开展。

此外,律例虽然没有明确规定,但按照法理逻辑,父祖致子孙自杀也应不予论罪。此外,丈夫殴骂妻妾以及殴伤有罪妻妾引起的自杀,法律明确规定为"勿论",不予追责。事实上,丈夫的殴骂行为作为妻妾自杀的直接原因,当无疑义,但为维护尊长权利,法律上根本不成立丈夫殴骂妻妾致其自杀的罪名。反过来,妻妾即使因为小事与丈夫口角致其轻生自杀,法律却要比照"子孙违犯教令,致父母轻生自尽例"将妇女拟以绞监候的重刑,遑论妻妾悍泼逼迫其夫自杀。以《福建省例》中的记载作一说明:

### 夫殴妻妾轻伤，因而自尽，照律勿论①

乾隆二十三年正月二十四日，奉总督部堂兼署巡抚印务杨批：据长汀县通详，江观发之妻罗氏被观发殴伤自缢身死一案验讯议拟缘由。奉批：闽省妇女性不柔顺，轻生之案几于报无虚日。查律载夫殴骂妻妾因而自尽者，勿论。又例载夫与妻角口，以致妻自尽无伤痕者，毋庸议；殴有重伤者，其夫杖八十等语。律着倡随之义，例名伉俪之情，并行不悖，并无轻伤之文。今江观发因妻罗氏不肯为之烧水，以致拳殴左臂，伤甚轻微。罗氏有不可解之忿，而辄轻生自尽，孽由自作，于人何尤？该县将江观发拟以笞责，是添出律例未有之条，为妇女轻生者劝也。仰按察司核明转饬，将江观发照律勿论，领埋立案。仍通饬各属，嗣后均照律例办理，毋得意为重轻，致烦驳改未便。并候督部堂衙门批示，并饬备具图结补送备案。

上文记载了乾隆二十三年（1758）一起丈夫殴伤妻子致其自杀的事件。督抚认为，夫妇本应夫唱妇随，妇女因不肯为丈夫烧水才导致被丈夫殴责，且为轻伤。妻子选择自杀的行为本身是错误的，属于"孽由自作"，与丈夫无干连。县级官员对丈夫拟以笞刑的做法，非但不符合法律规定，还会助长妇女轻生之风。故督抚将此案驳回，令改为"勿论"。

行为人是否有"罪"，以是否符合清代法律的罪名构成要件为判定标准。传统法律关于"罪"的认定标准起点较低。"不应得为"可以看作是"底线条款"，"凡不应得为而为之者，笞四十；事理重者，杖八十。"②"情理"成为衡量"罪与非罪"的标准。这使得法律对于"犯罪"的认定和处罚范围相当宽泛。如果行为不属于法律中"罪"的范畴，则不予追责。自杀行为中不追究他者责任的都可以称为"自杀事件"。此类自杀事件在司法程序上只需专案通详上级存案即可。

《大清律例·刑律·断狱》"检验尸伤不以实"条例内规定，遇有自尽人命案件，州县相验后应以"通详"上报。乾隆二十二年（1757）议准：

---

① 台湾银行经济研究室编《福建省例·刑法例》（下）：禁服毒草毙命图赖，台湾银行经济研究室，1964，第843页。

② 《大清律例》，郑秦、田涛点校，法律出版社，1999，第540页。

> 自尽病毙案件，验讯果无别伤别故者，仍照旧例，录供填册，专
> 案通详院司复核存案。若案情可疑，办理疏漏者，指驳究审。①

出现自尽人命案件时，州县除了对现场及尸身勘验，还要对相关人员进行讯问，还原事实真相，并对案件性质作出裁定。如系轻生自尽，"与人无尤"，不涉及责任追究，地方官应录供并填写尸册，以"通详"形式逐级上报，省级存案。

根据相关资料，自尽人命案件的上报程序几经变动，大致经过了从逐件通详到按季汇报再到逐件通详的过程。

> 乾隆二十二年奏准：查酌归简易条内，凡有自尽病毙案件，各州
> 县免其逐件通详，止令按季汇报。又刑部议准，嗣后随时详报，该管
> 府州、直隶州详报该管道员，按季造报院司。如道府直隶州迁就扶同，
> 一并参处。②

按照律例程序，自尽人命案件应逐件通详③。后为求简易，各州县官免于逐件通详，只按季度汇报上司。后经刑部议准，程序更改为州县逐件通详，府、道查核，道一级官员按季汇总上报省级。但此种按季上报程序，出现了诸多问题：

> 惟是民情诈伪，多以健讼为能，凡有户婚田土等事，经州县审明
> 定案毫无疑义者犹复赴上司衙门告官告吏。有自尽病毙人命，更视为
> 奇货可居，悬梁自尽者，则称殴死之后假装自缢；投河自溺者，则称

---

① 《光绪朝钦定大清会典事例》卷851：刑律断狱（检验尸伤不以实）。
② 《光绪朝钦定大清会典事例》卷851：刑律断狱（检验尸伤不以实）。
③ 关于通详，指地方向上级呈送的公文形式。学者那思陆认为，命盗重案，州县官于查看检验后将案情报告各级上司衙门（督抚藩臬道府），谓之通禀或通详。其中命盗案件，州县官于查验或检验后，须将初步案情报告各级上司衙门（督抚藩臬道府），谓之通禀。又州县官于通禀之后将详细案情报告各上级衙门，谓之通详。参见那思陆《清代州县衙门审判制度》，中国政法大学出版社，2006，第81~82、109页。通详的详细内容应包括现场验讯、覆讯、结状以及对案件的拟判等。关于通详文书的制作，参见王川、严丹《清代档案史料的"虚构"问题研究——以〈巴县档案〉命案为中心》，《史学集刊》2021年第6期。

斗殴推入河中毙命；实系病毙者，则称遍体鳞伤身死，地方官捏报病故。更有出嫁之女，因翁姑管教，愚妇无知，轻生自尽，其父母已查明确实，情愿殓理者，而伯叔兄弟捏称父母受贿私和，种种奸伪，难以枚举。此等刁徒，往往赴院司控告，全凭州县验讯详审与呈词查对，酌核情节，讯明如系假捏，立时责处，递籍收管，庶可惩诬告而遏刁风。今若仅报道府直隶州查核，按季汇报院司，则未经报到之时，刁徒乘机赴控，无案可稽，虚实难以遽定。批准审虚，虽治以诬告之罪，而良善之拖累，已属难堪，况州县各官之才识不同，勤惰亦异，若仅详道府直隶州，仍按季汇报院司，恐易滋讳匿，转启不肖书役乘机舞弊之端，即道府直隶州，亦难保其必无疏漏。①

"刁徒"已经赴省控案，但案件还未汇呈至省，导致省级官员无法对案件进行稽查，虚实难定，难免出现拖累良善的情况。乾隆皇帝认为，州县官能力有差异，勤惰不同，如果仅由道、府一级查核，恐有疏漏，也容易滋生州县讳匿或书役舞弊的弊端。为避免"刁徒"逞凶控告，自尽命案的上报程序更改为："各州县仍即相验讯供，专案通详，该上司就案核结，随时参酌。"如此，上报程序又回归原来的州县逐件通详，上司逐案核结。

**（二）致人自尽案件的司法程序**

自尽人命如果"非系轻生"，而是"另有隐情"，因他人的行为导致被害人自杀，且符合清律的犯罪构成要件，则自杀就会被认定为人命案件。司法程序上，此类自杀案件与他杀案件都属"人命重案"，其上报程序并无不同。

清代全国的司法案件依据罪名大小和刑罚轻重，分为"州县自理细事"和"上司审转重案"两大类。前者主要包括户、婚、田、土等"细事"，刑度在笞、杖以下的轻罪，此类案件由州县完结，称为"自理"案件；后者包括人命、强盗、斗殴以及当事人涉及尊卑长幼"人伦"关系的人身伤害或言语辱骂等案件，其刑度在徒刑及徒刑以上，称为"重案"。此类案件在

---

① 《嘉庆朝钦定大清会典事例》卷 654：刑律断狱（检验尸伤不以实）。

州县第一审级审理后，解府、道、臬司审转，督抚审决徒刑，流刑由刑部审批，死刑案件向皇帝具题。当事人上诉与否并不影响逐级复审程序的进行。学者将此称为"逐级审转制"①。

"细事"与"重案"两者的界限并非泾渭分明。以致人自尽案件为例，其处刑虽有可能是笞杖等类的轻刑。例如，因事威逼人致死的处刑为杖一百②。以刑度来衡量，似应属于"细事"，但因为出现了被害人死亡这一严重后果，故其性质为"人命重案"。只要被定性为人命案件，"即使其中有的人犯罪止杖、徒，督抚也无权直接处理，也应全案一起具题"③。《清史稿》载："但有关人命及流以上，专咨由部汇题。"④《钦定吏部处分则例》中对此也有论述：

> 人命案内有诬告反坐者，有教唆假命者，有致死卑幼者，有威逼自尽者，此等命案原无抵偿之犯，如果情节明显，罪应军流者，各该督抚审明发落，仍将各案于年底汇题，原招送部察核，如有情节不符，分晰题驳令再行确审，察出弊端照失出入例议处。⑤

如此，致人自尽命案的司法程序大致为：州县初审，层层上报至督抚，由督抚上呈至刑部，刑部根据其刑等或专折具奏或专折具题或按年（季）汇题后由皇帝最终裁决。

### 三 案件事实推理及其特点

查明事实真相是案件审判的前提。传统司法主要通过勘验现场、验尸等判断死亡的具体情形。此外，更重要的是通过"讯问"，获取相关人员的口供，通过原始证据的互证（通常情况下，原始证据不仅包括上述所述尸检报告、讯问记录，也包括一些实物，如自缢时使用的绳子、自抹身死的刀具等）以及"情理"等因素来建构案件事实。

---

① 郑秦：《清代法律制度研究》，中国政法大学出版社，2000，第94页。
② （清）吴坤修等编纂《大清律例根原》（三），上海辞书出版社，2012，第1291页。
③ 郑秦：《清代法律制度研究》，中国政法大学出版社，2000，第94页。
④ 赵尔巽等编纂《清史稿》卷144，中华书局，1977，第4207页。
⑤ （清）阿桂等纂《钦定吏部则例（处分则例）》卷40，乾隆刻本。

对于司法程序中口供的获取，有学者认为经过了"由重多方供词到重被告人单方'辞服'"的过程①。但笔者在阅读地方和中央刑部相关案例时发现，司法官员的确重视口供，但绝非当事人一人的口供，而是案件相关人员的"集体口供"。前述巴县呈报给重庆府的"通详"中，除记录报案、验尸的详细情形外，也分别详细记载了此案中的报案人（已死惠氏的弟弟）、左邻赖玉华、右邻冯星、房主伍星耀、死者丈夫（案件的行为人）伍太和等五人的讯问口供。此"集体口供"的内容记录可谓"不厌其烦"②。从案件中很难发现学者提出的独重被告人单方面口供的结论。

地方在查明案件事实后会以通详的形式逐级向上级部门报送。刑部官员核覆地方案件时，主要凭借解部招册（地方督抚的"题"或"咨"）核议，无须亲提人犯，也不调取案件的人证、实物等原始证据。由于尸体检验结果、犯人及相关证佐的口供等也会被载入招册，故刑部除了主要负责"法律审"之外也会进行"事实审"。

刑部作为全国"刑名总汇"，刑名老吏在长期办案过程中积累了相当丰富的经验，形成了较高的"职业素养"。基于此，刑部有时也会就案件的具体情节提出异议，进行指驳。主要有两种情形：一是地方题咨的案情事实认定不清，或对某些事实情节的描述出于"情理之外"；二是法律适用过程中，刑部对地方审定的案情及其法律定性存在疑问，认为案情与适用法律之间没有达到"情罪允协"。衡量"情罪"是否相当，最主要的标准就是罪犯所受刑罚与其罪行之间"罪责相当"。如果地方承审官员的裁判结果与刑部认定的刑罚之间存在差距，刑部官员就会以"案情支离""案情未确"为由，驳令地方对案情重新审理。

地方法司为避免被刑部驳回，就可以在解部招册之内"做文章"。但各省州县办案，凡系犯人原供，其中有情节可驳者必经刑名幕友删改妥协，

---

① 闫召华：《口供何以中心——"罪从供定"传统及其文化解读》，《法制与社会发展》2011年第 5 期，第 98 页。

② 笔者认为其"不厌其烦"的原因是，五份口供虽然都是从自身了解的情况出发，但其供述内容基本相似，如都承认惠氏为自缢身死。

始行录册送部。案件经过"剪裁"①，使案情与所适用的律例之间呈现"形式上"的一致与圆满，如此则刑部无从核驳。故而出现了以下局面：

> 刑部核覆各省案件每年不下数千起，而情节相似者比比皆是，不特参观一省之案，前与后如出一辙，即合校各省之案，彼与此亦多雷同，其所叙供内只寥寥数语，驳之无隙，系皆移情就案，悉属故套。②

经过"移情就案"，一省之间甚至各省之间相同案件所述情节高度雷同甚至格式化。推原其故，"总由州县谙习刑名者少，又自顾考成，任令幕友删减供招"③。幕友上报案情，通过删减所供，使案件的情节、证据与所适用的律例相"适应"，案件获得事实逻辑与规范逻辑上的自洽，从而得以"圆满"解决。

虽然清代对州县办理命盗案件有其定例，规定"犯人初次供招应全行载入招册，不许擅自增减"，即如臬司"亦不得借简招之名故为删改"，违者依照故行出入例议处。但令人称异的现象却是："各省案件扣限，藉称犯供翻异者不一而足，而臬司报部之供未见与州县原供移易一字"④，原供和翻供之间却不存在任何差异，地方法司对案情之"剪裁"精细由此可见一斑。

在这种情况下，经过层层审转至刑部的案件，案件情节方面可供刑部

---

① 关于案件的"剪裁"与所谓司法档案的"虚构"问题密切相关。学者徐忠明通过一起"绝无仅有"同时记录在刑科题本和初审官员的日记记载，将司法档案为何"虚构"、如何"虚构"的问题研究推向深入。认为影响案件审理和文书写作的因素很大程度在于审转程序的引导和制约。参见徐忠明《台前与幕后：一起清代命案的真相》，《法学家》2013年第1期。有研究者通过对两起《巴县档案》命案的探讨提出，所谓司法档案的虚构问题，并非"是"或"否"那么简单。不同层级的司法档案的真实与"虚构"程度存在差异。地方档案的命案记录基本上是可靠的，可以从案件的状词、叙供及结states中获知案件的"发生事实"。中央的刑科题本"虚构"与否，因为很难与地方档案实现互证，故其真实程度很难确定。参见王川、严丹《清代档案史料的"虚构"问题研究——以〈巴县档案〉命案为中心》，《史学集刊》2021年第6期。

② 光绪九年山东道监察御史何桂芳奏各省酷吏滥用非刑逼取供招草菅人命请饬严行查禁折。参见（清）赵尔巽等撰《刑案新编》（殿），清光绪二十八年兰州官书局活字本。

③ 光绪九年山东道监察御史何桂芳奏各省酷吏滥用非刑逼取供招草菅人命请饬严行查禁折。参见（清）赵尔巽等撰《刑案新编》（殿），清光绪二十八年兰州官书局活字本。

④ （清）赵尔巽等撰《刑案新编》（殿），清光绪二十八年兰州官书局活字本。

驳诘的空间已非常有限。如果案件确是疑难，或者刑部官员依据自己的办案经验、生活常理抑或职业直觉等认为案情出于"情理之外"，才会以"案情既属支离，罪名攸关出入"为由，驳回地方重审。其中，"情理"贯穿传统司法审判之始终，司法官员既以"情理"判断案件事实是否符合"真相"，又以"情理"判断审断结果是否公平。

试举一例：

（光绪十一年，贵州司）此案蔡鹤阜因焦汝先之母焦高氏至家声言伊估占田土找向索还。蔡鹤阜以此业系咸丰六年用价银一十八两六钱向焦承福等承买，因值离乱将契遗失，当时亦未存案，现在卖主、中证均已物故，焦高氏见无质证，估向索讨。蔡鹤阜不允争闹，劝散。次日，焦高氏复至蔡鹤阜家估索谩骂，其妻蔡常氏回詈，焦高氏扑向蔡常氏拼命。蔡鹤阜喝令蔡常氏殴打。蔡常氏用鞋底殴伤其左颔，焦高氏用头乱碰，蔡常氏拉其出门，致抓伤其左太阳（穴），并因其撒泼不去，复用鞋底殴伤其右胳膊。蔡鹤阜见其可恶，拢前用拳殴伤其右臂膊，又以如此撒泼骗赖定行送官究治之言向其吓逼，经焦高氏之侄焦双喜踵至，将其劝回。讵焦高氏气忿，是夜至蔡鹤阜门外服毒自尽，报县验明。因尸子焦汝先先称殴毙，任意狡执，与蔡鹤阜一并管押。焦汝先在管又向蔡鹤阜寻衅，蔡鹤阜答以见官定供逼母寻死，焦汝先畏惧，乘间潜用小刀自戕殒命。该抚将蔡鹤阜依因事威逼致死一家二命例，拟徒。①

刑部认为案情存在如下"疑窦"。

首先，焦高氏以蔡鹤阜估占其家田土找索。蔡鹤阜称系早年向别人承买，物证上既没有契约，中人物故，也无人证。刑部认为，焦高氏的索讨具备充分的理由。蔡鹤阜却令妻子将焦高氏抓伤，并以送官究治向其吓逼，行为性质恶劣。

其次，该县将死者之子与犯人同行管押两月之久，法司述称是因焦汝先"狡执"。但刑部对此予以否定，因尸身有伤，死者儿子供称伊母是被

① （清）赵尔巽等撰《刑案新编》（南），清光绪二十八年兰州官书局活字本。

"殴毙"，属"人子痛母恒情"，不能据此将其行为定性为"狡执"。如此，该县将被害人亲属与犯人同时关押就失去了正当理由。因"焦高氏一闻该犯送官究治之言，焦汝先一闻该犯见官定供逼母寻死之语"后都采取了自杀行为，刑部据推理出了一个新的事实："该县官收受蔡鹤阜的贿赂，与其串通"。

再次，刑部认为焦汝先的尸检结果有问题。焦汝先尸格内记载有八处伤痕，"肚腹近右接连六伤，斜长三分、四分、七分不等，宽深亦有及分不及分，均系划伤；小腹近右二伤、内一伤，伤深透膜。如重伤在先，则一伤已足以致命，必不再划，即再划亦何至七处之多。如果重伤在后，刀划已至七处，必负痛缩手，又何能再自戳透膜重伤。"自杀者焦汝先尸身上的伤痕多至八处，不能排除其被故意杀害的可能。

最后，刑部要求地方再审"务得确情"，并将办理该案的知县严行参究。

从此案中可以一窥刑部对自杀案件事实认定的一些特点。首先，由于被害者已经自杀，客观证据尤其是尸检等原始证据的重要性就会凸显；其次，刑部官员对于案件具体情节的认定，凭借的是多年的办案经验及"职业直觉"，有时会越过地方陈述，推理或建构一个全新的"案情"；最后，刑部将案件驳回，很大程度上是因为地方对案件的审断"情罪不符"。

因奸致人自尽类案件也可以较好地反映清代刑部官员事实推理的特点：

> 因奸自尽之案，最易致冤。盖奸情既已暧昧，而本妇又死，惟据尸属一面之词，或本妇原系不端，因奸败露，怀羞自戕；或父母翁姑本妇逼抑自尽，是尸属既惭且忿，切肤深恨，焉肯吐露真情。应自旁求推敲邻证，实系威逼或调奸、或无心出语衰狎而致本妇激烈自尽，使无冤抑，按治其罪，法所当然。全在验讯时，详察情之真伪，庶生者不致受屈，死者不至含冤，罪其所因，狱无冤滥，惟在司事者细心求之。①

因奸情涉及闺房隐私，他人难以获知详情，且被害人已经自杀，死无对证。此种情形之下，司法官员只能依据死者家属的控告和加害人的口供来还原案情。指控者因仇恨加害人，很有可能会虚构或者掩盖部分事实。

---

① （清）吕芝田著《律法须知》（上卷），光绪十三年刊本。

加害者可能也会因趋利避害的本能，为减轻自身刑罚，捏造部分事实。司法官员需多方求证，"抽丝剥茧"形成证据之间的互证，并根据常理或者经验进行推理。

例如，道光七年山东一起图奸污蔑致妇自尽案：

> 此案王廷桂充当县书，因知鞠王氏之夫鞠奉璋外出，起意图奸鞠王氏。邀允贾书升同往看人，许其酬谢。更余时偕抵鞠奉璋门首，贾书升在外看人，王廷桂推门进屋，将灯吹灭，拉手求奸。鞠王氏不依喝问，贾书升在外闻有人行，喊令王廷桂速走，先自逃回。王廷桂畏惧欲逃，被鞠王氏拉住衣服。王廷桂情急图脱，用刀扎伤鞠王氏左臂膊、左后肋挣脱逃走。鞠奉璋回归问知情由，往诉伊父鞠桂林控县验伤。王廷桂之弟王廷梅图脱兄罪，即捏以邻妇贾陈氏声言鞠王氏未出嫁时即有不端混列。贾克平作证控县，勘讯贾陈氏等供无其事。嗣鞠王氏伤已平复，因闻胞伯王者弼病故，欲回母家烧纸，鞠奉璋不允，即以鞠王氏被人捏控在母家不端，案未审明昭雪，有何面目回家之言斥阻。鞠王氏哭泣，声言早应拼命，后悔无及，鞠奉璋不理。诓鞠王氏追念莫释，潜赴贾书升家门内自刭殒命。[①]

刑部对案件事实提出质疑。

第一，王廷桂图奸鞠王氏，并不只身前往，为何反邀贾书升同行？"奸情暧昧，惟恐人知"，但王廷桂却公然邀请其他人一起前往，不符合常理。

第二，地方法司认定贾书升在该案中的作用仅是在"门外放风"，但"鞠王氏口称拼命，自刭于贾书升门内"，何以被害者要自刭于一个仅仅在外"望风"而不是直接实施强奸行为人的家中。这不合常理。刑部由此认定，贾书升并非止于门外看人，而是听从王廷桂共往强奸，属于从犯。

第三，王廷桂供称，"因欲买瓜切食，携刀前往"，刑部则认为此乃事后捏饰，王廷桂图奸而持刀的目的是"持刀吓逼强奸"，主观恶性极大。

第四，地方法司认为王廷桂弟弟王廷梅诬控"鞠王氏未出嫁时即有不端"的目的是帮助其兄脱罪。刑部推断诬控主谋应是王廷桂。理由是，王

---

① （清）祝庆祺等编《刑案汇览三编》（三），北京古籍出版社，2004，第1953页。

廷桂身犯重罪，依仗自身县书的身份，教唆播弄为自己开脱，其弟王廷梅是受其主使。

第五，刑部认为地方所拟王廷桂依"强奸妇女，执持金刃戳伤本妇，未成奸者，绞监候"例减一等拟军；王廷梅依"捏造奸款赃迹，写揭字帖，及编造歌谣挟仇污蔑，以致被诬之人忿激自尽者，照诬告致死例拟绞监候"例减一等拟军与案情不符，驳回重审。

事实真相直接决定着案件的性质及对行为人的处刑。刑部官员依靠"职业敏感"、断案经验、社会常识等对证据的可信度进行综合判断（主要是招册内尸检情况以及相关当事人的供述），探寻案件背后的隐情。刑部甚至"仅凭招册"就可以推翻地方对案件事实的认定。例如，宁海州徐十因姜谭氏偷瓜辱骂逼脱衣裤，致令自缢身死一案：

> 乾隆五十七年（1792 年）七月十六日，山东宁海州民人徐十撞获姜谭氏携带幼子姜顺偷摘南瓜，用镰柄殴打姜谭氏。因姜谭氏坐地喊骂，徐十意在侮辱，逼令脱裤。姜谭氏将所穿布衫自行脱下，又倒地撒泼，被徐十逼令脱去下衣，后令伊子姜顺恳请素好之王曹氏送穿衣裤而回。徐十将衣裤和南瓜携带回家，被伊父斥责，当将衣裤送还。王曹氏伴宿两夜，见姜谭氏气忿稍平，即行回家。七月十八日，姜谭氏投缳殒命。地方官员认为此案并非图奸情事，且死系行窃之人，迥非清白妇女，徐十逼令脱给衣裤以致自尽，殊属凶暴，依照"凶恶棍徒行凶扰害"例，将徐十发极边四千里充当苦差。①

刑部对此案件性质提出质疑。

第一，在情理层面，姜谭氏以行窃之人却敢撒泼詈骂，可见性格之强。其被徐十吓令脱裤，尚未殴打，即将裤自行脱给，又可见性格之弱。性格之忽强忽弱，揆之情理，实不可信。

第二，在证言方面，刑部认为姜谭氏幼子姜顺目击其母自行脱给衣裤的证言不可作为确证。理由是，姜顺年仅六岁，对很多事情无法正确认知，且不排除被徐十诱骗供认的可能。此外，与案件关系密切之王曹氏供词中

---

① （清）全士潮等纂辑《驳案汇编》，何勤华等点校，法律出版社，2009，第 691~694 页。

缺失重要内容。其伴宿两夜，理应向姜谭氏查问实情，供词中竟无一语提及姜谭氏死因。物证方面，刑部认为不能仅依据受害人的衣裤无损裂痕迹来排除图奸情事。徐十将衣裤携带回家，并告知伊父，不排除伊父为泯灭图奸痕迹而更换衣裤的可能。既然口供和实物证据均无法采信，案件性质也就很难确证。

经刑部指驳，地方官员再审，案情较之前出现很大不同。徐十供述，其撞获姜谭氏偷瓜，因四顾无人，起意图奸，以夺瓜为由，乘势拉下其裤，并用镰柄殴伤姜谭氏，意欲推倒行奸。后趁彼此扭结，走至姜谭氏背后揪住衣领用力狠拉，将褂拉脱。姜谭氏趁机奔走，追赶中因有人走至，畏惧中止，并未成奸。王曹氏亦供称姜谭氏生前哭诉被剥衣裤，并未被奸污。据此，刑部依照"强奸未成，本妇羞忿自尽"例，将徐十拟绞监候。此案中未能审出实情的委审官、承审官、审转官被一并议处。

笔者在此处探讨案件事实推理中的"情理"问题。日本学者滋贺秀三将清代民事法源（普遍性判断标准）概括为情、理、法。其中，"法"指国家的制度法；"理"指思考事物时所遵循的，也是对同类事物普遍适用的道理；"情"的含义具有多样性，有情节、情况等事实关系的含义，有"人情"（人们通常可以估计对方会怎样思考和行动，彼此这样相互对待、相互体谅）之意，有人与人之间"友好"之意[①]。此研究虽只针对民法，考虑到传统中国并无刑法和民法之分，故将其作为清代法律的渊源也并无不可。本书认为，"情理"在法律实践中不只是作为法源出现，而是有更丰富的内涵。

以上文所引致人自尽案件为例，"情理"可以说是司法官员进行事实推理的关键因素。此处"情理"的含义更接近"人之常情""世之常理"，含有人们普遍认为（或者人们普遍会如此行事等）、根据日常生活经验、理应如此之意。与现代词"常识"含义接近。例如，上文提及的王廷桂图奸鞠王氏一案。此案行为人意图奸淫他人，却并不只身前往，而是邀他人一同前去。虽然不能据此否定此事绝无可能，但根据日常生活经验，该行为却难以理解。刑部官员提出质疑，就是基于其行为不符合常理。"情理"在此不是援引法律的渊源，而是推断事实的重要根据。

---

① 滋贺秀三：《清代诉讼制度之民事法源的概括性考察》，〔日〕滋贺秀三等著《明清时期的民事审判与民间契约》，法律出版社，1998，第24、36~38页。

综上，司法官员在查明案情真相时，除了借助尸检报告、相关物证等一系列客观证据外，更重要的是通过案犯以及案件相关人员的口供来建构案件事实。当案件事实本身符合"情理"并与诸多证据相契合时，才会被认定为案件真相，而这只是案件审断的基础。

## 第二节　罪坐所由：案件中的因果关系推理

运用法律推理确定加害行为与被害人自杀之间存在因果关系，进而追究行为人之刑责，是清代案件审断的关键环节。清代致人自尽案件中因果关系的建立机制呈现泛化因果关系、为追求"情罪允协"选择性归因等特点。

### 一　因果关系的一般认识

依照现代刑法理论，行为与结果之间的因果关系，是指"危害行为与危害结果之间的一种引起与被引起的关系，其中的'引起'者是原因，'被引起'者是结果"①。因果关系是犯罪成立的必要条件。研究刑法因果关系目的就是通过确定某种危害结果由某种危害行为造成，从而为解决刑事责任问题提供客观基础。行为人承担刑事责任有主客观方面的前提。客观上，实行行为应是违反刑法规定的各种危害社会的行为（其正当、合法的行为，违反道德和纪律的行为，违反一般法律、法规的行为等均不应成为因果关系的研究对象）②；主观上，行为人须具备故意或过失，没有故意与过失的行为，即使造成了严重的法益侵害，也不可能成立犯罪。

但传统中国法律对于因果关系及建立在其基础上的犯人责任的认定与现代法律差异较大。法学家蔡枢衡总结了传统至近代法律对犯人责任的认识，尤其注意到老幼和精神病人这些特殊群体，认为法律对犯人责任的认识过程大致分为如下三个阶段：

> 在最初，既不区分行为的结果和偶然现象，也不问犯人对于犯罪事实有无认识，只知按行为及行为后继起的现象来衡量犯人的责任。

① 张明楷：《刑法学》（第 5 版），法律出版社，2016，第 175 页。
② 侯国云：《刑法因果新论》，广西人民出版社，2000，第 249 页。

并且不论精神正常与否和年龄大小。①

该阶段称为"结果责任时代"，即只要造成客观危害，就要根据实际危害结果来追究责任，对行为人定罪量刑。既不考虑行为人是否有主观罪过，也不区分行为与结果之间是否存在直接的、必然的联系。随着时间的推移，人们的认识也出现了如下变化：

> 一方面逐渐了解行为和结果在时间上是继起关系，但在内容上还有发展关系，和偶然现象纯属二事，于是有了因果关系概念。同时也逐渐了解犯人主观上对于行为和结果存在着知与不知、故意和过失、认识正确或错误的差异，遂有犯意责任原则的萌芽。于是对于某些犯罪分别故意和过失；对于其他犯罪，依然按结果处罚。惟对老幼和精神病人赦而不罚或减轻处罚，旨在着重非难明知故犯。所以在理论上的根据是道德的责任论。②

该阶段可称为"道德责任"阶段，这意味着因果关系的建立需要对行为与结果进行推理和判断，而不是简单地将行为与其相近的现象作简单连接。在论责时注重犯人的主观因素，考虑其主观恶性、对结果的可预见性以及认识上错误与否。

> 后来终于建立了以处罚精神正常的成年人的故意为原则而以过失为例外的政策。对于精神病人及未成年人不予处罚。又因精神病人及未成年人犯罪行为在道德上虽无可非难，但不利于维持社会秩序和统治者的利益，于是在理论上出现了社会的责任论。③

第三阶段称为"社会责任"阶段。近代以来，法律强调行为人主观上需具有故意和过失。除此以外，法律也关注到违法与有责之间的关系，如

---

① 蔡枢衡：《中国刑法史》，广西人民出版社，1983，第 185 页。
② 蔡枢衡：《中国刑法史》，广西人民出版社，1983，第 185 页。
③ 蔡枢衡：《中国刑法史》，广西人民出版社，1983，第 185 页。

果其行为符合犯罪构成要件，但存在违法阻却的理由（例如，行为人为未成年人或精神病人），则其行为不成立犯罪。"故意、过失、责任年龄、责任能力等主观因素与犯罪行为一起成为刑事责任不可或缺的要素，主客观相统一的刑事责任原则成为现代刑法制度的基石。"① 某些行为虽然不成立犯罪，但却不利于社会秩序稳定，于是出现了和刑罚并行的"保安处分"制度，"保安处分"是着眼于行为人所具有的危险性格，为保持社会治安，同时以改善行为人为目的，而实施的一种国家处分，如收容教养、强制医疗等②。

蔡枢衡的论述虽然着眼于老幼和精神病人等群体的责任，但其对犯人责任认识阶段的总结有助于我们认识传统中国法律中因果关系的特点。

科学认识因果关系对于法律发展和制度变迁有重要意义。"因为引起制度变化的并不仅仅是自然科学发现的因果关系，也包括社会科学发现或构建的因果关系，即从诸多自然的因果关系中，依据种种原则，选择认定某一自然的因果关系为承担法律责任所必须的因果关系。"③ 在社会发展中人类对因果关系的认识一直不断深化，会影响既有的法律制度和法律规则④。

但因果关系有时并不能简单确立，而是需要推理和判断。原因在于法律规范与案件事实往往存在冲突。"法规范通常应具有精确性，借以涵摄现实中千变万化的事实，所以规范的适用过程不可能像尺子丈量物体那么机械和单纯。"⑤ 现实中客观事实具有复杂性与多样性，并不一定能完全被规范涵摄，当客观事实与法律规范之间产生冲突时，法律因果关系的认定也必然是一种辩证的过程。

以致人自尽案为例，研究其因果关系的目的是为解决案件中的刑事责任问题提供客观依据。讨论因果关系建构机制，绝不能脱离整个清代刑法因果关系的结构和框架。

日本学者中村茂夫认为，通过阐明因果关系的结构和因果关系的内容，以明确犯罪构成要件的性质，这是一个关系到清代刑法本质的问题⑥。日本

---

① 顾元：《服制命案、干分嫁娶与清代衡平司法》，法律出版社，2018，第 151 页。
② 张明楷：《刑法学》（第 5 版），法律出版社，2016，第 642~643 页。
③ 苏力：《制度是如何形成的》，北京大学出版社，2007，第 95~96 页。
④ 苏力：《制度是如何形成的》，北京大学出版社，2007，第 97 页。
⑤ 〔德〕卡尔·拉伦茨著《法学方法论》，陈爱娥译，商务印书馆，2003，第 91 页。
⑥ 〔日〕中村茂夫：《清代刑法研究》，东京大学出版社，1973，第 93 页。

学者森田成满在他的《清代刑法中的因果关系》① 和《清代刑法中的因果关系再论》② 两篇文章中，以人命案件为研究对象，重在分析清代刑法因果关系的构造机制及因果关系与科刑体系的关系。其主要观点包括：清代刑法中的因果关系与现代刑法理论中的"条件说"类似③；行为、结果以及两者之间的因果关系是犯罪构成要件的重要内容，考察因果关系应将其置于犯罪构成要件中；特殊因素的介入以及行为与结果之间的时间间隔，都会对因果关系的构成产生影响；清代刑法以因果关系的相当性为基础，依照律例科刑，并且会利用比附等手段进行刑罚轻重的调整等。

日本学者的研究有助于深入理解整个清代刑法的因果关系结构及其建构机制，但该问题的研究空间尚大，很多问题需要更加深入的探究。笔者也希望以致人自尽案件为基础对清代刑法的因果关系问题提出个人的思考。

除了学术意义外，笔者认为"致人自尽"案件中因果关系的建立和判断具有特殊性。以下以自杀与《大清律例》中统之于人命门的谋、故、斗、戏、误、过失六杀为例进行比较说 明（见表2）。

**表 2　《大清律辑注》中的"六杀"**

| 类别 | 律注 | 出处 |
|---|---|---|
| 谋杀 | 谋者，计也。先设杀人之计，后行杀人之事，谓之谋杀。谋杀律至重，杀讫乃坐 | 《大清律辑注》（下），第651、654页 |
| 故杀 | 临时有意欲杀，非人所知曰故。如一时逞凶，欲致其死，而迳情杀之。必当场杀讫，果出有意杀之者，方可拟以故杀 | 《大清律辑注》（下），第680、681页 |
| 斗杀 | 两人相对而殴曰斗殴。凡斗殴杀人者，不问手足、他物、金刃之伤，但是因殴伤而死者，或在当时，或在限内，并绞 | 《大清律辑注》（下），第680页 |
| 戏杀 | 以堪以杀人之事相戏，如比较拳棒之类 | 《大清律辑注》（下），第691页 |

① 〔日〕森田成满：《清代刑法中的因果关系》，《星药科大学一般教育论集》1990 年第 8 号，第 95~151 页。
② 〔日〕森田成满：《清代刑法中的因果关系再论》，《星药科大学一般教育论集》1993 年第 11 号，第 113~122 页。
③ "条件说"认为，条件关系是指实行行为与结果之间的关系，行为与结果之间存在"没有前者就没有后者"的条件关系时，前者就是后者的原因。参见张明楷《刑法学》（第 5 版），法律出版社，2016，第 175 页。

| 类别 | 律注 | 出处 |
|------|------|------|
| 误杀 | 误是一时差错失手之事。误中旁人，出于不意 | 《大清律辑注》（下），第689、691页 |
| 过失杀 | 事出偶然，发于意外，既无杀伤人之事，亦无杀伤人之心，惟其人之不幸而致之耳 | 《大清律辑注》（下），第690页 |

（清）沈之奇著《大清律辑注》（下），怀效锋、李俊点校，法律出版社，2000。

首先，从死亡方式来看，"自杀"与传统六杀迥异。传统的杀人都是指"他杀"，被害人因为他人的故意或者过失而被杀死（伤），被害人处于被动地位。但自杀是自着于手，是被害人"主动"杀死自己。对于生命法益来说，受害者同时也是自己生命的加害者，只是因为传统法律中并无自杀罪名，故死亡者才不会因为自杀获罪。现代法律一般认为，因犯罪行为引起他人自杀身亡，只应按照犯罪行为（本罪）定罪（有时可从重处罚）（例如，强奸妇女引起被害妇女自杀的，一般以强奸罪从重处罚，但不能被认定为强奸致人死亡）[1]。但在清代，司法实践将因犯罪行为（有时也包括"非犯罪行为"）引起他人自杀的案件划归"人命重案"，此时"自杀"行为本身形成了一种特殊的人命案件。

其次，从死亡的结果来看，传统"六杀"一般情况下行为与结果的时间间隔较短，属于"当场杀讫"（当然，以斗杀论罪也存在保辜限内与限外之别）。但自杀案件中行为与危害结果之间一般存在时间和空间上的间隔，既然存在间隔，难免有其他因素（如他人的行为）介入。介入因素在被害人死亡中占据何种地位，最初的加害行为与自杀结果之间因果关系如何确定等都需要司法官员的比较与推理。

再次，从加害人的行为方式来看，传统"六杀"，相对都有比较明晰的判断标准，此种特定类型的杀伤案件相对比较直观，较容易归因。自杀案件一般情况下（"逼令自杀"是例外）行为人主观上并无杀意，客观上亦无杀人动作，某人何以自杀，是否到了非自杀不可的地步，加害人行为是否与被害人的自杀之间存在直接的、必然的因果关系等也需要司法官员的推理。

实际上，清代所有类型的案件都必须有因果关系的判定，并以此为基

---

[1] 张明楷：《刑法学》（第5版），法律出版社，2016，第850页。

础分配刑责，但行为人主观上无杀人故意、客观上无杀人动作，在一定时间间隔后引起的被害人自杀，此种类型的"致人自尽"案件，其因果关系的建立更需要通过法律推理和判断获得，其推理难度也相比其他类型的命案难度更大。

## 二　因果关系推理

日本学者滋贺秀三认为："在中国法中，一般 A 之行为成为原因而 B 自杀时，按照行为的状态与因果关系的紧密程度来追究 A 的或大或小的责任。"[①] 但如何判断因果关系的紧密程度确是难题。法律中所有类型的因果流程大致可分为两大类：简单因果流程与介入因素型因果流程[②]。致人自尽案件都是介入了行为人自杀的因素，应属于介入型因果流程。介入型因果流程又大致分为共同条件型因果关系和间接条件型因果关系。

共同条件型因果关系。行为与介入因素之间是共同条件关系，即实行行为和介入因素都跟结果之间具有直接的、没有中间环节的条件关系，可表示为图 2。

实行行为
　　　　　　　　　　→死亡结果
介入因素（自杀）

**图 2　共同条件型因果关系流程模型**

间接条件型因果关系。除了介入被害人自杀这一因素外，又介入了其他因素。行为与结果之间是间接条件关系，即没有直接引起，而是有中间环节，从而具备间接性、辗转性，可表示为图 3。

实行行为——→介入因素Ⅰ——→介入因素Ⅱ（自杀）——→结果（死亡）

**图 3　间接条件型因果关系流程模型**

上述因果流程模型可以帮助我们理解因果关系的建构。当然，刑法中

① 〔日〕滋贺秀三：《中国家族法原理》，张建国、李力译，商务印书馆，2013，第 492 页。
② 王德政：《刑法因果关系判断中的介入因素》，法律出版社，2019，第 132 页。

的因果关系即使在现代相关理论也极其复杂①。传统中国在案件审断过程中自有其特色，虽然无法套用现代因果关系模型，但的确有助于对案件作出大致分类，笔者主要基于上述因果流程分析案件类型。

## （一） 共同条件型因果关系推理

共同条件型因果关系中，加害者的行为与被害人的自杀都与死亡结果具有直接关系。在致人自杀案件中，自杀行为与死亡结果更是具有直接的、支配性的关系，完全可以中断原有的因果关系。但时人观念里，从未将自杀者放弃自身生命的行为作为死亡的直接原因，从而苛责自杀者。人们认为自杀本身即是行为人加害所致。正如案情叙述中常见的诸如"自尽，究由该犯……所致""推其致死之由……，亦因该犯……"等类似的表述。这些都是将加害人的行为与被害人的自杀之间建立直接因果关系的典型表述。其基本结构可以简化为"行为+自杀结果"。此种因果关系在相关立法中大多以"因……致……"来表述，"因"字后面规定的加害者行为与"致"字后面产生的危害结果共同成为犯罪构成要件。

在前述"罪名体系建立"章节中，主要按照行为性质将致人自尽罪名体系分为因犯罪行为导致他人自尽、因非罪行为导致他人自尽及因"失职"导致他人自杀三类，下文也主要依照此分类进行探讨。

1. 因犯罪行为导致他人自尽

（1）因犯罪行为导致直接被害人自尽

"逼令自尽"虽然是以被害者自杀为结果，但其本质与"他杀"相同，其因果关系也依照他杀建立，行为人应负故意杀人罪的刑事责任。例如，逼妻服毒图赖致毒毙妻命案：

> 廖以纪因子廖老六为盗，被村人韦庭光帮同缉役，将廖老六拿获，该犯迁怒韦庭光不应帮拿，即起意嘱妻罗氏至韦庭光家自尽，希图陷害泄忿，罗氏不允，该犯声言如不自尽，即欲杀死。罗氏无奈允从，

---

① 有"必然因果关系说""偶然因果关系说""条件说""相当因果关系说""合法则的条件说""事实因果关系与法律因果关系"等诸多理论。参见张明楷《刑法学》（第5版），法律出版社，2016，第174~278页。

该犯即采取毒草，用罐盛水煎熬，令罗氏藏拿同至韦庭光门首，罗氏进内服饮毒水立即殒命。

州府司拟断：依故杀妻律拟绞监候。

广西巡抚拟断：以罗氏服饮毒水，并非该犯灌饮，与下手致死者有间，量减拟流。

刑部意见：廖以纪欲陷害韦庭光泄忿，逼令伊妻罗氏服毒自尽，核与有心杀妻者无异，案情既无疑窦，应即随案改依夫故杀妻律拟绞监候。①

此案属于典型的逼令自杀。廖以纪逼令妻子自杀，并声称如果妻子不自杀，就会杀死妻子。此种情况下，妻子别无选择，只能自杀。廖以纪的行为是妻子自杀的必然原因。州府也正是据此判定廖以纪虽然没有亲手杀死其妻，但与故杀其妻无异，依"故杀妻律"拟绞监候。案件审断符合"其人本不肯死而逼勒自尽，则当坐故杀"的情形②。

与上述"逼令自尽"性质相似，教唆自杀和帮助自杀（也称狭义上的参与自杀）也都对被害者的自杀存在故意且自杀在其可预见范围内③。我国现代刑法虽然没有将教唆、帮助自杀的行为规定为独立的犯罪，但认为形式上的教唆、帮助行为，具有杀人的间接正犯性质④。

清代并无参与自杀的专门罪名⑤。参与自杀罪名的最初确立是在1907年的《刑律草案》中。该草案被称为"近代中国第一部体系完整的欧陆式刑法草案"⑥。此法案设立的背景与继受西方法律有关。光绪二十八年

---

① （清）祝庆祺等编《刑案汇览三编》（二），北京古籍出版社，2004，第1454页。

② （清）吴坤修等编纂《大清律例根原》（二），上海辞书出版社，2012，第1291页。

③ 自杀关联行为也称为"参与自杀罪"。其内容包括两个方面：一是教唆或帮助他人自杀（狭义上的参与自杀罪），二是受被杀者的嘱托或得其承诺而杀人（同意杀人罪）。广义上的参与自杀罪包括"教唆""帮助""受其嘱托""得其承诺"四种。对于如何区别参与自杀罪与同意杀人罪，一般认为是藉由行为人是否有行为支配来判断（或谓直接引起死亡之行为系何人所为），此行为支配即被认为具备共同正犯性的基础。参见陈和君《权力视角下之自杀，加工自杀罪与安乐死》，元照出版股份有限公司，2016，第57~59页。

④ 张明楷：《刑法学》（第5版），法律出版社，2016，第850页。

⑤ 闵冬芳在《清代的故意杀人罪》一书中将自杀参与和同意杀人作为"谋杀人"的几种特殊情形进行了研究讨论。参见闵冬芳《清代的故意杀人罪》，北京大学出版社，2015，第75~87页。此外，森田成满研究了如何对参与自杀者进行追责的问题。〔日〕森田成满：《清代刑法中关于自杀参与者的罪责》，《星药科大学一般教育论集》，2010，第7~20页。

⑥ 黄源盛纂辑《晚清民国刑法史料辑注》（上），元照出版股份有限公司，2010，第35页。

（1902），清廷在内外交迫下，下诏变法修律。光绪三十年（1904）四月，清廷设立"修订法律馆"，作为修订法律的专责机构，修律大臣沈家本等人主导其事。修订法律馆参酌德、日等国的立法例，进行近代欧陆式的新法典编纂。沈家本先后上奏《刑律草案》（总则、分则）。《刑律草案》总则17章，分则36章，共387条。关于参与自杀是第308条，位于分则第26章："关于杀伤之罪"内，具体内容由《大清律例》中人命斗杀各条删并而成：

> 凡教唆或帮助他人使之自杀，或受人之嘱托、承诺而杀人者，处三等或四等有期徒刑。其对于尊亲属者，处三等以上有期徒刑。前二项之犯人若系谋为同死者，得免除其刑罚。①

《刑律草案》阐释了设立此罪名的理由：

> 各国往昔自杀之罚颇多，现今此种罚例已不复见，但以自杀教唆他人，或帮助之，或为自杀之人动手者，仍不能无罚。本条之设以此。若谋为同死，遇救得生，其实与自杀无殊，故得裁夺情形，免其处罚也。②

立法的主要缘由是要"参酌"西律。因对教唆自杀、帮助自杀或受人嘱托或承诺而杀人进行处罚是西方各国的通行法理，但中国无此罪名，故仿效西方立法而设定。

教唆自杀和帮助自杀在清代案件中是按照谋杀罪建构因果关系的。教唆自杀，即行为人故意采取怂恿等办法，使他人产生自杀意图并产生自杀结果③。清代法律并无"教唆自杀"的相关规定。《大清律例》对"教唆"行为的定罪及处罚的内容集中于"教唆词讼"条，与"教唆自杀"无甚关联。

《刑案汇览》收录了一件发生在嘉庆二十一年（1816）的命案，蔡允光

---

① 黄源盛纂辑《晚清民国刑法史料辑注》（上），元照出版股份有限公司，2010，第167页。

② 黄源盛纂辑《晚清民国刑法史料辑注》（上），元照出版股份有限公司，2010，第167页。

③ 有学者将其定义为：行为人故意采取引诱、怂恿、欺骗等办法，使他人产生自杀意图。参见张明楷《刑法学》（第5版），法律出版社，2016，第850页。

与邱成周因为地亩产生纷争①。蔡允光因邱成周屡次欺侮，心怀忿恨，思欲寻事陷害，即起意怂恿伊母赴邱成周家拼命图赖，蔡允光之母万氏声言如不得地即死于邱成周家，断不空返。蔡允光答称如果寻死，伊必为母伸冤，万氏点头走去，前往邱成周家哭闹，夜深住宿，用系磨草绳在磨房自缢身死。

湖北总督主要从行为人主观意图角度出发，认为"其居心与谋杀无异"，将之等同于谋杀。于是将蔡允光依子谋杀母律，凌迟处死。又因"事关伦纪"，属于"灭伦重案"，采取了于审明后恭请王命即行正法的程序。

嘉庆皇帝认为该判决"尚未允协"：

> 万氏前赴邱成周家图赖，蔡允光并未随往，自缢草绳系邱成周家之物，亦非蔡允光付给，其怂母拼命图赖供词系在万氏自缢后审出，只系空言，问拟斩决已当其罪，若即处以极刑，近日他省逆伦之案尚有逼母自尽，并给凶器从旁加功者，又将加以何罪耶？②

嘉庆皇帝在犯罪事实和"情罪允协"两方面提出异议。关于犯罪事实：首先，从行为发生的空间角度而论，图赖行为的实施阶段，即蔡允光之母万氏前往邱成周家哭闹，半夜自缢身死时，蔡允光并未随同前往，并不在场。其次，从行为发生的工具角度而论，万氏用以在邱家磨坊房梁自缢的工具——系磨草绳，是其当晚在居住的磨坊中随手拾得，草绳并非蔡允光家之物，亦非蔡允光给予其母万氏用以自缢的工具，能否径自认为这种自缢行为是事先预谋，有待再行考虑。最后，从"怂恿"供述产生的时机而论，蔡允光是在被知县、知府讯问过程中才供述其"怂恿母亲自缢（图赖）"的内容，这些事实皆为万氏自缢后审出，并无他人在旁佐证，"只系空言"，在这种情况下"供明"的事实内容存在瑕疵，不能视作对当事人处以凌迟极刑的依据③。在"情罪允协"方面，清代法律有严格的罪行与刑罚

---

① 《清仁宗实录》卷331，嘉庆二十二年六月己卯。《清实录》（第32册），中华书局，1986，第363~364页。《刑案汇览三编》第824页收录此案，均为"邱成功"。查中国第一历史档案馆藏朱批奏折：蔡允光怂母自缢图赖案朱批奏折内为"邱成周"，档案号：04-01-26-0033-038。

② 《清仁宗实录》卷331，嘉庆二十二年六月己卯。《清实录》（第32册），中华书局，1986，第363页。

③ 《以命换利：嘉庆朝儿子"教唆"母亲自杀图赖案》，https://culture.ifeng.com/c/7ynFlYfD4PJ，2020年12月22日登入。

对应的特点。区别不同的罪行给予相应的刑罚，即"情罪允协"是清代司法的主要价值目标。嘉庆皇帝认为，蔡允光"问拟斩决已当其罪"，将教唆自杀与其他更加严重的罪行相区别的意图非常明显，"若即处以极刑（凌迟）"，已经是最高最严酷的惩罚，如果遇到逼母自尽，并给凶器从旁加功等虽然情节不同但比"怂恿"其母自杀主观恶意更强、行为更加恶劣的逆伦之案时，将出现无法加罪的情况。

《大清律例》规定：凡谋杀祖父母、父母及期亲尊长，外祖父母，夫，夫之祖父母、父母，已行（不问已伤、未伤）者（预谋之子、孙，不分首从），皆斩，已杀者，皆凌迟处死①。对于谋杀父母的罪犯处以"凌迟"的极刑。但"怂恿"父母自杀毕竟与直接"杀死"有间，故"不得漫无区别，概拟重典"②。

《刑案汇览》在蔡允光一案末尾有"通行"二字。"通行"即通令各省遵照施行之意。虽然此"通行"并未成为正式的条例，不过作为皇帝的命令，"通行"的效力与条例无甚差别。由此可推知，清代实践中，教唆自杀是按照谋杀罪来建构因果关系并进行责任追究的。

帮助自杀是在他人已经下定自杀决心之后，通过一定方式为行为对象结束自己生命提供各种便利以实现其目的的行为。包括物质上的帮助行为，如提供自杀的场所、工具等，也包括某些精神上的帮助行为，如教给自杀方法或者答应为自杀者解除后顾之忧等。

《清实录》记载了嘉庆二十年（1815）一起命案：

> 倪石氏因差役杨顺等藉伊夫倪开周窝窃，诈去包谷青苗，又逼令离庄，情急起意自尽，令伊子倪胜儿代挂缢绳。倪胜儿劝阻，该氏即欲碰死，倪胜儿无奈代挂。是伊母之死，实系自行起意，倪胜儿并无致死其母之心，拟以凌迟。未免漫无区别，著改为斩立决。至差役杨顺吓诈贫民，致酿成逆伦重案，情节可恶，著改为绞立决。③

---

① 《大清律例》，田涛、郑秦点校，法律出版社，1998，第422页。
② 《清仁宗实录》卷331，嘉庆二十二年六月己卯。《清实录》（第32册），中华书局，1986，第364页。
③ 《清仁宗实录》卷314，嘉庆二十年十二月丁卯。《清实录》（第32册），中华书局，1986，第168~169页。该案也被收录于《续增刑案汇览》中，见（清）祝庆祺等编《刑案汇览三编》（四），北京古籍出版社，2004，第207页。

　　倪胜儿的母亲因被差役逼迫意欲自杀，从"倪胜儿劝阻，该氏即欲碰死"一语可见其母是"决意自杀"。倪胜儿代挂缢绳，为其母提供自杀的工具，属于"帮助自杀"。嘉庆皇帝虽然从行为人主观意图出发，认为"倪胜儿并无致死其母之心"，这就意味着倪胜儿的行为不满足谋杀的构成要件，但因"案关伦纪，未便轻纵"，仍对其处以"斩立决"的重刑。

　　上述两案都是按照谋杀罪定拟，且案件双方都是母子至亲关系，为维护伦常，都将儿子教唆或帮助母亲自杀的行为以谋杀罪论处。《刑案汇览》中也收录多起教唆自杀、帮助自杀的案件，一般也是按照谋杀或谋杀加功来建构因果关系（见表3）。

表3　《刑案汇览》收录教唆自杀、帮助自杀案件

| 案件编号 | 案件名称 | 犯罪情节 | 依照律例 | 资料出处 | 备注 |
|---|---|---|---|---|---|
| 1 | 许愿怂令病人寻死图赖仇家 | 王文广因向李发荣争垦荒地，起意许给伊雇工王存印麦地和埋葬银两，令其服毒死于李发荣地内，以便借尸图赖 | 地方拟断：谋杀人从而加功，拟绞监候 | 道光九年说帖，《刑案汇览》卷22，第800页 | 刑部：王存印本无自尽之心，因该犯起意怂恿，始被惑允从，应科该犯以造意为首之罪 |
| 2 | 嫂欲寻死劝往仇家门首自缢 | 黄广娃因伊嫂黄高氏欲行自缢，向劝不听，即怂恿黄高氏赴伊素有嫌隙之窦汰仓门首自缢，该犯代为携凳，致黄高氏投缳殒命 | 将黄广娃比照谋杀人从而加功者绞监候律，量减一等，拟以满流 | 道光九年案，《续增刑案汇览》卷1，第203页 | |
| 3 | 纵子行窃败露央人帮扶吊死 | 唐小九先因偷窃王化远家秫秸，被查知控县禀究。伊母刘氏虑恐到官受累，起意赴王化远地内自缢，阎护独自将刘氏领赴王化远地内，始则代为将绳悬挂，继复扑地致刘氏脚踏其背投缳毙命 | 地方：依因令亲故自杀而未招服，其亲故辄自杀讫者以斗杀论律拟以绞候；唐小九依子犯盗，父母纵容祖护，后经发觉畏罪自尽例拟遣 | 道光二十年说帖，《刑案汇览》卷22，第800～801页 | 刑部：将阎护本改依谋杀人从而加功律拟绞监候；唐小九仍照原拟，依子犯盗致纵容之父母自尽例拟遣 |

| 案件编号 | 案件名称 | 犯罪情节 | 依照律例 | 资料出处 | 备注 |
|---|---|---|---|---|---|
| 4 | 贼因被殴痛苦央人帮勒身死 | 王陇富因陈应绪黑夜行窃邓德贵地内豌豆,被邓德贵之雇工张帼柱用木棍殴伤。陈应绪令王陇富将伊勒死,诬赖邓德贵,王陇富不允,陈应绪自行乱拉,并称勒不死亦欲碰死,王陇富勉强应允,随分执带头代为拉勒,陈应绪即时气闭殒命 | 地方:谋杀人从而加功绞监候律上量减拟流 | 道光五年说帖,《刑案汇览》卷22,第802~803页 | 刑部:依从而加功律问拟绞候 |
| 5 | 因人欲死图赖代为帮吊看人 | 陈玉玲因挟张义兴驱逐之嫌,病饿垂危,欲在张义兴门首自缢图赖。适赵本、陈保富在街支更,陈玉玲央同该犯等帮同缢死,赵本辄将陈玉玲抱起自缢,陈保富仅止观望 | 赵本比照谋杀人从而加功律,拟绞监候。陈保富比照不加功律杖一百,流三千里 | 道光十四年案,《续增刑案汇览》卷1,第203~204页 | |
| 6 | 人欲服毒图诈送给毒药致毙 | 张忝帼因沈小自欲服毒图诈,辄听从将毒鼠余药给食殒命 | 张忝帼比照毒药杀人,知情买药者与犯人同罪,至死减等律,拟杖一百,流三千里 | 道光十四年案,《续增刑案汇览》卷1,第204页 | |
| 7 | 母欲图赖逼子取砒服毒自尽 | 饶锦盛因母刘氏借欠饶锦玉钱文未还,被饶锦玉索讨,争殴失跌,抱忿起意服毒诈赖。该犯向劝不允,被逼无奈,取砒交给,以致毒发毙命 | 地方:饶锦盛合依谋杀母已杀律,凌迟处死,请旨可否量减为斩立决 | 道光九年案,《续增刑案汇览》卷1,第206页 | 奉旨改为斩立决 |
| 8 | 父欲寻死令子与外人加功 | 张礼行窃,被获情急,自愿勒死,逼令儿子张旺柱与罗麻加功勒毙 | 罗麻按谋杀人从而加功律,拟绞监候 | 道光十四年案,《续增刑案汇览》卷1,第207页 | |

上述 8 案中,案件 1 为教唆自杀,王存印本无自杀之意,因为该犯教唆才有自杀之行为,故刑部并不认同地方拟断,认为应科教唆之人以谋杀造意为首之罪,此案中教唆自杀与谋杀无异。案件 2 既属于教唆自杀又可归属为帮助自杀,因为死者本有自杀意图,故司法官员在谋杀人从而加功律上

量减一等拟罪；案件 3 代挂吊绳、案件 4 帮助拉勒、案件 5 抱起帮同自缢、案件 6 提供毒鼠余药、案件 7 代取砒霜、案件 8 帮同勒毙均是他人已有自杀意图，行为人为其提供帮助，属于帮助自杀。

案件 3 中，唐小九犯偷窃罪，其母刘氏恐子到官受累，图谋赴事主地内自缢图赖，在阎护本帮助下投缳毙命。此案中，阎护本代挂吊绳的行为无疑属于帮助自杀，依"谋杀人从而加功律"拟绞监候。唐小九依照"子犯奸盗，致纵容之父母自尽"，拟发遣。如此判决，实际上是将刘氏之死与阎护本的帮助行为和儿子唐小九的偷窃行为建立起了双重因果关系。在承认帮助行为与自杀身死具有直接因果关系的前提下，重新建构另一重因果关系，其目的乃是基于伦常，对儿子的偷窃行为加重惩处。

案件 5 中，陈玉玲欲自缢图赖。赵本将陈玉玲抱起致其自缢，其行为属于帮助自杀，故依"谋杀人从而加功"律，被拟绞监候。值得注意的是，陈保富并未帮助自杀，仅止观望，比照"谋杀人从而不加功律"，被处杖一百，流三千里。可见，清代认为他人应有阻止自杀的义务，如未能履行义务，也要受到惩处。

案件 6 和案件 7 都是关于服毒图赖，他人为死者提供毒药。案件 6 中行为双方为常人，行为人听从被害者要求提供毒药。案件 7 中双方为母子至亲，儿子被母亲逼迫提供毒药。两起案件行为人罪行相似，所拟罪名不同。案件 7 中，行为人按照谋杀罪，被处以斩立决。这充分说明，服制关系在案件处断中具有决定性作用。

有学者分析司法实践中对教唆自杀和帮助自杀处以重刑的原因，认为与中国古代社会浓厚的家族主义和国家主义思想有关。"个人的生命从来没有被看作属于社会成员个体，而是首先属于君主、其次属于家长。所以，其他任何人都不能教唆他人自杀、取得他人同意杀人，或者要求、允许他人帮助自己自杀或请求、要求他人杀死自己。"[1]

上述分析集中于行为者对受害者的自杀存在故意（或过失），其死亡在行为人可预见范围内，却积极或放任此种结果出现的情况。在清代，如果加害者的行为本属犯罪，在犯罪过程中又引起了被害者的自杀，即使其并无"杀心"，加害者的行为与被害者自杀两者之间的因果关系，也会被直接

---

[1]　闵冬芳：《清代的故意杀人罪》，北京大学出版社，2015，第 86 页。

认定。至于行为人能否预见到被害人自杀，并不是因果关系建构中的考虑因素。例如，清代案件数量比较多的调奸致人自尽。

（乾隆元年）杨惠图奸无服族婶李氏未成致氏羞忿服毒身死案：

> 杨惠与氏夫杨永基系无服叔侄，对门居住。雍正十三年十月初三日，惠探知永基偕母外出，独氏在家，惠起意图奸。是夜三更，潜拨氏门入室，甫至卧床揭开氏被，氏惊觉叫喊，当有氏之夫兄杨景隔房睡卧，闻声赴援，惠急奔，碰景倒地而逃，未及成奸。次日杨景报知，永基趋回，投明族邻，李氏羞忿不甘，欲寻自尽，被基劝阻。追初六日，基往告知妻家，欲行告究，氏即采服毒草奔至惠家毙命。
>
> 刑部意见：杨惠系李氏无服族侄，应以凡论。杨惠合依强奸未成但经调戏本妇羞忿自尽例，拟绞监候。查汇请援赦案内，因调奸以致本妇羞忿自尽者准到部覆，援宥在案。今杨惠事犯在赦前，应予援免。仍于该犯名下追埋葬银两给领。李氏守正不污，清节可嘉，应请旌表，以广皇仁。①

此案属于调奸致人自尽。妇女在家独处，行为人于深夜潜入妇女家，且有拨门入室至卧床揭开被子的行为，其奸淫妇女的意图明显。因为行为人并未用强制手段，且妇女喊骂，亲属听闻赴救时，旋即奔走，并未成奸。可以认定其行为属于调奸未成。虽然被害人杨惠氏之夫已经投明族邻并且准备将行为人送官惩治，但妇女依然羞忿自尽。加害人杨惠只有调奸行为，并无致死对方之意，但这并不影响因果关系的成立。法司认为杨惠调奸未成造成杨惠氏羞忿自尽，情节明晰，符合律例，故依照"调奸未成本妇羞忿自尽"例定拟。

当然，有研究也指出，此类调奸未成羞忿自尽案例的样态及表达方式具有高度的类似性，且都是依据相同的律例处理。对于案情的描述与记载，使得案件与所适用的律例呈现"完美的因果关系"，整个案件也成为一份精心裁写而做成的公文书②。

---

① "中央研究院"历史语言研究所内阁大库档案，登录号：053880。
② 陈郁如：《清乾隆时期刑科题本之研究——以调奸本妇未成致本妇羞忿自尽类型案件为例》，政治大学硕士学位论文，2005，第87~88页。

（2）因犯罪行为导致非直接被害人自尽

犯罪行为都是造成了对他人的侵害，被害者则是犯罪行为的直接侵害对象。但清代相当一部分致人自尽案件中，自杀者并非行为人的直接侵害对象，却也与行为人建构了直接因果关系。以下以子孙因犯罪引起父母自杀相关案件为例进行分析（见表4）。

上述案例中，子孙本身行为已属犯罪，如案例1和案例2的讹诈、案例3秽骂他人、案例4殴伤他人、案例5刃伤人、案例6赌博、案例7因疯杀妻、案例8殴死他人。从法理上说，子孙的犯罪行为都有直接侵害对象，父祖并不是直接受害人。且子孙固然已经触犯法律，但并无致死父祖之犯意，其父祖自杀均非其意料所及，按照当代法律，子孙的行为不能成立致死父祖之罪名。但在清代，其法理逻辑并非如此。律例制定的逻辑是，子孙已经犯罪，又引起了父祖自杀这一更为严重的结果，为维护伦常纲纪，故要对子孙加重惩罚，至于其犯罪意图以及父祖自杀是否在其意料之内却在所不论。法律在子孙犯罪行为与父祖自杀之间建构了直接的因果关系。

相关律例在适用过程中主要依据子孙所犯罪行分为如下几种情形。一是子孙所犯本身为死罪（此死罪应指奸盗而言）①，以及所犯之罪为谋杀或者故意杀人。既然子孙已经犯死罪，这种情况下就按照其本犯罪名拟以"绞立决"或"斩立决"。因为死刑已经是最高刑等，无可附加，故不必要重复科罪。二是子孙伤人、讹诈、赌博等，这些行为本身并非死罪，但因为引起了父祖自杀的严重后果，法律适用时比照"子贫不能养赡，致父自缢例"拟以满流来处断，上述多数案件（5件）均属此类。

司法官员在审断案件时，对犯罪行为的直接侵害者并非一概忽略。案例7中，郑汶甲因疯砍伤伊妻缪氏身死，其父郑昆因闻伊媳被杀自戕殒命。地方法司在处断此案时，无法直接判定被害者究竟应是被郑汶甲因疯砍死之妻缪氏，还是因听闻儿媳被杀而选择自杀的父亲郑昆。故也无法断定是应依照"夫殴妻至死"本律拟以绞监候，还是应比照"子孙罪犯应死，致父母自尽例"拟绞立决。

---

① （清）祝庆祺等编《刑案汇览三编》（三），北京古籍出版社，2004，第1831页。

表 4 《刑案汇览》中子孙因犯罪引起父母自杀案例

| 案件编号 | 案件名称 | 行为双方关系 | 主要情节 | 子孙行为 | 裁判依据 | 案例来源 | 备注 |
|---|---|---|---|---|---|---|---|
| 1 | 子诬诈犯案母根人控告自尽案 | 母子 | 汪勇昌帮同缪宏远素诈朱世禄钱文，其母汪禄赴县呈控，朱世禄张起森主使牵告，遂向伊母马氏告知，马氏愆根莫释，潜赴张起森塘内投溺殒命 | 并非触忤 | 如子因别事犯案，其父母自行轻生者，即比照子孙不能养赡例杖一百流三千里（通行） | 嘉庆七年说帖，《刑案汇览》卷49，第1807页 | 照乾隆二十七年通行，偶以别事犯案致父母自行轻生者拟流之案办理 |
| 2 | 因子诬诈犯案纵容之母自尽案 | 母子 | 梁世荣因伊子梁三诬借伊威李汪氏银饰逃走，被氏索讨，愧忿投河殒命 | | 照子贫不能养赡例拟流 | 嘉庆十六年说帖，《刑案汇览》卷49，第1809页 | 刑部：向来子犯赌博等事，致父母自尽之案，俱照子贫不能养赡例拟流 |
| 3 | 因子秽语肇衅致父愁急自尽案 | 父子 | 狄凤儿因狄马氏索欠稽置气，后投崖毙命。犯父狄存礼虑及该犯治罪无人养赡，愁急自缢 | | 比照子贫不能养赡，致父母自缢满流 | 道光二年案，《刑案汇览》卷49，第1809页 | |
| 4 | 因子殴伤兄妻致母愁急自尽案 | 母子 | 鞠得里平日并无违犯情事，因殴伤伊嫂，致母顾氏虑其问罪，情急轻生 | 无违反教令 | 比照子贫不能养赡例致父母自缢满流 | 嘉庆二十五年案，《刑案汇览》卷49，第1810页 | |

续表

| 案件编号 | 案件名称 | 行为双方关系 | 主要情节 | 子孙行为 | 裁判依据 | 案例来源 | 备注 |
|---|---|---|---|---|---|---|---|
| 5 | 因子刀伤人致母畏累自尽 | 母子 | 黄馨同夜至邻人韦琼超家向其妻韦黄氏讨火，被韦黄氏撞见，心疑与其妻有奸，伊家周情急，用刀戳伤韦琼超肚腹，黄馨氏虑及到官受累，投缳殒命 |  | 地方拟断：比照父母教令子犯奸盗，后因畏累自尽例，拟杖一百，徒三年 | 道光十一年说帖，《刑案汇览》卷49，第1810页 | 刑部：查该犯因刀伤人，致母畏累自尽，与因奸因盗致亲杀者不同。援照乾隆二十七年比例应比照拟流之通行办理应比照子贫不能养赡致母自缢例，杖一百，流三千里。 |
| 6 | 因子赌博滋事致父母自尽 | 母子 | 赵正迎因赌博输钱，被胡元名卧地撒赖通讨，将索欠之胡元名用刀划伤手指等处，旋致伊母沈赵氏忿郁莫释，即自缢身死 | 赌博、伤人 | 比照子贫不能养赡例拟流 | 嘉庆元年说帖，《刑案汇览》卷49，第1811页 | 援照乾隆二十七年比例拟流之通行办理 |
| 7 | 因疯杀妻致父自尽 | 父子 | 郑汶甲因疯砍伤伊妻缪氏身死，该犯死之父郑昆因伊媳身死，情急自猛殒命 | 杀妻 | 地方拟断：应否比照子孙罪犯应绞致父母自尽例拟绞立决，抑仍照殴妻至死本律子以监候之处，听候部议 | 道光二年说帖，《刑案汇览》卷49，第1831页 | 刑部：郑汶甲系殴妻至死，所犯死罪既非因奸盗应拟死罪，又非谋杀人，核与致父母自尽拟以立决之例并不相符，仍照殴妻至死本律定拟 |
| 8 | 救父殴死功叔致母愁念自尽 | 母子 | 孟哈双喜因小功服孟作有将伊父孟作又揪住殴伤左眼，用棍殴伤孟作有额颅眼眶，越日殒命。该犯之母刘氏闻知，愁急自缢身死 | 故杀人 | 子孙罪犯死及谋故杀人事，致其祖父母、父母自尽者，即照各本犯罪名拟以立决 | 嘉庆二十一年说帖，《刑案汇览》卷49，第1831~1832页 | 刑部出话内将该犯情可矜悯之处声叙明晰，冀可幸邀议施 |

刑部对例文的律意进行了解释。其中，"罪犯应死"中的"死罪"特指因奸盗和谋故杀人。郑汶甲因疯殴妻致死并不在"死罪"范围之内，因与"罪犯应死致父母自尽拟以立决之例"并不相符，故仍照殴妻致死本律定拟。至于为何没有因父亲自杀而加重行为人之刑罚，笔者推测可能是因为夫殴死妻子本律已是绞刑，加之犯人存在因疯杀人因素，故司法官员没有再予以加等处理。

上述案例均属于子孙本身已经犯罪，在清代法律实践中，子孙行为与父祖自杀的因果关系似乎无须推理已经证成。

父祖对子孙有"教令权"，理应"爱子教以义方，弗纳于邪"①，但不可否认，实践中确实存在父祖违背法律，教令子孙作奸犯科之事。按照"一家共犯，罪坐尊长"之义，父祖应为首犯，子孙为从。如果父祖自杀，更非直接受害者可比。但清代立法及实践并不否定父祖自杀与子孙犯罪行为之间的因果关系。嘉庆十四年（1809）议准："如祖父母、父母教令子孙犯奸犯盗，后因发觉，畏罪自尽者，将犯奸盗之子孙，杖一百，徒三年。"② 如此，父祖因教令子孙犯奸为盗畏罪自杀，对子孙的处刑均为满徒（见表5）。

法律在维护家长"教令权"的同时，也会区分"教令"正当与否。表5中7案均属于尊长教令犯罪，属于"乱命"，清代在道德和法律层面都要求尊长履行教诫之责，如果尊长不行教诫，纵容甚至教令子孙犯罪，其行为从道德层面来看已属"不道德"，从法律层面来看已属违法。值得注意的是，法律否定尊长教令子孙犯罪的行为，却并不意味着对子孙犯罪行为的允许。上述案件均依照"教令子孙犯盗，后因发觉畏罪自尽例拟徒"。这表明，"子孙是为父母的死亡负刑事责任，而不是为父母教唆下所犯的罪行负刑事责任"③。只不过法律考虑到父祖教令犯罪在先，不能与未知或纵容子孙犯罪同等对待，故对子孙定拟满徒。

综上可见，清代在服制命案中，尤其是以卑犯尊案件中，司法官追究责任甚少考虑行为人的主观动机，而是比较机械或刻板地适用法律规定的严

---

① （清）翟灏纂《通俗编》，中华书局，2013，第41页。
② （清）吴坤修等编纂《大清律例根原》（三），上海辞书出版社，2012，第1494页。
③ 魏道明：《秩序与情感的冲突：解读清代的亲属相犯案件》，中国社会科学出版社，2013，第192页。

表 5 《刑案汇览》中父祖因教令子孙犯罪而自尽案例

| 案件编号 | 案件名 | 行为双方关系 | 主要情节 | 子孙罪行 | 裁判依据 | 案例来源 | 备注 |
|---|---|---|---|---|---|---|---|
| 1 | 主令子讹诈不遂父畏累自尽 | 父子 | 荆仓听从伊父荆钦主使，讹诈卢中谦不遂，致荆钦畏累投崖身死 | 讹诈 | 地方：比照教令子犯奸盗，后因发觉畏罪自尽律拟徒 | 嘉庆七年说帖，《刑案汇览》卷 49，第 1808 页 | 刑部：借端讹诈起意，即其投崖自尽，亦系由畏罪所致，并非由荆仓贻累，应科以不应为 |
| 2 | 教子代赃销赃事发其母自尽 | 母子 | 万景奎之母图利令子销赃，其母欲行图赖，旋因发觉，服卤自尽 | 犯盗 | 比照母教令子犯盗，后因发觉畏罪例满徒 | 道光元年案，《刑案汇览》卷 49，第 1816 页 | |
| 3 | 教子窝赃事发其母自尽 | 母子 | 刘学礼听从伊母窝留何克富行窃被获，致伊母畏罪自尽 | 窝赃 | 比照母教令子犯盗，后因发觉畏罪例拟徒 | 嘉庆二十二年案，《刑案汇览》卷 49，第 1816 页 | |
| 4 | 教子抢夺族人事发其母自尽 | 母子 | 阚伦安听从伊母阚张氏抢取无服族叔荞麦，致敝控告，阚张氏畏罪自尽 | 犯盗 | 比照母教令子犯盗，后因发觉畏罪例拟徒 | 嘉庆二十二年案，《刑案汇览》卷 49，第 1817 页 | |
| 5 | 教令义孙偷窃事发其母自尽 | 义祖母与义孙 | 罗绍文听从义祖母罗郑氏窃窃被获，致罗郑氏自刎身死 | 犯盗 | 比照祖父母教令孙犯盗，后因发觉畏罪自尽例满徒 | 嘉庆二十年案，《刑案汇览》卷 49，第 1817 页 | |
| 6 | 教令义女犯奸败露义父自尽 | 义女与义父 | 栗三教令义女吴栗氏与赵祥通奸，后因败露，愧迫自尽 | 犯奸 | 比照父教令女犯奸，后因发觉畏罪例满徒 | 嘉庆二十三年案，《刑案汇览》卷 49，第 1817 页 | |
| 7 | 纵子拐藏妇女事发其母自尽 | 母子 | 王万全听从伊母王任氏贪利纵容，窝藏，其母王任氏贪利纵容，后被查知畏罪自缢 | 诱拐 | 比照子犯奸盗，后经母教令纵容，后自尽例拟遣 | 道光三年案，《刑案汇览》卷 49，第 1817 页 | |

格责任。其目的就是打击和防范违反伦纪名分的犯罪。清代大量发生的此类服制命案，因关涉祖父母、父母与子孙此类最重要的服制伦常关系，"因果联系被牵强地笃定与做实，继而道德和法律责任被无限制地扩大，以致最终达到以命抵偿的目的。"①

将道德责任扩大，泛化因果关系，进而追责的不仅限于服制命案，也体现在有关侵犯妇女名节的奸非案件中。清代为维护妇女名节采取的措施可以称为"重刑主义"，严厉打击侵害妇女贞节的犯罪，目的是用重刑来"威吓"或者"吓阻"男性对女性名节的侵害，"惩淫恶而励廉耻"，维护整个社会的风化②。

因奸肇事类案件的因果关系泛化典型体现在涉及"第三人"的案件中。第三人非事件直接当事人，但因为该事件的发生而自杀。例如，强奸或者调奸妇女，引起其夫、父母、亲属等羞忿自尽，行为人均要被拟以绞监候。此类案件中，受害者无疑是妇女（本妇），但若是具有特定关系之人也被牵连其中，甚至自杀，清代法律就会将此人与被害者等同来建构因果关系。试举一例：

> （乾隆八年）赵四调奸庞宗义之妻王氏，致宗义之母周氏缢死一案。缘乾隆七年三月十六日晚，赵四赴庞宗义家借烟，适庞宗义同母周氏俱各外出，惟宗义之妻王氏在室独处，赵四顿起淫心，手拉王氏求欢，王氏声喊，赵四奔逸。庞宗义回家，王氏告知情由，庞宗义往寻赵四之兄赵之兰理论，赵之兰将庞宗义劝回。庞宗义诉知堂伯庞大伸欲行控告，庞大伸阻令勿控，随唤村长黄知臣讲处。十八日，黄知臣同赵之兰俱至庞大伸家讲和，令赵四向庞宗义服礼寝息，讵周氏闻知羞忿莫释，即于次早自缢殒命，讯供不讳，赵四依但经调戏其夫父母羞忿自尽例拟绞监候，庞大伸依私和公事律笞五十，黄知臣、赵之兰俱依为从减一等律笞四十。③

此案中，赵四调奸庞宗义之妻王氏未成，村长黄知臣和赵四兄长赵之

---

① 顾元：《服制命案、干分嫁娶与清代衡平司法》，法律出版社，2018，第159页。
② （清）祝庆祺等编《刑案汇览三编》（二），北京古籍出版社，2004，第1296页。
③ "中央研究院"历史语言研究所内阁大库档案，登录号：071523。

兰意欲讲和，庞宗义之母周氏羞忿莫释，自缢殒命。婆婆周氏之死实际上与调奸行为并无直接因果关系，但立法与司法实践逻辑背后的理念应与传统中国强调贞节礼教有关。如果妇女被人强奸或者调戏，对于整个家族来说是"丑事"，不止妇女本人受辱，家人也有连带影响。没有 A 之调奸行为则无 B 被害人婆婆自杀这一结果，也正是基于此，法律及其实践才会将"第三人"直接等同于被害者来建构因果关系。

将非直接侵害对象直接等同于被害人的现象，不仅存在于上述服制命案和因奸情致死他人的案件类型中，其他案件中也同样如此。例如，刃伤人致其人之婶忧郁自尽案：

> 刘全用刀扎伤刘柱，致刘柱之婶刘韩氏见刘柱伤重，恐有不测，无人养赡，忧郁自缢身死。①

地方督抚处断时，在刘全刃伤人本罪上加一等，拟以杖九十，徒二年半。刑部认为如此处断"究未允协"，原因是无人对刘韩氏之死负责。为寻找责任人，刑部将刘韩氏之死与刘全刀扎刘柱的行为建立直接因果关系，刘韩氏替换刘柱的身份，成为直接被害者。刘全的行为由刃伤人转变为"殴有致命致其人自尽"。依照"因事用强殴打，威逼人致死，致命而非重伤例"，处杖一百，徒三年。

综上可见，清代立法和司法实践都存在将并非犯罪行为直接侵害的对象"替换"为直接被害人现象，主要是基于"抵偿"的理念，要为自杀者找到负责之人。

2. 因非罪行为导致他人自尽

现代法律中，因果关系所讨论的是实行行为与法益侵害结果之间的因果关系。其中，实行行为应具有造成法益侵害的危险性。如果行为本身不具有法益侵害的危险，就不是实行行为，其与结果之间的关系就不成立刑法上的因果关系②。清代法律与现代刑法大为不同。即使是非罪行为，如果引起他人死亡，行为人有时也要被追责。典型体现在卑幼侵犯尊长类案件中。

---

① （清）祝庆祺等编《刑案汇览三编》（二），北京古籍出版社，2004，第 1234 页。
② 张明楷：《刑法学》（第 5 版），法律出版社，2016，第 183~184 页。

例如，乾隆三十一年（1766）正红旗蒙古民妇巴凌氏被婆婆斥责自伤，致婆婆自尽身死一案：

> 德永之妻巴凌氏因赋性愚拙不善女工，致被伊姑周氏斥骂，愧迫轻生，用剪刀自扎脖项昏晕倒地。迨伊夫弟德满见而惊喊，伊姑周氏在屋听闻，亦用菜刀抹伤脖项，延至半夜殒命。查巴凌氏已自抹伤昏晕倒地，周氏闻知，在屋自戕。严讯巴凌氏并同院居住之见证人等，供称并无别项情节，巴凌氏亦无顶撞恐吓伊姑情事。但周氏之死究因巴凌氏抹伤畏惧所致，事关伦纪，不便宽假。应将巴凌氏比照妻妾过失杀夫之父母绞决例量减为绞监候，秋后处决。①

此案中，首先可以肯定巴凌氏之自杀行为本身不属于违法，因为清代没有自杀罪名②。巴凌氏素无顶撞恐吓其姑，反而是被其姑斥责，不符合"子孙违犯教令"罪名的构成要件。且巴凌氏自杀未遂后已然昏倒，对于其婆婆的自杀完全无法预料，但司法实践却必须要为尊长的自杀找出负责之人。于是，刑部就在巴凌氏自杀行为与婆婆的自杀结果之间建立因果关系，实现责任追究。但因法无明文，司法官员认为巴凌氏自杀未遂造成婆婆的自杀死亡与"耳目所不及、思虑所不周"类似，故采取比附的方式，比照妻妾过失杀夫之父母绞决例，减一等拟罪。巴凌氏被判绞监候，秋后处决。此案之所以对自杀未遂者进行追责，实乃是因为事关伦纪，必须得有人对尊长的死亡负责。

《刑案汇览》中辑录了多起子孙行为本身并无过错却引起父祖自杀的案例③（见表6）。

---

① 正红旗蒙古民妇巴凌氏婆斥责自伤致婆自尽身死案，中国第一历史档案馆藏清代内阁刑科题本，档案号：02-01-07-0950-003。
② 参见本书绪论部分内容。
③ 此处"过错"的含义，首先不属于法律明文规定的罪行；其次，考虑到清代对罪名设立的宽泛性，如"兜底性"条款，"不应得为"罪，律无罪名，所犯事有轻重，各量情而坐之。此时"情理"作为衡量"罪"的标准，和一般的社会道德类似，与近代法律认为犯罪具有严重的社会危害性不同。综上，此处的无"过错"即不属于法律明文规定的犯罪，也指按照情理判断是正当的行为。

表6　《刑案汇览》中子孙因非罪行为致祖父母、父母自尽案例

| 案件编号 | 案件名 | 行为双方关系 | 主要情节 | 过错与否 | 裁判依据 | 案例来源 | 备注 |
|---|---|---|---|---|---|---|---|
| 1 | 理责其子致母痛孙气忿自尽 | 母子 | 田宗保夫妇训责其子。其母唐氏查知不乐，气忿莫释，自缢殒命 | 并无违犯教令 | 比照子孙违犯教令致父母自尽候例量减一等拟流（地方拟断） | 嘉庆十一年说贴，《刑案汇览》卷34，第1242~1244页 | |
| 2 | 训责其子致姑痛孙气忿自尽 | 婆媳 | 小何田氏因子玩具用竹片责打。婆婆老何田氏嚷骂欲殴。小何田氏并未回言，进房躲避。婆婆气忿投缳自缢殒命 | 并无违犯教令 | 比照子孙违犯教令致父母自尽候例量减一等拟流 | 道光六年说贴，《刑案汇览》卷34，第1244页 | 刑部应传知各司将此案抄录存记，以便将来仿照办理 |
| 3 | 并无违犯教令其母气忿自尽 | 母子 | 刘知清认为不可使用非应得之财，伊母不允，刘知清未与伊母言明，另凑钱文私行退还，伊母不依，复愁致人耻笑气忿跳窗身死 | | 照违犯教令致父母自尽拟绞候例量减一等，杖一百，流三千里 | 道光七年说贴，《刑案汇览》卷34，第1245页 | 例无明文，衡情酌办 |
| 4 | 因媳煮豆不烂致姑气忿自尽 | 婆媳 | 牛高氏煮豆未烂，痛播动牙痛叫骂。后做面条送食，萧氏因牙痛难吃，复向叫骂，气忿拾棍向殴，因被高氏拦阻，激愤并身死 | 无触忤违犯 | 比照子孙违犯教令致母自缢例拟满流 | 嘉庆二十五年案，《刑案汇览》第1251页 | |
| 5 | 因姑有病不与冷物致姑自尽 | 婆媳 | 柴赵氏因姑王氏欲食麦，该氏因麦面性冷，伊姑素患胃痛，恐食性寒之物，不肯与食，致伊姑气忿自尽 | 非有心违犯 | 比照子贫不能养赡致父母自缢例满流 | 道光三年案，《刑案汇览》卷34，第1251页 | |
| 6 | 因子售地贩煤致母愁忿自尽 | 母子 | 李文青因欲贩煤渔利，将地出租，伊母李古氏恐不能赚钱致无食用，愁忿自尽 | | 比照子贫不能养赡致父母自尽例满流 | 嘉庆二十五年案，《刑案汇览》第1810页 | |

上述 6 个案例中，案例 1 和案例 2 训责其子、案例 3 归还非应得之财、案例 4 煮豆不烂、案例 5 为不肯与性冷食物、案例 6 出租土地均属于合理行为。案例 3 中，刘知清本无违犯教令，也未公然违抗其母之"乱命"，在几番劝阻后私下凑钱退还，其行为可以说完全正当。诸如此类今天看来完全正当的行为均不符合犯罪构成要件，也不应该成立任何罪名，但清代司法官员审断相关案件的逻辑思维却并非如此。

案例 1、案例 2 和案例 3 中，司法官员承认子孙行为并无违犯教令之处，即不符合犯罪构成要件，但均比照"子孙违犯教令致父母自尽绞候例"量减一等拟流。案例 4 和案例 5 均是儿媳与婆婆就饮食细故引起，案例 6 是因恐惧无钱生活，此三案在情理上属于日常生活，法司在例无明文的情况下，比照"子贫不能养赡，致父母自尽例"拟流。

清代司法官员的审断逻辑应是：只要出现尊长死亡的结果，即使卑幼行为本无过错，尊长死亡纯属意外，也必须找到对尊长死亡负责之人。如此，"因果关系与法律责任之间的关系被倒置，即不由因果关系推导出法律责任，而是由法律责任倒推出因果关系"。从事物的关联角度，只要子孙行为在前，父祖自杀在后，即可成立相应罪名。子孙行为的"可责性就会在道德层面无限地扩展开来"①。

除了行为双方存在服制关系外，常人之间，行为人的非犯罪行为如果引起他人自杀，也要被追责。例如，男子被人拍腿相谑羞忿自尽案：高建顺用手戏拍杜万仓腿，并以好白腿臀之言相谑，致杜万仓自刎身死②。刑部认为，行为人高建顺"戏拍其腿，用言相谑，不过语言轻薄"，且"男子与男子群居共处，无嫌可避，故互相戏谑，亦事所恒有"。既然男子之间的玩笑戏谑行为本属正常，且律例内并无男子秽语亵狎致令自尽之条。这就意味着高建顺的行为不能归为犯罪。尽管刑部认定高建顺并无图奸之心，迨后杜万仓追悔自尽，"尤非意料所及"，行为人高建顺客观上无违法行为，主观上也无致死他人的罪过。但毕竟出现了他人自杀身死的结果，即使高建顺的行为不属于犯罪，也不能完全免责。高建顺依不应重律杖八十，酌加枷号一个月。

综上，清代致人自尽案件的处断主要依据行为造成的实际侵害结果而

① 顾元：《服制命案、干分嫁娶与清代衡平司法》，法律出版社，2018，第 160 页。

② （清）祝庆祺等编《刑案汇览三编》（二），北京古籍出版社，2004，第 1276 页。

非犯罪意图来定罪量刑。即使是非犯罪行为，只要造成了被害人的自杀，一般都要追究行为人相应的法律责任，这在卑幼致尊长自杀类案件中体现得尤为明显。

3. 因"失职"导致他人自尽

清代律法针对负有缉捕、监狱看管、中途押解等与司法工作相关的差役群体制定了明确的职责规定。如果出现人犯在监狱或者押解途中自杀等情况，无论差役是出于故意还是过失都要受到刑事处罚。此外，法律还要对负有监管责任的官员处以刑事或行政处罚。形式上的一因（差役失职）一果（犯人自杀），在实践中扩展成为多因一果的形式，将上级官员未能履行监管职责和差役失职共同作为犯人自杀的原因进行追责。

例如，乾隆三十三年（1768），化州知州焦绍祖因亏空被判斩刑，在监自尽。两广总督李侍尧具奏参革，吏部题覆，将化州知州呼延华国、署化州吏目韩培基，革职严审；高州府知府张若焰、按察使富勒浑降一级留任；总督李侍尧、巡抚钟音罚俸一年[1]。

乾隆皇帝谕旨，将李侍尧、钟音俱罚俸一年，富勒浑降一级留任。但乾隆皇帝认为，对于化州知州呼延华国及高州府知府张若焰的处罚"尚未允协"。其所持理由是，焦绍祖系亏空库银仓谷情实官犯，在狱自戕，与寻常监毙人犯不同。但吏部却按照寻常人犯在狱自尽将呼延华国拟以革职，张若焰拟以降一级留任。乾隆皇帝认为，情实官犯在狱自尽，在责任追究中，主管一省"刑名总汇"之臬司与主管州县的知府所应承担的责任不同：

> 臬司虽系刑名总汇，但通省州县甚多，其势自难遍及。知府乃亲临上司，所属既有监候紧要官犯，并不严饬该州加意防闲，致令自缢，其玩慢旷职咎无可逭，岂可与臬司同科？[2]

臬司负责一省刑名，可能无法顾及通省全部州县的监狱情况，但知府不同，其对州县狱政负有直接管理之责，故要被重处。监禁官犯是知州的专责，罪犯竟然在狱中畏罪自尽，据此无法排除"无徇情故纵情弊"，故

---

[1]　（清）阿桂等编纂：《清代法律法规各部则例》：钦定吏部则例（处分则例）卷44，乾隆刻本。

[2]　（清）阿桂等编纂：《清代法律法规各部则例》：钦定吏部则例（处分则例）卷44，乾隆刻本。

"革职不足蔽辜"。在乾隆皇帝的谕旨下，张若焰被革职，呼延华国被革职拿问，交该总督与吏目韩培基一并严审。乾隆皇帝将此案件的处罚"著为例"，具备了通行原则的性质。清代对人犯自杀追责时，按照人犯罪刑的轻重，不仅追究差役的刑事责任，还将追究知府、臬司、总督等的责任，其追责范围非常广泛。

此外，差役依仗自身地位，滥用职权，在执行公务过程中致人死亡，也是清代严厉打击的行为。《刑案汇览》中有多件差役倚势逼毙人命的案件（见表7）：

表7 《刑案汇览》中差役致人自尽案例

| 案例编号 | 案件名称 | 行为人 | 犯罪情节 | 裁判依据 | 资料来源 | 备注 |
|---|---|---|---|---|---|---|
| 1 | 捕役获贼拷问别案致令自尽 | 捕役 | 董春身充县役，缉获贼犯王启酬，私自捆缚拷打，并喝令汤顺用火烧伤王启酬膁胠等处，以致王启酬心生忿恨，自缢身死 | 照诬窃吓诈逼认因而致死绞罪上酌减一等，拟流 | 道光二年说贴，《刑案汇览》卷50，1769~1770页 | 并无吓诈 |
| 2 | 捕役误听人言诬良拷逼自尽 | | 捕役李禄因误听人言，将良民唐文林捉拿拷打，追问窃情，以致唐文林情急投井殒命 | 依诬良为窃吓诈逼认因而致死例，拟绞监候 | 嘉庆十八年说帖，《刑案汇览》卷50，1771页 | |
| 3 | 县役听贿纵犯致犯无措自尽 | 县役 | 张云拿获赇犯刘如亨，听许钱文，致刘如亨无措自尽 | 依蠹役诈赃毙命拟绞例，量减一等拟流 | 道光七年说贴，《刑案汇览》卷50，第1853~1854页 | |
| 4 | 诈赃毙命赃未入手亦应拟绞 | 差役 | 票差王富、谭与前往传讯蔡潮山。王富图诈盘缠使用，蔡潮山无钱付给，王富吓称如不给钱，定要带同入城。蔡潮山因被诈气忿，乘间自缢身死 | 地方：将王富等于蠹役诈赃毙命例上量减，拟以流徒 | 道光十一年说贴，《刑案汇览》卷50，第1855页 | 刑部：蠹役诈赃毙命，例称不论赃数多寡，非计赃定罪可比 |

续表

| 案例编号 | 案件名称 | 行为人 | 犯罪情节 | 裁判依据 | 资料来源 | 备注 |
|---|---|---|---|---|---|---|
| 5 | 衙役索欠逼威吓逼致人自尽 | 衙役 | 州役王丙辰向党进来催讨代垫煤钱，党进来已付还一半，其余央缓不肯，复给棉花作抵，仍不依允，又令吏目衙门差役杨悦将其带进城内索追，以致党进来情急自尽 | 比照蠹役诈赃毙命拟绞例，量减一等拟流 | 道光二年案，《刑案汇览》卷50，1863页 | 情节可恶，发新疆当差 |
| 6 | 差传躲避吓逼店伙交人自尽 | 差役 | 马春因奉差查传汪期高无获，将其店伙汪位三带案讯问，逼令交出汪期高，致汪位三畏累自刎身死 | 照蠹役诈赃毙命拟绞例，量减一等拟流 | 嘉庆十九年说帖，《刑案汇览》卷50，1864页。 | 讯无索诈别情 |
| 7 | 差传避躲吓锁犯属致妇自尽 | 差役 | 革役韦与带同散役传提葛世良，即在葛世良家守候供给饭食。讯无索诈别情，惟因葛世良不回，将葛韦氏用链套项，声称带县押交，以致葛韦氏畏累轻生 | 依蠹役诈赃毙命拟绞例，量减一等拟流 | 嘉庆十九年案，《刑案汇览》卷50，1864页 | 讯无索诈别情 |

　　上述案例中，行为人身份均为差役，案例 1 拷问贼犯、案例 2 拷打良民、案例 3 听许钱文、案例 4 诈赃、案例 5 催讨钱债、案例 6 逼交人犯、案例 7 吓诈犯人之妻，此 7 案均出现致他人自尽的后果。

　　案例 1 和案例 2 均属于拷问他人致其自尽。法律都将差役拷问行为与被害人死亡之间建立因果关系。在量刑上，根据被害者身份不同，一为贼犯一为良民，依照不同律例进行量刑，前者拟流，后者拟绞监候，可见被害人本身的过错程度是量刑的重要因素。

　　"蠹役诈赃毙命拟绞例"的罪名构成要件包括：①行为人：差役；②行为：诈赃；③结果：被诈者死亡。其中，"诈赃"是适用该例的核心要件。

案例 3 被害人许给差役钱财，后因无法筹措而自尽；案例 5 差役催讨曾经垫付的煤钱；案例 6 差役逼令店伙交出人犯、案例 7 将人犯之妻押交县衙，此四案均无诈赃情事，不符合罪名构成要件，但都是比照该例减一等，拟流刑。常人之间因催讨钱债致人自尽，一般按照因事威逼，拟杖刑。基于差役身份，如果出现致人自尽，法律会加重惩治。

案例 4 属于差役诈赃致人自尽。差役王富、谭与在传讯蔡潮山过程中图诈。因蔡潮山无钱付给，吓称如不给钱，定要带同入城，致被害人自缢身死。地方督抚认为，差役的行为只是吓诈，并未得财，故在"蠹役诈赃毙命"例上减等拟流。刑部认为地方对案件的处断"殊属轻纵"：

> 例称不论赃数多寡，非计赃定罪可比，原以差役恃势欺压乡民，既因索贿逼毙人命，其情可恶，即应拟以缳首，岂得以仅止索诈盘费，尚未得赃，曲为宽解？①

由此可见，差役在执行公务过程中，只要出现致人自尽的结果，其有无"诈赃"行为并不是案件处断的关键。律例在适用过程中忽视差役的具体行为，主要以被害人自杀的结果来建构因果关系。

### （二）间接条件型因果关系推理

在致人自尽案件中，除了被害人自杀这一介入因素外，如果事件中还介入了其他因素，可能会形成一个因果关系链条②。客观世界中，各种现象本就是普遍联系又相互制约的，"一种现象相对于被它引起的结果而言是原因，而它本身又是被某些现象引起的结果"③。如此就会形成无数的因果关

---

① （清）祝庆祺等编《刑案汇览三编》（三），北京古籍出版社，2004，第 1855 页。
② 因果关系链是由法律挑选出来的，用以判定某项死亡相关刑事责任的一系列具有内在关联的事件。参见〔英〕杰弗里·D. 麦科马克《帝制中国时代关于命案因果关系立法中的两个问题》，张世明主编《世界学者论中国传统法律文化》，法律出版社，2009，第 121 页。如果以事件为主体，也称"连锁因果关系"，一系列有顺序因果关系的事件，其中某一在后的事件是由直接在其前的事件引起。例如，事故发生—受伤—精神沮丧—治疗不当—自杀。这一问题的提出，经常是为确定行为人的初始行为导致一系列后果时，其所应承担责任应至何阶段，以及是否因独立事件介入，从而使其后的事件实际上由这一独立事件而非在其前的其他事件所引起。参见《元照英美法词典》，https://www.lawdata01.com.cn/。
③ 张明楷：《刑法学》（第 5 版），法律出版社，2016，第 184 页。

系链。清代司法官员又是如何从因果链条中抽出行为与结果这对现象，并据此进行刑责追究呢？下文对此问题进行讨论。

1. 介入行为未中断原有因果关系

在案件发展过程中，实行行为导致了介入因素Ⅰ的产生，而介入因素Ⅰ直接导致了被害人的自杀，用图示如下：

实行行为→介入因素Ⅰ→介入因素Ⅱ（自杀）→死亡结果

清代的法律逻辑并不是依照事实上的直接因果关系来处断案件，而是在案件的整个因果关系链条中寻找责任最重者，将责任最重者与自杀死亡结果直接建构因果关系。以下先从《大清律例·刑律·人命》威逼人致死律下"调奸妇女未成和息后妇女或其亲属自杀"例文谈起。此例属于"因案生例"：

> 乾隆四十六年（1781）闰五月，广西巡抚姚成烈题，北川县民陈正仁调戏唐惠志之妻陈氏，贿和后因被村童耻笑，追悔抱怨，夫妇先后服毒身死，将陈正仁依威逼致死例拟军。刑部题驳，改拟绞监候。钦奉上谕："此案虽致死二命，究系和息一月之后，若定拟绞候，情殊可悯，如改拟充军，则又系致死二命，未免稍失之宽。陈正仁改发乌鲁木齐，充当苦差。嗣后，遇有此等案件，著即照此问拟，著为令。钦此。①

唐惠志之妻陈氏被陈正仁调戏，和息一月后，因人耻笑追悔自尽。例文中调奸未成后和息，属于加害人犯罪在先，但被害人选择不追究其刑事责任的情形。清律中有关于调奸未成报官的相关规定，见于《大清律例·刑律·犯奸》"调奸图奸未成案乡保不即转报致本妇自尽"例：

> 凡调奸、图奸未成者，经本妇告知亲族乡保，实时禀明该地方官

---

① （清）吴坤修等编纂《大清律例根原》（三），第1297页。北川县民陈正仁调戏唐惠志之妻陈氏，和息后，唐陈氏与唐惠志先后服毒身死一案，详见（清）全士潮等纂辑《驳案汇编》，何勤华等点校，法律出版社，2009，第356~359页。

审讯，如果有据，即酌其情罪之重轻，分别枷号杖责，报明上司存案。如本家已经投明乡保，该乡保不即禀官，及禀官不即审理，致本妇怀忿自尽者，将乡保照甲长不行转报窃盗例，杖八十，地方官照例议处。①

此例规定，调奸未成，本妇可告知亲族或乡保，由其禀官审究。官府要对调奸者处以杖刑并枷号。但在现实中，亲族为避免"丑事"张扬，也可能令行为人采取赔礼等措施进行"和息"，这也意味着受害者放弃了对行为人的刑事追责。但调奸和息后，如因他人耻笑（或非议），导致妇女或其夫或其父母或其他亲属抱忿自尽，法律依然要对调奸之人进行追责。

从事件的因果链条来看，妇女（夫、父母、亲属）自杀的直接原因应是由于他人耻笑，其非死于调奸和息之时，而死于被人耻笑之后，即表明其"不死于调奸而死于耻笑"②。应引起注意的是该例文的立法逻辑，法律在 A（调奸和息）→B 他人耻笑→C 妇女（夫、父母、亲属）自杀这一因果关系链条中，越过时间接近且是致妇女及其亲属自尽的直接原因，即他人耻笑带来的心理压力和名誉损毁，通过延长自尽事件的因果关系链条，将远因与自杀结果之间建立因果关系，将行为人的调奸罪转变为"调奸致人死亡"罪。仅在量刑时，为与"一经调戏立即捐躯者稍有区别"，而在"强奸妇女未成，或但经调戏致本妇及其父母亲属自尽者，拟绞监候"例上减一等，拟以流刑③。

由于清律立法比较具体，此类案件中，调奸和息后可能会介入多种因素，并不仅限于他人耻笑，但在案件处断时司法官员一般是比照"调奸妇女未成，业经和息之后，如有因人耻笑"例进行判罚（见表8）。

---

① （清）薛允升著《读例存疑（重刊本）》（五），黄静嘉编校，台湾成文出版社，1970，第1086 页。

② （清）薛允升著《读例存疑（重刊本）》（四），黄静嘉编校，台湾成文出版社，1970，第878 页。

③ （清）全士潮等纂辑《驳案汇编》，何勤华等点校，法律出版社，2009，第357 页。

表 8　《刑案汇览》中调奸和息后妇女自尽案例

| 案件号 | 案件名称 | 主要情节（和息之前） | 介入因素（和息之后） | 结果 | 判词 | 来源 | 备注 |
|---|---|---|---|---|---|---|---|
| 1 | 调奸和息旁人穆晋追悔自尽 | 叶五幅向高大姐调戏，经钱连生等劝处之后 | 高又山复欲告官。钱姐劝阻。高大姐置其多管，以若非伊等调唆，设到官究，出丑别故，还要回试之言 | 高大姐气忿自缢 | 叶五幅合依调奸和息成，业经和息之后，因人耻笑本妇道悔自尽例，连生应于叶五幅调唆生事杖一百，应减一等量减一等，徒三年 | 嘉庆十二年说帖《刑案汇览》卷35，第1287～1288页 | 被叶五幅调戏未死，又教该论犯导骂自杀同为高大姐自杀原因 |
| 2 | 调奸经官责惩犯妻诿论酿命 | 寇成瑰调奸尚乔女未成，业经责惩 | 寇成瑰之妻郝氏与伊藏该论及尚乔女不知自爱，致被取辱 | 尚乔女追悔抱忿自尽 | 比照调奸妇女未成后被人耻笑，本妇道悔以满流，郝氏自尽例减一等拟徒 | 嘉庆二十五年说帖《刑案汇览》卷35，第1288页 | 刑部认为寇成瑰之妻郝氏该论尚乔女自尽为直接原因 |
| 3 | 调奸寝息复惩到官露丑自尽 | 姚氏被贾保仔戏言谑，劝慰寝息 | 连赵氏欲将贾保仔送官讯究，该氏恐到官出丑 | 自缢 | 依调奸妇女未成，和息之后，因人耻笑本妇道悔自尽例，流三千里 | 嘉庆十四年说帖《刑案汇览》卷35，第1288页 |  |
| 4 | 调奸寝息追忿自尽夫讼累累例拟流 | 刘霜诱奸刘辛氏未成寝息 | 刘辛氏夫刘生唐将刘霜之父刘迈殴伤，控告刘霜 | 忿急轻生 | 比照调奸未成和息道忿自尽妇女例拟流 | 嘉庆二十年案，《刑案汇览》卷35，第1289页 | 既不能泄己忿，反致贻累其夫 |

续表

| 案件号 | 案件名称 | 主要情节（和息之前） | 介入因素（和息之后） | 结果 | 判刑 | 来源 | 备注 |
|---|---|---|---|---|---|---|---|
| 5 | 调奸和息被夫抱怨追悔自尽 | 王兴图奸王甘氏未成，业经陪礼寝息 | 王甘氏夫王二虎儿回家查知，向甘氏抱怨和息之非 | 追悔自尽 | 比照调奸妇女未成，和息后因人耻笑，本妇追悔自尽例满流 | 嘉庆二十二年案，《刑案汇览》卷35，第1289页 | 丈夫抱怨应为妻子自杀的直接原因 |
| 6 | 调奸寝息本夫疑奸自尽二命 | 贾三有图奸贾王氏未成寝息 | 贾王氏夫贾连成疑奸村辱 | 气忿抱子投井自尽 | 比依调奸妇女未成，和息后因人耻笑，本妇复追悔自尽致死二命例拟军 | 道光元年案，《刑案汇览》卷35，第1289页 | |
| 7 | 调奸寝息闻骂心疑追悔自尽 | 杨杰图奸杨治家之妻刘氏未成，寝息 | 杨杰之母张氏因猫只走失，以谁家妇女将猫霸住不放之言在街诟骂 | 刘氏心疑张氏借端污蔑服毒殒命 | 比依调奸妇女未成，业经和息之后和息复追悔本妇自尽例拟以满流 | 嘉庆十七年说帖，《刑案汇览》卷35，第1290页 | 刑部：刘氏被拉衣调奸与服毒自尽，相距已届十日，且张氏诟骂属村妇常情 |

上述 7 个案件都属于调奸未成和息，但因介入了其他因素最终导致妇女自杀的情形。案例 2 他人的谈论、案例 3 送官出丑、案例 4 丈夫被控、案例 5 丈夫抱怨、案例 6 丈夫辱骂、案例 7 他人海骂，事实上都是妇女自杀的直接原因，但司法官员回溯整个事件时，均否定调奸和息后介入的事件与妇女自杀结果之间成立刑法上的因果关系。介入行为之所以均未中断原有因果关系，乃是因为介入行为的过错程度小于行为人的过错程度，根据过错程度来建构因果关系是清律立法和实践的逻辑所在。

但司法官员并非对所有的介入因素均予以忽视。案例 1 中，钱连生詈骂高大姐虽与先前叶五幅调奸事情有关联，但关联性不强。彼此之间的詈骂也只发生于高大姐和钱连生之间，与叶五幅本人关系并不紧密。因钱连生詈骂行为与高大姐自杀关联性较强，所以司法官员认为被叶五幅调戏未究，又被钱连生辱骂同为高大姐自杀的原因，并且以该事件的最初引起者叶五幅为首、钱连生为从进行量刑。在司法官员的理念中，叶五幅为事件的引起者，无此行为，即无此后一系列连锁事件，其在整个因果链条中责任最重，故以其为首进行惩处。

案例 2 较为特殊，笔者推测可能是因为谈论调奸事件的行为人身份比较特殊。以调奸者妻子的身份议论此事，且以"年轻不知自爱"之语加以羞辱，本身就会对被害者的心理产生极大的刺激，其行为与被害者自杀的关联性也就更强。故法司以调奸者为首、其妻为从进行处断。

其实，从"断罪引律例"角度来讲，司法官员的判断必须基于律例规定的逻辑。调奸和息后被害人因他人耻笑而自杀，调奸人作为整个事件的引起者，就应该被追究责任，此乃立法的逻辑。但因为律例规定过于具体，即使介入因素并非他人耻笑，而是他人殴责、辱骂等，其案情的逻辑与法律规范的逻辑仍属一致，也可比附该条律例进行判罚，以达到"情罪允协"的目的。只要案情逻辑与规范逻辑一致，司法官员甚至认为根本无须比附，即可依例处断。

案件一：调奸寝息被父殴骂气忿自尽案：

> 徐映明用言向施必全之女施丙姑调戏，施丙姑詈骂退走，失跌田内，致将后衣服打湿回归。施必全问知情由，疑有奸私，用棍将施丙姑殴伤。经徐映明之戚施洪爵等处令徐映明陪礼寝息。嗣施必全复以

施丙姑被徐映明调戏，系自不稳重之言向詈。施丙姑气忿莫释，投塘
殒命。查施丙姑先被徐映明调戏，业经施洪爵等处令陪礼寝息。嗣该
氏短见轻生，实由其父训詈所致，因系该犯调戏起衅，与调奸和息后
因人耻笑追悔自尽者情事相同。[①]

此案中，徐映明调戏施丙姑未成。施丙姑之父因怀疑女儿有奸情而对
其进行责打并殴伤，在当时应属"情有可原"。但当徐映明赔礼寝息，并无
私情一事已经澄清之后，施丙姑又遭其父责骂，随后自尽身死。刑部官员
认可施丙姑自杀实为"其父训詈所致"，承认父亲的殴责与女儿自杀之间成
立事实上的因果关系。但能够成为法律因果关系而被追责的却是调戏者徐
映明，其调戏行为是引发后续事件的源头，故法律必须对这一"罪魁祸首"
进行惩处。父亲之所以未被追究刑责，乃是因为法律上根本就没有父亲责
骂女儿致其自杀的罪名。即使是父亲非理殴杀子女，法律也仅处轻刑，更
何况是责骂和殴打。无此罪名，当然也就无从追责。

这种忽视（或者无视）直接因果关系，而从整个因果关系链条上寻找
责任最重的行为人从而加以刑责的做法，广泛存在于各类案件中。

案件二：藉盐讹诈被诈之人殴妻自尽：

船户陆鹏年因受雇载豆，贪贱买得官盐十斤，携带在船食用，交
卸后停泊船厂，经伊妻周氏将盐送给厂邻张徐氏一碗携回，路遇屠全
发，见系淮盐，向张徐氏查知系陆鹏年之妻周氏送给，心疑陆鹏年船
上带有私盐，起意搜查讹诈，邀允屠阿五等同至船上，搜出剩盐六七
斤，指为私盐，令陆鹏年出钱了事。陆鹏年分辩，屠全发不依，欲拉
同投保送究。陆鹏年畏事，许给洋钱三圆而散。陆鹏年以周氏送盐惹
事斥骂，因周氏顶撞，掌批其颊，周氏哭泣，声称将食盐送人，并无
不是，屠全发借端讹诈，因而被殴，心怀不甘，欲与拼命，抱忿莫释，
乘间自缢身死。[②]

地方拟断：屠全发固属无端肇衅，讹诈酿命，惟陆周氏究由被伊

---

① （清）祝庆祺等编《刑案汇览三编》（二），北京古籍出版社，2004，第1290～1291页。
② （清）祝庆祺等编《刑案汇览三编》（一），北京古籍出版社，2004，第671～672页。

夫掌殴气忿所致，与被讹诈逼迫自尽者有间。将屠全发于刁徒平空讹诈，致被诈之人自尽拟绞例量减拟流，为从之屠阿五等拟徒。

　　刑部意见：陆鹏年所买既系官盐，该犯屠全发又无巡查之责，则其因疑索诈，系属无端肇衅，平空讹诈，委非事出有因。其致陆鹏年因此殴骂伊妻周氏，周氏因此气忿轻生，罪坐所由，自应将屠全发依例拟绞，并将听从讹诈同行搜查之屠阿五等拟流，庶以儆刁徒而昭平允。即或因周氏之死半由伊夫殴责，该犯情尚可原，亦只可俟秋审时衡情办理，定案既非事出有因，未便曲为宽减。

此案的判决依据为《大清律例·刑律·贼盗》"恐吓取财"条例：

　　刁徒无端肇衅，平空讹诈，欺压乡愚，致被诈之人因而自尽者，拟绞监候。[1]

　　本例构成要件中包括行为人"凭空讹诈"的行为及致被诈之人自杀的危害结果。"详绎例意，事出有因，系指其事与该犯本有干涉，因而藉端讹诈者而言。若其事与该犯本无干涉，乘机讹诈，即属平空，自不得谓之事出有因，率行量减，致滋轻纵。"[2] 本案中屠全发本无巡查之责，"若死者虽系罪人，凶犯并无应捕之责，其讹诈毙命，即属无端肇衅"[3]。何况周氏将盐送给厂邻的行为并无过错，屠全发之行为无疑应为"凭空讹诈"。但自杀的周氏却并不是"被诈之人"。周氏死于丈夫陆鹏年的责打。此案其实包含前后相继的两个事件，一是屠全发讹诈陆鹏年；一是陆鹏年责打其妻，致妻自尽。但刑部却将两个事件的因果关系进行重新构建和组合，最终在形式上满足了"凭空讹诈致被诈人自尽"这一法律规定。

　　这样的例子在《刑案汇览》中尚多，再举一例。

　　案件三：子妇犯奸氏兄护短致姑自尽：

---

①　（清）薛允升著《读例存疑（重刊本）》（四），黄静嘉编校，台湾成文出版社，1970，第712页。

②　（清）祝庆祺等编《刑案汇览三编》（一），北京古籍出版社，2004，第664页。

③　（清）祝庆祺等编《刑案汇览三编》（一），北京古籍出版社，2004，第672页。

> 王贺氏撞见伊媳王杨氏与袁成青通奸，仅令伊子王启柏告知王杨
> 氏之父杨维贵管教，杨应俸反称王贺氏捏奸污蔑，欲行控告，以致王
> 贺氏畏累自尽。①

刑部认为王贺氏自杀的原因为杨应俸出言吓逼。其判断依据是，贺氏撞见媳妇王杨氏通奸，止将王杨氏斥骂，并隐忍数日，可见其既无杀奸之意，又无忧忿欲死之心②，迨与杨应俸口角，随即自杀。由此可见，王贺氏自杀缘于杨应俸之"吓逼"。但刑部并没有对杨应俸进行惩处，而是将王杨氏依"妇女与人通奸，致并未纵容之父母一经见闻，杀奸不遂，羞忿自尽拟绞立决例"量减一等，处杖一百，流三千里。因奸妇被治罪，奸夫袁成青也被牵涉其中，于"奸夫杖一百，徒三年例"上减一等，处杖九十，徒二年半。

司法官员并非完全忽视介入行为在案件中起到的作用，当介入事件对最终的自杀结果具有决定性作用时，清代司法官员更多的是考虑量刑的问题，目的是寻求"情罪允协"。

案件四：妾犯奸致夫被翁斥责自尽一案③：

> 叶于氏系叶尚美之妾，与曾启贵调戏成奸，叶尚美及其父叶潮举
> 并不知情。嗣曾启贵与叶于氏坐床说笑，正欲行奸，叶尚美回家听闻，
> 进房瞥见喊拿，将曾启贵抓住，曾启贵挣脱跑逃，叶潮举闻喊查问，
> 叶尚美告悉情由，同向叶于氏盘问，叶于氏不能隐瞒，告知实情，当
> 将叶于氏殴责，欲俟拿获曾启贵一同送官究治。叶尚美找寻曾启贵无
> 获，心生气忿，叶潮举声称叶于氏作此无颜之事，皆由叶尚美平日管
> 教不严，日后到官终须出丑，向叶尚美斥骂，叶尚美益增忿恨，声言
> 如此出丑，不如早死，自取小刀抹伤咽喉殒命。

> 地方拟断：叶于氏与曾启贵通奸，本夫叶尚美捉获，曾启贵挣脱
> 逃跑，找寻无获，被伊父斥骂，气忿自抹身死，较之一经见闻杀奸不

---

① （清）祝庆祺等编《刑案汇览三编》（四），北京古籍出版社，2004，第 277 页。

② 此案也见于道光七年说帖之中，案情可以互补。参见（清）祝庆祺等编《刑案汇览三编》（三），北京古籍出版社，2004，第 1819 页。

③ （清）祝庆祺等编《刑案汇览三编》（四），北京古籍出版社，2004，第 278~280 页。

遂，因而羞忿自尽情稍有间，将叶于氏于妇女与人通奸，本夫并未纵容，一经见闻杀奸不遂，因而自尽者，奸妇拟绞监候上减一等，拟以满流，奸夫曾启贵拟杖九十，徒二年半。

刑部意见：以叶尚美因妾叶于氏与曾启贵通奸败露，被父叶潮举斥骂忿恨自尽，实由伊妾叶于氏犯奸羞忿所致，其被父斥骂亦因虑及出丑，益增忿恨，不得以此宽叶于氏之罪。

此案中，刑部认为妻子犯奸与父亲责骂同为叶尚美自杀原因，且如无叶于氏犯奸在先，就不会有丈夫被父亲责骂之事，也不会出现丈夫自杀的结果，故认为不能量减叶于氏之罪。

但地方督抚仍坚持自己的处断。理由是，叶尚美撞见伊妾叶于氏犯奸之后，选择将其与奸夫一并送官究治，意欲用法律来惩治奸夫与奸妇。可见，叶尚美"无欲杀之念，亦无羞忿欲死之心"。叶尚美自杀，不死于获奸脱逃之时，而死于越日被骂之后，足见其父叶潮举的斥骂行为是叶尚美自杀的直接原因。地方对死因的认定获得刑部的认可。

地方和刑部最终都否定了叶于氏的犯奸行为与丈夫自杀之间的直接因果关系，按照法理逻辑，叶于氏应只被科以通奸之罪。但叶于氏最终依"妇女与人通奸，本夫并未纵容，一经见闻杀奸不遂，因而羞忿自尽，奸妇拟绞监候例"减等，拟流。其法律实践的逻辑在于，认定叶于氏在整个事件的因果关系链条中罪责最重，没有其通奸行为就不会有后面一系列事件的产生，更不会出现叶尚美自杀的结果。简单表示就是，没有 A（叶于氏通奸），就不会有 B（父亲责骂），没有 B（父亲责骂），就不会出现 C（丈夫自杀）结果。所以，叶于氏要对丈夫的自杀担负刑责。

实际上，上述 4 个案例内介入的事件如父亲的殴责、丈夫的责打、行为人哥哥的出言吓逼、父亲的责骂都是被害者自杀的直接原因。案件一中徐映明的调奸行为与施丙姑的自尽、案件二中屠全发的讹诈与周氏的自尽，案件三中王杨氏的通奸行为与婆婆的自杀，案件四中叶于氏的通奸与丈夫叶尚美自杀之间均不存在必然的因果关系，属于偶然因果关系。所谓的偶然因果关系是指，"当行为本身并不包含产生危害结果的根据，但是在发展过程中偶然介入了其他因素，并由于这一介入合乎规律地引起结果的发生时，危害行为与危害结果之间就是偶然的因果关系"①。但清代司法官员在案件审断过程中，却撇开直接因果关系而以偶然因果关系为基础对行为人进行追责，其背后的法律逻辑值得探究。

学者王志强指出，"清代根据过错程度而不是涉事的直接关联性作为判断因果关系的标准，恐怕是由于在时人的观念中，万事万物的变化发展都有其自然之理。如果没有人作出悖逆和违反自然之理的行为，即没有过错的发生，即使出现不幸的结果，也都是势所必然，不必有人承担责任。而一旦有人做出悖理的过错行为，破坏了这种事物运行的自然之道，则不论其是否直接原因，都要对此负责"②。

综观上述案件，所谓过错程度的大小，实际上受到服制关系中的尊卑身份因素影响。案件一父亲殴责女儿、案件二丈夫责打妻子、案件四父亲责骂儿子，在清代司法官员的理念里这些都是尊长"教令"卑幼的正当行为，本身并无过错，既无过错，自然无须对被害者自杀负责。

2. 介入因素中断原有因果关系

整个案件中，如果介入了一个与先前事件无关的独立因素，该独立因素直接导致了被害人的自杀，就可以认定原有的因果关系中断③。用图示如下：

实行行为 介入因素 I →介入因素 II（自杀）→死亡结果

在此类型中，实行行为与介入因素和最终结果均无条件关系。介入的独立因素与结果之间存在条件关系，现代刑法直接否认最初的实行行为与最终结果之间的因果关系④。但在清代，即使介入的因素是独立的，与先前事件并无关联，也不能完全排除独立因素介入之前行为人的罪责。典型如以下调奸伊嫂致嫂因别故自尽案：

---

① 顾元：《服制命案、干分嫁娶与清代衡平司法》，法律出版社，2018，第157页。
② 王志强：《清代国家法：多元差异与集权统一》，社会科学文献出版社，2017，第117页。
③ 行为因其他原因介入，使得结果迅速发生。其他条件先于之前行为而独立造成结果之发生，后行为超越先前条件而造成结果。先前的条件因后来条件介入而中断持续其作用。王德政：《刑法因果关系判断中的介入因素》，法律出版社，2019，第55页。
④ 王德政：《刑法因果关系判断中的介入因素》，法律出版社，2019，第141页。

（嘉庆十七年）存龄调戏亲嫂额尔图氏，经氏告知伊姑张氏，向存龄追问。存龄发誓不认，张氏嗔额尔图氏诬赖，掌批其颊，额尔图氏气忿跑至母家诉述，伊堂兄坡勒亨至存龄家理论。经氏夫存福将其劝回，并央人向坡勒亨说合，将额尔图氏接回，事已寝息。后额尔图氏因将饭煮烂，被姑张氏辱骂殴责，气忿投缳殒命。①

此案中存在两件并不关联事件。一件为存龄调戏亲嫂额尔图氏，并在其婆婆张氏的追问下否认调戏之事。因存龄不承认调戏行为，被调戏的亲嫂额尔图氏也未再选择告官，而是选择"寝息"，放弃追究存龄的罪责。一件为额尔图氏因将饭煮烂，被婆婆张氏辱骂殴责，气忿自尽。此类事情在清代案例中并不少见。由于做饭迟误或者不合口味等鼠牙雀角的小事，婆婆辱骂或者殴责媳妇，导致媳妇气忿自尽。为维护伦常，法律一般不会追究婆婆的责任。

以前后两件事情分开来论，无人需对额尔图氏的自杀承担刑责。存龄的调戏行为与图氏自杀无直接因果关系，即使科罪，也应止科其调奸之罪。婆婆的殴责作为一个独立事件，是额尔图氏之死的直接原因。但按照法律规定，婆婆无须承担责任。司法官员在承认事实因果关系的前提下，"查该氏自尽由于被姑詈责，并非因存龄调戏羞忿所致"。依然选择对一个与死亡并无因果关联的行为人进行责任追究。最终，此案依照"亲属和奸律，应死罪者若调奸未成例问拟满流"。

综观此案，行为人存龄虽被追责，但其实与被害人自尽并无直接关系。追责缘于其曾经调戏他人的"前行为"。可以假设，如果额尔图氏没有自杀，在调戏已经寝息的情况下，存龄应该不会被追责。恰恰有了额尔图氏自杀，但其自杀却无人负责（更无人可以抵偿），故法律抛开了直接因果关系因素，而对与自杀并无因果关系的"先前违法"者追责。

清代司法官员对因果关系的不同性质是知晓的。但有意思的是，即使司法官员认定介入行为与最终的自杀结果之间具有直接因果关系，应该承担刑责，也不意味着完全排除了其他行为人的罪责，如以下案件：

---

① （清）祝庆祺等编《刑案汇览三编》（二），北京古籍出版社，2004，第 1277 页。

　　陶李氏与胡启贤通奸，经伊姑陶卢氏两次撞见，斥骂禁绝后，陶李氏丈夫陶大青行窃稻谷被人撵逐，陶卢氏自尽。①

　　陶李氏通奸与丈夫犯盗窃罪是完全无关联的两个独立事件，地方和刑部均肯定后者与母亲自杀存在直接的因果关系，并按照"子犯盗致母自尽例"问拟绞决。既然陶李氏与婆婆死亡之间并无关联，其应仅被科通奸之罪。《大清律例》规定："凡和奸，杖八十，有夫者，杖九十。"② 对于通奸妇女仅处杖刑。但地方官员因"陶卢氏自尽之时，曾牵及陶李氏犯奸之事"，故依照"子犯奸盗致母自尽例"例上减一等，将儿媳陶李氏拟绞监候。刑部认为此处断"殊未允协"，对陶李氏判罚过重，并提出实发驻防为奴，已经足以对其惩创。可见，对陶李氏的追责并非建立于法律因果关系基础之上，对其严惩的目的更多是为打击其违背道德伦理的行为。

### 三　因果关系推理的特点

　　本书认为，清代致人自尽案中的因果关系推理呈现如下特点。

#### （一）行为双方身份影响因果关系成立

　　清代法律以服制关系为基础，行为双方的身份是影响因果关系成立的关键因素。尤其是当卑幼引起尊长自杀时，行为人的犯罪意图及其对结果的预见性不作为成立犯罪的必要条件。只要造成了被害人的自杀，一般都要被追究其相应的法律责任。

　　试举一例：与长兄义媳通奸致次兄自尽案。

　　此案高振子与长兄义子高见儿之妻氏通奸，经其次兄高顺禄撞见，欲行送官，该犯畏惧潜逃。高顺禄找寻无获，忧忿自戕身死。③

　　此案中，高振子通奸，因惧怕见官畏罪潜逃。高振子主观上并无致其

---

① （清）祝庆祺等编《刑案汇览三编》（三），北京古籍出版社，2004，第 1815~1816 页。
② 柏桦编纂《清代律例汇编通考》，人民出版社，2018，第 1894 页。
③ （清）祝庆祺等编《刑案汇览三编》（二），北京古籍出版社，2004，第 1258 页。

兄自杀的意图，其兄高顺禄忧忿自戕，更非高振子意料所及。即使被惩治，也应止科其通奸之罪。但地方仍将高振子的行为与其兄长自杀结果之间建立直接因果关系。但高振子与长兄义媳通奸与"逼迫尊长情事迥别"，无法依据"威逼尊长致死"例拟罪。律例规定，"子孙犯奸，致祖父母父母忧忿戕生，将子孙依过失杀祖父母、父母例问拟绞决"，可将其构成要件抽象为"犯奸致尊长自尽"。"比例参观"，地方法司将高振子依过失杀胞兄律，拟以满徒，此处断得到刑部的核覆。

即使卑幼的行为本属正当，如前文所提的"理责其子"等案，因为伦纪攸关，也不意味着可以免于承担刑事责任。如果案件发生在父母与子女之间，"只要父母的死伤因子而起，不问谁是谁非，也不问有心无心，或意料所及否，便逃不了杀伤父母的罪名，按服制重办"[1]，目的是维护封建社会最核心的价值观"伦常"。反之，如果是尊长侵犯卑幼，清代法律一般会否定两者之间的因果关系。例如，清律中并无父祖致子孙自杀、夫致妻自杀的罪名。

### （二）行为的过错程度影响因果关系的建立

清代的因果关系推理，并非依据现代刑法中事实逻辑上的关联性，而是依据"行为本身的过错程度"。过错程度大的行为，被认为对结果的影响更大、因果关系更密切，其行为人要负直接责任[2]。

在清代，如果某人的犯罪行为引起了被害人自杀，则加害者的犯罪行为与被害人自杀之间的因果关系一般情况下会被直接认定。至于行为人基本犯罪行为中是否蕴含被害人自杀的危险性，以及此种危险性的大小程度，并非司法官员考量的因素。在他们看来，无论行为人是否对被害人的自杀有预见性，只要出现自杀结果，加害人的主观罪过就是不言而喻、无须加以证明的。如果案件复杂，形成一个因果链条时，司法官员就需要基于法律规定、自身职业素养、社会普遍的价值观念等因素综合判断整个案件行为人的"过错程度"，将行为过错最大者与被害者死亡建立直接的因果关系。

---

[1]　瞿同祖：《中国法律与中国社会》，商务印书馆，2010，第44页。
[2]　王志强：《清代国家法：多元差异与集权统一》，社会科学文献出版社，2017，第117页。

例如：东明县民人王三因称呼戏谑致纪袁氏受姑训斥抱忿自缢身死一案：

> 王三即王治均籍隶东明县，庄农度日，与已死纪袁氏之夫纪仲修同村居住，平日彼此玩笑，纪袁氏亦见面认识。光绪三十年七月二十二日晌午，王三在道旁榆树下乘凉，纪袁氏与其夫纪仲修并纪仲修之幼弟纪二小亦由地回归，路经该处，王三又向纪仲修玩笑，并戏呼纪袁氏为小姨子，纪仲修斥说王三不应向伊妻玩笑，致相口角。村人王近春劝散，纪二小回家将王三戏呼之言向其母纪董氏告述，纪董氏疑纪袁氏不端，故被人轻侮，当向训斥数语，纪袁氏即哭泣不止，纪董氏自知其误，又向解劝，纪袁氏抱忿不释，至二十三日夜乘间自缢殒命。[①]

此案中，王三与同村纪袁氏玩笑，戏呼纪袁氏为小姨子。纪袁氏回家后被婆婆训斥，自缢身死。判案官员认为，"纪袁氏究因其姑训斥抱忿自尽，并非专因该犯戏谑"。承认婆婆的训斥行为与纪袁氏自杀身死之间存在事实上的直接因果关系，但由于婆婆是"依理训斥"，其行为并无过错。整个事件皆因王三戏谑所致，于是法司认定王三的过错程度最大，故王三因应对纪袁氏之死负责，将行为过错最大者与被害人自杀之间建构起刑法上的因果关系。本案中，王三依"村野愚民本无图奸之心又无手足勾引挟制窘辱情状，不过出语亵狎，拟流例"上减一等，处拟杖一百、徒三年。

### （三）自杀者个人的心理因素不纳入案件考虑范围

现代法学认为，他人的行为只有在自杀者的心理因素配合下才能产生自杀结果：

> 一般来说，他人行为的原因力大，自杀者心理因素的原因力就小；他人行为的原因力小，自杀者心理因素的原因力就大，二者总是依反比例的关系相互依存。当自杀者心理因素的比例很小，他人行为力的

---

① 俞陛云编《清代名臣奏疏文稿汇编》：袁世凯奏折专辑，宣统刻本。

原因很大时，我们就可以断定他人行为中包含着引起自杀的必然性；当他人行为力的原因很小，而自杀者心理因素的原因力很大时，我们就可以断定他人行为中包含着引起自杀的偶然性；当他人行为力和自杀者心理因素的原因力相当时，我们就可以断定，他人行为中包含着引起自杀的或然性，由此就可以确定一个具体的自杀案件的因果关系的性质。①

如此，引起自杀行为的条件不仅包括他人的行为，也包括自杀者脆弱悲观的心理因素。在此基础上，可将他人的行为分为五类：一是他人正当、合法的行为引起的自杀，二是他人违反道德或纪律的行为引起的自杀，三是他人违反一般法律和法规引起的自杀，四是他人违反刑法引起的自杀，五是直接逼人自杀。

在第一至第三类中，他人的行为都未能起到引起自杀的决定性作用，不能成为自杀行为的原因。在此类行为中，之所以能出现自杀，完全是由于自杀者的心理因素起到了决定性作用。第四类行为则部分可以起到决定性作用，可以成为自杀行为的原因。但此类行为对于引起自杀来说，也未起到完全决定性的作用，自杀者的心理因素也起到一定作用。第五类中，他人行为起到了完全决定性的作用。这类行为已经断了自杀者的生路，自杀者只有自杀，别无选择，可以认定为自杀的必然原因，也是刑法因果关系研究的对象②。

清律与现代法律除了都将逼令自杀作为刑法因果关系外，两者对于行为性质的认定具有明显区别。清律并无一般性法律与刑法之分，法律与道德也无明显界限，即使是正当行为，行为人也不必然无责，故不存在上述行为性质的分类。更关键的是，清律不将自杀死亡的结果与自杀者个人的心理因素进行关联，他人的行为（除非纯粹是自身原因）就成为被害人自杀死亡的唯一原因。

清律中有"羞忿自尽"的规定，如子女犯奸盗父母羞忿自尽，意即因内心的"羞忿"而选择自杀。但法律关注的是，"羞忿"之感从何而来，因

---

① 侯国云：《刑法因果新论》，广西人民出版社，2000，第247页。
② 侯国云：《刑法因果新论》，广西人民出版社，2000，第248~249页。

何而生？这就会将父母的"羞忿"缘由倒推至子女的奸盗行为。虽然子女的奸盗行为会使父母产生"羞忿"之感（也不必然，前述有不少父母教令子孙犯罪的案例），但有了"羞忿"之感，父母可能选择自杀，也可能不选择自杀。父母选择自杀是一种"概率"而非必然，更多取决于自身的心理承受能力。依现代法律，子女的行为并不能成为父母自杀的决定性因素。但由于清代不将个人心理因素考量在内，子女的行为就成为致父母死亡的唯一原因。

客观来讲，心理因素的确很难把握和评定，即使现代也需要比较专业的技术支持。古代社会对于此类抽象的、复杂的个人心理状态，根本不存在可以评定的手段和标准，如果个人的心理因素被纳入案件审断中，成为罪与非罪、罪刑轻重的关键因素，就会使很多案件无法判定，加害者也无法受到惩治，这与时人人命至重、死亡需有抵偿等朴素的正义观念相悖。

**（四）介入因素一般无法否定原有因果关系**

如前文所述，即使法司承认介入因素与自杀结果之间具有直接因果关系，也无法完全免除前行为人的罪责。当介入因素与加害人的行为具有内在关联性时更是如此。此处不妨再举一例：胡中干与孙梁氏通奸致伊父胡现臣被殴服毒自尽案：

> 胡中干与梁胜苍之女梁氏同村居住见面不避。嘉庆十七年三月，该犯乘间与梁氏调戏成奸，后遇便宣淫。梁胜苍夫妇并不知情。八月十七日，梁氏之母覃氏嘱女梁氏往挑灰粪，梁氏途遇该犯，商至僻静处续奸，被梁胜苍瞥见，究出奸情，随邀彭伸泷等将该犯父胡现臣拿至家内，用绳捆缚，斥其纵子为匪，用竹片向殴脑后，欲其交出胡中干，经劝令请酒服礼放回。胡现臣气忿莫释，于二十二日潜服鸦片膏毒发殒命。①

此案中，胡中干父亲胡现臣自杀的直接原因无疑是梁胜苍的捆缚殴打，

① 题为广西宾州民胡中干与孙梁氏通奸致伊父胡现臣被殴自尽议准绞立决事，中国第一历史档案馆藏清代内阁刑科题本，档案号：02-01-07-2519-021。

但法司越过或者否认这一直接因素，将其子胡中干通奸行为认定为父亲死亡的直接原因。实际上，儿子通奸 A 与父亲被殴 B 之间无法建立没有 A 就没有 B 式的直接的必然因果关系。但在法司观念里，无儿子犯奸行为就无后来父亲被捆缚殴打，也就不会出现父亲自杀的结果。此种逻辑确实显示了清代推理的特色，即依据整个因果链条中的过错程度而不是事物之间内在的必然因果关系来定罪量刑。此案胡中干依"犯奸父母并未纵容，因子犯邪淫义忿戕生例"，拟绞立决，而梁胜苍仅依威力制缚人及于私家拷打律，杖八十。

### （五）时间无法成为否定因果关系的关键因素

现代刑法对于自杀事件中的时间因素极为关注。时间成为判断加害者的行为有无造成"急迫"危险性的重要因素。例如，强奸行为过程中，被害妇女跳楼自尽，从时间和行为连续性的角度，一般可以认定强奸行为与被害人自杀之间形成法律上的因果关系。

在所辑录的案例里，清代司法官员也都注意到先前发生的事件与某人自尽结果之间的时间间隔长短，但是间隔时限如何影响因果关系认定，实践中并无统一标准，呈现与现代法律不一致的特点。笔者仅找到一个因为时间间隔太久而貌似否定因果关系的案例。

> 《清实录》中记载，光绪三十二年（1906）有人奏参江苏绅士恽祖祁恃威肆虐，致烈妇含冤自杀。光绪皇帝谕令端方、陈夔龙按所参各节，确切查明，据实具奏。端方查实后认为，恽祖祁与黄钱氏争执之事与黄钱氏自缢身死之间事隔年余，不能将黄钱氏自杀归因于从前双方的争执，恽祖祁等均请免其置议。[①]

初观此案，因时间间隔太久，否认先前争执之事与黄钱氏自杀之间存在因果关系，也由此否定行为人之责。恰巧笔者在查办该案的陈夔龙的文牍中找到了案件的详细记载。得以一窥案件的全貌，从而加深对因果关系

---

① 《清德宗实录》卷 564，光绪三十二年九月庚子。《清实录》（第 59 册），中华书局，1986，第 461 页。

中时间因素的认识。

本案人物关系如图所示：

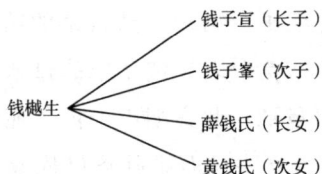

房屋历次出典、转典过程如下：

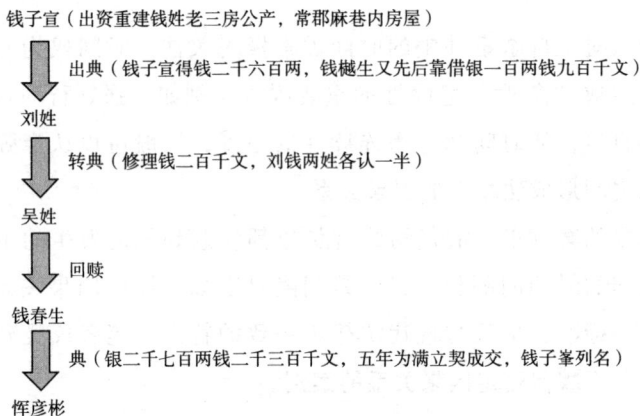

陈夔龙将恽彦彬现住之常郡麻巷内房屋的所属及历次出典情况详细辑录，其目的应是因房屋的所属直接关系到案件中自尽之黄钱氏的行为是否正当。

光绪三十年（1904）十一月间，黄钱氏因兄长钱子宣在其姐薛钱氏家染病身故，家贫无以为殓，欲向恽姓找借若干，开支丧用，邀亲戚朱紫蘅前向恽彦彬商恳，恽彦彬不允。理由是，黄钱氏父亲钱樾生生前曾向刘姓（典与人）迭次借钱数甚多，致典价因之加增，且已立有永不再借票据，故不允所求。不过答应另送奠仪十元交朱紫蘅转给。

案件当事人黄钱氏与恽祖祁的冲突即由此产生：

黄钱氏以款少无济于事，即与其姊薛钱氏偕往恽彦彬家，坚欲靠借，盘踞厅事两三日。适恽彦彬之堂弟恽祖祁踵至其家，询悉前情，面斥该氏不应恃寡出头，迹近无耻。该氏恼羞成怒，顺手将几上水仙花盆迎面掷去，幸未掷中，恽祖祁亦因此激怒，喝令保甲局勇等上前将该氏并薛钱氏一并送县请讯。旋经前署阳湖县知县王念祖堂讯，黄钱氏复用所带剪刀当堂自刎，划伤颈项，幸即拦夺，伤痕尚未深重，当传其夫弟黄子帆领回医治。①

从案件叙述中读者已经能大致猜出陈夔龙的倾向。黄钱氏盘踞恽家多日，有不借到钱财誓不罢休之意，在遇到呵斥后，竟用花盆打人。恽祖祁将其送县究问。经知县讯问后竟用剪刀当堂自刎。

陈夔龙认为，黄钱氏向恽彦彬恳商找借的行为"尚在情理之中"（找价之举在当时也许是通常做法），理由是此屋系三房公产，但由钱子宣出资重建，钱子宣故后无以为殓。但黄钱氏与其姊薛钱氏前往恽家争吵实属"无理取闹"，而该氏到县竟携带剪刀希图自刎，或因一时羞忿所致。

恽祖祁与黄钱氏的争执结案于光绪三十一年三月。而真正使恽祖祁免于"威逼致死"指控的或许更在于黄钱氏接下来的遭遇：

> 黄钱氏往湖南觅其堂兄钱子峯欲以伊幼子为其兄康侯立嗣，并为营办父兄葬事，钱子峯均未应允，给资三十两，遣仆臧林发送回，于本年（光绪三十二年）闰四月初三日抵宁。途中曾有远道求嗣，空劳往返，惟有一死以谢父兄之言向仆告知。讵轮抵埠，该氏即投江自尽经救得生，至初六日夜又在江宁下关大方客栈内自缢身死。

黄钱氏留下亲笔冤状，常州绅士将其刊刻，前福建按察使刘翊宸等据此参劾恽祖祁。因舆论沸腾，光绪皇帝才谕令彻查。

案件关键就在于判断黄钱氏身死是否与恽祖祁有涉。"其有涉与否当以该氏之死是否因恽祖祁威逼为断"。陈夔龙首先排除恽祖祁的行为是"威逼"，认为虽有"操切之处"，尚属可原；其次，判定黄钱氏之死由与恽祖祁无关。黄钱氏冤书内有"夫亡兄死方思自裁等语"，据此判断该氏之志在

---

① 俞陛云编《清代名臣奏疏文稿汇编》：陈夔龙奏议，清宣统刻本。

必死已非一日，始以索找屋价不遂所求而自刎，继以为兄立后不克如愿而投江两次遇救，终归自缢，其致死之原由不能归于间隔一年之久的"从前之争竞"①。

此案中恽祖祁免于置议在《清实录》记载中主要是因为时间间隔长达一年有余，容易给人造成一种印象，认为时间是清代判断自杀因果关系的一个重要甚至决定性的因素。但细观此案，时间因素对判断因果关系的实际影响甚微。恽祖祁免于追责的真正原因应在于黄钱氏遗书中的记述，从而否定了两者之间的因果关系。可以假设，黄钱氏遗书中若只控诉恽祖祁的"威逼"，而无之后立嗣不遂等情况，该案会如何处断？会因为间隔一年有余而不去追究恽祖祁的刑责吗？

时间间隔与介入事件是案件因果关系建构中的重要因素。清代司法官员虽然认识到介入因素与自杀结果形成的因果关系性质，但是最终的追责并非按照事实上的逻辑关联性。因为加害行为与自杀结果之间可能存在各种各样的情况（如其他因素的介入等），只要加害人的行为是因果链条上的一环，都可能成为自杀的原因而被追责。

综上，清代司法官员的因果关系推理，并非法律意义上的因果关系。以必然因果关系学说来考察，"当危害行为中包含着危害结果产生的根据，并合乎规律地产生危害结果时，危害行为与危害结果之间就是必然的因果关系。只有这种必然的因果关系，才是刑法上的因果关系"②。但对于"合乎规律"如何判定，该学说缺乏明确标准。清代司法官员依据的主要是事实上的因果关系。众所周知，事物之间存在普遍联系。客观事实上，人的行为（无论是合法还是违法）都有可能产生各种危害结果。由于联系是广泛存在的，司法官员可以比较容易地找到行为与结果之间的联系。其中的因果关系推理原则，在清代一般以"罪坐所由"来表示。确定坐罪原因的过程，实际上也是确立事实之间因果关系的过程，其特点主要表现在：不从追求犯罪的主客观统一入手，不以犯罪的主观方面为必要，而是从事件发生的事实因果关联入手，从重视生命的价值理念出发，以追求"情罪允协"为目的，依据情、理、法来建构事实上的因果关系，并以此为基础进

---

① 俞陛云编《清代名臣奏疏文稿汇编》：陈夔龙奏议，清宣统刻本。
② 张明楷：《刑法学》（第5版），法律出版社，2016，第174页。

行严格的责任追究。

## 第三节　情罪允协：案件的责任证成

法律上因果关系的确立是案件审断的关键环节，但对确证法律责任的正当性，尚显不足①。同多数普通刑事案件一样，清代致人自尽类案件的判决重心在于为被告寻找一个轻重适当的量刑结果。出于罪刑均衡考虑，司法官员会重新审视此前所认定的因果事实，也会进一步判断与这一因果事实认定相关的规则合理性。即便有明确的规则适用，考虑到传统中国立法技术中的具体主义，法律规则的适用范围相对狭窄，实践中却又"情伪无穷"，利用法律推理进行责任证成，无论是依照律例、比附类推还是援引成案，其最终目的都是实现加害人所犯罪行与所受刑罚之间的平允，即"情罪允协"。

在案件的司法推理中，学界一般将法律推理分为形式推理和实质推理两类。"当法律规范本身相对于某一具体案件事实而言，其含义清晰明确，使得案件事实可以无可争辩地归属于该法律规范中的法律概念所指称的范围"时，以法律规定为大前提，具体的案件事实为小前提，小前提被大前提涵摄，由此得出判断结果，这种推理方式称为"形式推理"②。

这种重视利用法律规范进行案件审断的理念，体现在传统中国"断罪引律令"这一司法审判的基本原则中。晋律要求："律法断罪，皆当以法律令正文，如无正文，依附名例断之，其正文名例所不及，皆勿论。"③ 唐律更是在此基础上规定："诸断罪皆须具引律、令、格、式正文，违者笞三十。"④ 确立了司法必须引法定罪的制度。传统中国法律一脉相承，清朝法律承继历代传统，《大清律例·刑律·捕亡》"断罪引律令"条规定：

---

① 关于因果关系的确定与责任证成的关系，笔者受到以下文章的启示：郑智：《巫术何以致罪？——试论清代巫术犯罪中的因果关系及其法律适用》，《法制史研究》第 30 期，2016。

② 张骐：《形式规则与价值判断的双重变奏——法理推理方法的初步研究》，《比较法研究》2000 年第 2 期，第 135 页。

③ （唐）房玄龄等纂《晋书》，中华书局，1974，第 938 页。

④ 刘俊文：《唐律疏议笺解》（下），中华书局，1996，第 2063 页。

> 凡（官司）断罪皆须具引律例，违者（如不具引）笞三十。若（律有）数事共（一）条，（官司）止引所犯（本）罪者，听。（所犯之罪止合一事，听其摘引一事以断之）其特旨断罪，临时处治，不为定律者，不得引比为律。若辄引（比）致断罪有出入者，以故失论（故行引比者，以故出入人全罪，及所增减坐之。失于引比者，以失出入人罪，减等坐之）。①

"断罪引律令"成为司法审判的基本原则。"援法定罪"的目的是维护法律的统一和适用，对官吏适用法律进行约束，防止司法擅断。

但在现实的司法实践中，法律体系不可能涵摄所有现实，"惟是律例一成不易，案情变幻百出"②，在遇到法律语言模糊、法律中没有明文规定、法律规定之间有抵触或者法律中出现了两种以上需要选择的条款，或者当"合法"与"合理"出现矛盾等情况时③，某些案件的审理不可避免地会渗入法官的情感倾向以及价值判断。学界把这种包含某种感情因素或者伦理、政治、经济、宗教等方面决定因素的判决，称为实质推理。其特点在于，它是对法律规定和案件事实的实质内容进行价值评价的推理，选择在"无法可依"的情况下通过法律推理发现法律、解决纠纷、实现公正④。

实际上，在案件实际裁断中有时无法以是否"断罪引律令"作为形式推理与实质推理区分的判断标准。因为，即便对于"律无正条，援引比附"的疑难案件，司法官员依据伦理、道德、情等进行裁决时，也必须参照相似的律例规定，并在其基础上进行量刑的加减，实际上的自由裁量空间依然非常有限。

本书也大致以"律有明文"下的"断罪引律令"与"律无明文"下的"比附援引"作为刑事裁判的合理性论证方式。当然，法律实践中运行况远比此两分法复杂得多，留待进一步讨论。

---

① （清）薛允升著《读例存疑（重刊本）》（五），黄静嘉编校，台湾成文出版社，1970，第1276页。
② （清）祝庆祺等编《刑案汇览三编》（二），北京古籍出版社，2004，第1294页。
③ 张骐：《形式规则与价值判断的双重变奏——法理推理方法的初步研究》，《比较法研究》2000年第2期，第138页。
④ 张骐：《形式规则与价值判断的双重变奏——法理推理方法的初步研究》，《比较法研究》2000年第2期，第132页。

## 一 依律例定罪量刑

清代追究自杀行为中他者刑责的规定相对比较细致、完善，律例有时不必经过复杂的法律解释过程，就可以与案件事实形成直接的涵摄关系，这也使得多数案例都可以依据律例，通过形式化论证，得出判决结果，其在法律文本上一般表述为某人"依……律（例）拟……（刑罚）"。

例如：王泳清图娶媚妇谢王氏为妾不遂，纠同王亚余等强抢已成，致谢王氏服毒自尽案：

> 王泳清与谢帼贞交好，谢帼贞族侄媳谢王氏夫亡年轻，王泳清欲娶为妾，嘱令谢帼贞屡次媒说不允。王泳清声称，如不依从，即行抢夺。谢王氏乘间采取断肠草藏放身边。（道光）十一年正月十九日，王泳清商允谢帼贞许俟成婚后酬谢，当邀同无服族人王亚余、王亚饷等共伙六人同至谢王氏门首。谢帼贞爬墙上屋，揭开屋瓦，跳落房内，开出房门。王亚饷等进房将谢王氏拉出，推入轿内抬走。谢王氏不甘失节，在轿内吞服毒草，比至王泳清家毒发倒地殒命。①

王泳清图娶媚妇谢王氏，因谢王氏拒绝，遂邀同六人同抢，其行为性质已属"聚众"抢夺。《大清律例·户律·婚姻》"强占良家妻女"条规定："聚众伙谋于素无瓜葛之家，入室抢夺妇女（无论曾否媒说），一经抢获出门，即属已成。审实，不分得财与未得财，为首者斩立决。为从者皆绞监候。"② 清代律学家薛允升认为，此例在法律适用时，"无论妇女羞忿自尽，罪名应照上条（强占良家妻女例）比附定拟"③。如此，则此例可以形成对案件事实的涵摄。法司即是依照此例定拟，王泳清依"抢夺妇女为首罪"，拟斩决，业经监毙，应毋庸议。王亚余依"伙谋抢夺妇女已成为从

---

① 题为广东东莞县民王泳清强抢娶媚妇谢王氏为妾致氏服毒自尽议准斩立决等事，中国历史第一历史档案馆藏清代内阁刑科题本，档案号：02-01-07-3051-006。

② （清）薛允升著《读例存疑（重刊本）》（二），黄静嘉编校，台湾成文出版社，1970，第308页。

③ （清）薛允升著《读例存疑（重刊本）》（二），黄静嘉编校，台湾成文出版社，1970，第308页。

例"拟绞监候，秋后处决。

清代律例内容一般都比较具体，律例的抽象性不足，有时无法涵摄全部事实，此时依照律例规定的核心情节予以定拟，也可理解为对律例进行扩张性解释，扩充律例涵摄的事实范围。在清代官员的观念里，此种做法有时仍旧属于按律定拟。

例如，赵桐升听从污奸致赵万氏被诬自尽一案：

> 赵桐升与无服族婶万氏无嫌。赵万氏夫故守节。光绪九年六月初五日，万氏铁锅被人击碎，即在门首喊骂。赵详疑系骂己，起意污奸泄忿，纠邀赵桐升帮同斥骂，许俟事后酬谢。赵桐升允从，一同走至赵万氏门口斥骂万氏与人通奸。万氏不依，逼令指出奸夫姓名。赵详捏称赵为春曾经与万氏通奸。经李氏劝散。诬万氏羞忿莫释，于次日投塘殒命。①

该案主犯赵详屡次向万氏借贷钱米不允，五月间复向万氏借用铁锅，万氏不允彼此口角走散。赵详因此与万氏挟有嫌隙。六月五日，万氏将铁锅洗净晾晒门口，不知被何人击碎，万氏即在门首喊骂，赵详路过听闻，疑系骂己，起意捏奸侮辱泄忿。诬告例中有"凡捏造奸赃款迹，写揭字帖，及编造歌谣，挟仇污蔑，以致被诬之人忿激自尽者，照诬告人因而致死例，拟绞监候"，但此例规定的捏造奸赃款迹的具体行为所指却是"写揭字帖及编造歌谣"两项非常具体的行为，并未规定在门首喊骂等情形。法司如何审断？笔者恰于《驳案汇编》中找到一则徐三污蔑徐明基之妻王氏致氏自缢身死案件，与上述案例情节相似，可供对比参考。

此案中，徐三因借当不允与小功弟妇王氏生有嫌隙，起意污蔑，捏称王氏与自幼抚养夫弟徐七有奸，王氏争闹，徐三面斥王氏悍泼无耻，致氏投缳毙命②。

地方法司照"凶恶棍徒生事行凶无故扰害良人"例拟发烟瘴地方充军。

---

① 江西南昌县人赵桐升听从诬奸致赵万氏被诬自尽身死案，中国第一历史档案馆藏清代内阁刑科题本，档案号：02-01-07-4129-026。

② 参见（清）全士潮等纂辑《驳案汇编》，何勤华等点校，法律出版社，2009，第501~502页。

刑部认为地方所断"名为加重，实则从轻"，事关污奸戕命，令其驳改。后刑部依照"挟仇污蔑以致被诬之人忿激自尽，照诬告人因而致死随行亲属一人例"拟绞监候①。刑部审断时并未在"捏造奸赃款迹"的具体规定中着力，而是将律例要件简化为"捏奸致死"。如此，律例规范逻辑就与案件逻辑形成一致，可依律定拟。此种做法，也可以理解为司法官员对律例进行了扩张性解释，扩大了其适用范围。

赵详案同属因嫌隙污奸致人自尽，与徐三案情节相似，依照同一律例拟断。因主谋赵详潜逃未获，赵桐升依为从减一等，拟杖一百、流三千里。

上文提及，判案官员选择适用的律例之后，其对应的刑罚就已确定，并无自由裁量权。值得注意的是，在案件事实并无疑义的前提下，不同的判案官员选择适用的律例也未必完全一致。

例如：李云鹏等偷窃生息银两以致伊父李世英伤人自尽案：

> 平越营守备李世英之子李云鹏因私欠店账，伙约兵丁偷窃其父署存的生息银两。李世英因子偷窃官银心生愧忿，砍死伊媳徐氏及兵丁宋以清等四人，后自扎肚腹，堕城身死。②

按照现代刑法，李世英砍死砍伤多人，其为凶犯无疑。且李世英自杀与其子偷窃官银之间无法建立必然因果关系，故只能科其子李云鹏盗窃之罪。地方法司拟断时也是将李云鹏依"盗窃仓库钱粮数至一百两以上，照窃盗饷鞘例，拟绞监候"。如此拟断就意味着地方法司否定了李云鹏偷窃银两的行为与其父自杀之间的直接因果关系。虽然李云鹏对大堂银柜存贮的银两性质存在认识错误，认为是"伊父薪俸"。但行为人主观上的过失或故意并非拟罪的前提和必要条件，地方法司依照其实际造成的"偷窃官银"结果来论罪。

---

① 此例初定于乾隆二十四年六月，刑部议覆江苏按察使崔应阶条奏定例。原例为"凡捏造奸赃款迹，写揭字帖，及编造歌谣，挟仇污蔑，以致被诬之人忿激自尽者，照诬告人因而致死随行亲属一人例，拟绞监候"。参见（清）吴坤修等编纂《大清律例根原》（三），上海辞书出版社，2012，第1476页。乾隆二十九年二月，刑部议覆江西巡抚辅德审拟潘纪洙案内，奉旨将"随行亲属一人"字样删除。参见（清）全士潮等纂辑《驳案汇编》，何勤华等点校，法律出版社，2009，第502页。

② （清）全士潮等编辑《驳案汇编》，何勤华等点校，法律出版社，2009，第337~338页。

正如前文述及，只要父亲的死亡与儿子的不当行为存在关联，在清代司法官员的意识里，两者之间的因果关系就会被笃定和坐实。更何况发生了一起多人死伤的事件，却无人抵命。这与刑部官员的正义观严重不符。于是，刑部否定地方适用的律例，而选择了一个涵摄程度更高的"子威逼祖父母父母"例。

"威逼"一词本身具有边界模糊的特征。儿子李云鹏"素性愚蠢"，主观上既无"威逼"其父之故意，客观上也无"威逼"其父的能力。但刑部认为，其"贻祸灭亲情节诚与威逼致死者无异"，虽然在犯罪构成要件上"偷盗"与"威逼"存在差异，但在客观结果上都导致了父母自杀的结果，因此可照此例处断。

可见，案件审理的过程中，即使律例可以涵摄事实，也并非一种简单的形式推理。很多时候，司法官员在掌握案情的前提下，心中已经预先设定了裁断结果。如果有契合的律例，且符合"情罪允协"，自可依照律例处置。但如果结合法律和事实进行初步审理的结果与朴素的正义感严重失衡，那就需要对律例重新审视和调整①。当然，"这并不是公然背离事实和法律，而是采用对文本进行扩大或类推解释、对口供进行倾向性质疑等方法，有意无意地形成一种断罪引律令和深究案件事实的表象"②。

## 二　利用比附类推定罪量刑

清代律典缺乏抽象概括性，具体法律条文规定一般详细、确定，无伸缩空间。法律规范本身虽"具有详细区分的构成要件"，但"不论构成要件区分得多么详细，也无法囊括所有的事件"③。加之清代律例规范的类型化和抽象程度不高，其适用范围比较狭窄。如此，"律无正条"就会成为司法审判中的常态，产生了比附的必然性。当"律无明文"时，为处理"疑难

① 现实中，"法有正条"与"法无正条"之间并无清晰的界限，存在混沌状态。在"法有正条"但情罪不符时，司法官员有时会选择牺牲法的形式性来换取量刑的妥当性。参见陈新宇《帝制中国的法源与适用：以比附问题为中心的展开》，上海人民出版社，2015，第123页。这说明，在"情罪允协"与"引断允协"之间，前者更具重要性。

② 吴饶竹：《命债必偿：清代谋殴与谋杀共犯归责的机理》，《法制史研究》第37期，2020，第159页。

③ 〔日〕中村茂夫：《比附的功能》，杨一凡、寺田浩明主编《日本学者中国法制史论著选》（明清卷），中华书局，2016，第235页。

案件"，官员可以通过比附援引的方式来处断。《大清律例·名例》"断罪无正条"律规定：

> 凡律令该载不尽事理，若断罪无正条者，（援）引（他）律，比附应加应减，定拟罪名（申该上司），议定奏闻。若辄断决，致罪有出入，以故失论。①

日本学者滋贺秀三在研究清代的"比附与类推"时认为，比附的手法就是："当需要处理的案件中，没有符合具体犯罪事实构成要件的条文时，则找出与该虚构的 A 条有类似构成要件并且规定了刑罚的 B 条，直接依据 B 条的刑罚或者据此加重、减轻一等，来确定适当的刑罚。"② 司法官员拥有比照某个律例设定罪名并拥有在此刑罚上加一等或减一等的修正权。但罪刑变化的空间和幅度比较有限。"加等"谓本罪上加重，笞刑、杖刑、徒刑、流刑内各分为五等，死刑内分两等，共计 22 等。加等仅在这 22 个等级内进行。减等相对来说幅度较大，"二死、三流"同为一等，即减等是在"笞、杖、徒、流、死"五个大的刑等内进行③。此种制度设计的目的主要是为防止官员的司法擅断。准确援引法条以使个案达到公正合理的处理，是案件审断的最终要求。

运用比附时，律例规范与个案之间应具备"事理切合"或"情罪一致"的基础：

> 审理案件遇有例无明文原可比附他律定拟，然必所引之条与本案事理切合，即或事理不一而彼此情罪实无二致，方可援照定案，庶不失为平允。若不论其事理，不酌其情罪，徒执一二句相似之文率定爰

---

① （清）薛允升著《读例存疑》（重刊本）（二），黄静嘉编校，台湾成文出版社，1970，第138页。

② 〔日〕滋贺秀三：《比附与类推》，陈新宇《帝制中国的法源与适用：以比附问题为中心的展开》，上海人民出版社，2015，第149页。

③ 参见（清）薛允升著《读例存疑》（重刊本）（二），黄静嘉编校，台湾成文出版社，1970，第138页。

书，殊失立法本意。①

"事理切合"主要指个案与所比附的律例规定的犯罪构成要件原理一致（或者事案重要情节上具有共同性）；"情罪一致"指审断的案件与比附援引的律条之间虽"事理不一"，但犯罪性质相似或罪责程度相当。在法律文本中一般表述为"比依……律（例）拟……（刑罚）"或"比照……律（例）拟……（刑罚）"②。

### （一）事理切合

例如：调奸男子未成追忿自尽案：

> 余得耀向田黑汉调奸未成，业向服礼寝息，嗣张光修查知耻笑，适被田黑汉听闻，当时哭詈不依，旋即追悔自缢身死。③

《大清律例》对于调奸的规定比较细致，但是其规定的受害者都是妇女，如果被调奸者为男子，是否可以比照办理？刑部官员认为：

> 例无调奸男子未成，和息后因人耻笑致令追悔自尽治罪明文，第图保名节，被辱捐躯，男女情无二致。④

首先，余得耀之行为确为"调奸"，行为人有"调奸"他人的犯罪意图和行为；其次，受害人为保全名节而羞忿自尽，男女并无差别。既然"情无二致"，从法律规范的逻辑出发，女子被调奸羞忿自尽的律例自然也适用男子。余得耀比照"调奸妇女未成，和息后因人耻笑，本妇复追悔抱忿自尽，将调奸之犯拟流例"定罪量刑。

---

① 沈家本编《刑案汇览三编》卷 43（下），转引自陈新宇《清代的法学方法论》，《法制史研究》第 6 期，2004，第 111 页。
② 比附者，实非为律，为之比度其情罪，一照律例以科之。如以两物相比，即其长短阔狭，比而量之，以求一如其式，盖比照原非真犯，是以不得同夫"依"，亦不得同夫"照"也。参见（清）王明德撰《读律佩觿》，何勤华点校，法律出版社，2001，第 78 页。
③ （清）祝庆祺等编《刑案汇览三编》（四），北京古籍出版社，2004，第 282 页。
④ （清）祝庆祺等编《刑案汇览三编》（四），北京古籍出版社，2004，第 282 页。

又如：林大因强行鸡奸王三不从，致王三羞忿自尽案①。

《大清律例》中只有男子强奸妇女的相关规定，并无男子鸡奸男子的法律规范。此案属于"例无明文"。但从罪名构成要件分析，可将法律规范的逻辑抽象为"强奸未成致人羞忿自尽"，男子强奸妇女与男子强奸男子属于"事理一致"，故法司比照"强奸未成本妇羞忿自尽"例，将林大拟绞监候。

通过上述案例，本书认为，此类案件比附处理的基础是其犯罪构成要件相似。实际上，此种做法也可以理解为对律例进行的扩张性解释，只要律例的逻辑结构与案情切合，便可以比附援引。

### （二）情罪一致

清律规定各犯罪构成要件相当具体，具体案情又变化多样，难免会出现案情与律条不能完全契合的情形。审案官员需要在案情与适用的律例之间反复比较以求得"情罪允协"。

例如，钟黎氏被刘亚五拐逃，致伊夫钟亚四羞忿自尽一案②。

此案中，法司判定钟黎氏被拐逃的行为导致了其夫钟亚四自杀的结果。因妇女被拐逃致其夫自尽"例无明文"，地方法司因该氏并无与刘亚五通奸，其"知情被诱"的情节与"因奸致夫自尽"不同，将钟黎氏比照"妇女与人通奸，致本夫羞忿自尽绞监候例"，量减拟流，收赎。

刑部并不认可地方的处断。理由是："妻与夫仅止口角细故，并无逼迫情状，致其夫轻生自尽者，即应问拟缳首，诚以夫为妻纲，名分所系，是以定例甚严。"为维护纲常伦纪，即使妻子因细故口角致夫自尽也要被处以绞监候的重刑，"举轻以明重"，妻背夫在逃的行为恶性与口角细故相比更为严重。按照逻辑的正常推理，后者对妇女的惩治力度不能比前者小。刑部认为："罪坐所由，自应将钟黎氏比例问拟绞候。"但问题是，刑部只认定了刑责却未明确指出其"罪名"以及判罚的依据究竟为何。

地方遵驳改正，将钟黎氏比照"妇女与人通奸，本夫羞忿自尽例"，拟以绞监候。刑部对此仍不满意，原因是该例规定的犯罪行为是"妇女与人通奸"，钟黎氏被诱同逃虽非良妇，但并未与刘亚五通奸，不符合该例的核心要

---

① （清）祝庆祺等编《刑案汇览三编》（二），北京古籍出版社，2004，第1275页。
② （清）祝庆祺等编《刑案汇览三编》（二），北京古籍出版社，2004，第1216~1217页。

件。最后，刑部选择了一个与此案件犯罪情节对应性不强的"妻妾衅起口角，并无逼迫情状，其夫轻生自尽例"，钟黎氏最终被处以绞监候。

再来审视案件，妇女被拐逃的行为固然与"通奸"不符，但与"衅起口角"似乎也有不小的差距。虽然地方和刑部依据的律例并不相同，但在量刑上却同为"绞监候"，刑部为何非要在此罪与彼罪之间强作区分？这说明，所引律例不仅发挥了确定刑罚的作用，在一定意义上还具有宣告"罪行"的作用。

比附他律（例）定罪时，审案官员可以视个案与所比附律例之间的"情罪"差异，在量刑上采取加等或减等的方式来修正刑罚，实现裁决的"情罪允协"。

试举《刑案汇览》中并无"逼迫"却按照"威逼人致死例"量减一等的案例进行分析（见表9）。

表9 《刑案汇览》中无"逼迫"情形却按照"威逼人致死例"量减一等案例

| 编号 | 案例名称 | 案情 | 逼迫与否 | 处断 | 资料出处 |
|---|---|---|---|---|---|
| 1 | 兵丁侵用本官银两致令自尽 | 兵丁翁阿太侵用本管侍卫福清太银两，并不清还。追福清太至伊寓索讨，又延不付给，致福清太窘迫自戕殒命 | 无逼迫情状 | 比照军民人等因事逼迫本管官致死，依逼迫期亲尊长致死绞候上量减一等满流 | 嘉庆二十三年案《刑案汇览》卷33，第1237页 |
| 2 | 许帮钱文翻悔不给功叔自尽 | 朱荣因降服大功叔朱满瑚向伊索帮，该犯应许，后经翻悔不给，致令自尽 | 尚无逼迫情状 | 依逼迫期亲尊长致死绞监候，大功以下递减一等，杖一百、流三千里律量减一等，杖一百，徒三年 | 道光十三年说贴，《刑案汇览》卷34，第1252页 |
| 3 | 将弟殴打伤重胞兄畏罪自尽 | 金世重因向其弟金世成强借不遂，互相殴打，后见金世成伤重，畏惧自尽 | 非逼迫可比 | 照逼迫期亲尊长自尽殴有致命而非重伤拟绞例，量减一等拟流 | 嘉庆二十四年案，《刑案汇览》卷34，第1252页 |
| 4 | 被殴招架适伤胞兄气忿自尽 | 李泰华因胞兄李泰荣辱骂其媳听闻往劝。李泰荣向殴，该犯用手招架，适伤李泰荣腮颊。李泰荣投缳自缢身死 | 无逼迫情状 | 依逼迫期亲尊长致死绞监候上量减一等拟流 | 道光元年案，《刑案汇览》卷34，第1253页 |

续表

| 编号 | 案例名称 | 案情 | 逼迫与否 | 处断 | 资料出处 |
|---|---|---|---|---|---|
| 5 | 损坏胞兄农具致兄气忿自尽 | 成毓林借用胞兄成毓秀农具将其损坏，其兄不依辱骂，拾石扑殴，该犯畏惧跑避，成毓秀追赶不及，自伤额颅，气忿自尽 | 并无逼迫情状 | 依逼迫期亲尊长致死绞候上量减一等满流 | 道光三年案，《刑案汇览》卷34，第1254页 |
| 6 | 阻止胞兄侵卖伊地致兄自尽 | 李全信因胞兄李全贵将伊地侵卖查知阻止。李全贵因卖地未谐，无钱度岁，情急自缢身死 | 无吵闹逼迫情事 | 依逼迫期亲尊长致死绞候上量减一等拟流 | 道光三年案，《刑案汇览》卷34，第1254页。 |
| 7 | 窃当伯母衣服致氏气忿自尽 | 马印虔窃当马田氏衣服，致氏御寒无衣，气忿自缢 | 无逼迫情状 | 比照逼迫期亲尊长致死绞候上量减一等满流 | 道光元年案，《刑案汇览》卷34，第1255页。 |
| 8 | 卑幼揹留钱物伯母气忿自尽 | 李时富因不还伊伯母毡条，并欲私借会钱，致伯母自尽 | 无逼迫用强情事 | 照逼迫期亲尊长致死绞候律上量减拟流 | 道光八年说帖，《刑案汇览》卷34，第1256页 |
| 9 | 推伤行窃之兄羞忿自尽 | 邓孔会在胞弟邓孔元棉花地内私摘棉花，邓孔元上前拉夺，并用手推跌邓孔会倒地，磕伤脑后。邓孔会因被乡约李正才当众斥辱，并欲报官，羞愧自缢殒命 | 无逼迫别情 | 于殴伤本律满徒上加等，拟以杖一百，流二千里 | 嘉庆元年说帖，《刑案汇览》卷34，第1261页 |

在适用"威逼"律时，无论是律条本身还是律学家都强调，"务需审有挟制窘辱情状"，"逼迫"行为是成立该罪名的核心要件。但上述 9 案中，案例 1 不清还上级银两，案例 2 许帮钱文翻悔不给，案例 4 殴伤胞兄，案例 5 毁坏胞兄农具，案例 7 窃当伯母衣服，案例 8 揹留伯母财物，案例 9 推跌倒地，都不存在"逼迫"情事，无法构成"逼迫"行为。

案例 3 中，金世重向其弟金世成强借不遂，互相殴打，因畏惧其弟伤重而自杀。哥哥的强借很难说是"正当"行为，反而近乎无赖。案例 6 中，李全贵侵卖胞弟李全信土地被阻。阻止自己的土地被侵卖，弟弟的行为完全正当，兄长自杀更非其意料所及。上述两案无法构成刑法上的因果关系。但清代在因果关系推理中，并不以行为人之行为的违法性和主观上的预见性为必要，而是以实际产生的结果为判断依据，在涉及服制尊卑关系时尤其如此。

真正决定判罚的是行为双方的身份关系。上述案件中行为双方均为期亲（兵丁侵犯其主管官员在拟罪时也是按照侵犯期亲尊长来对待），且都是尊长自杀。审案官员为维护伦常名分这一更高的价值，选择突破律例的核心构成要件，以比附的方式，通过刑罚的加减来实现最终的"情罪允协"①。

有时候案情可能会涉及数条不同的律条，且每条律例都无法涵摄案情。此时，审案官员会在案情与律例之间进行反复比较，以寻找最符合"情罪允协"的律条。例如，行窃胞伯材板致令气忿自尽案：孙致兴因贫窃卖期亲服伯孙希才材板，致孙希才气忿投崖殒命②。

因例无窃卖伯叔财物致令自尽作何治罪明文，审案官员在可能涉及的法条中进行权衡和比较：

> 法条一：因盗威逼人致死者，斩监候。
>
> 法条二：窃盗逃走后事主失财窘迫因而自尽者，杖一百，徒三年。
>
> 法条三：卑幼因事逼迫期亲尊长致死者，绞监候。

按照现代刑法，此案孙致兴所犯仅为盗窃罪。此处对孙致兴窃卖板材的行为与期亲服伯自杀之间直接因果关系在所不论，主要分析审案官员论证孙致兴"情罪"时的逻辑推理。

法条一，"因盗威逼人致死"律例的核心要件是："其人有可畏之威，有逼迫之形"。反观此案，虽然是因盗而起，但行为人作为卑幼并无"威逼"期亲尊长的意图和能力，偷窃板材的行为无法形成"威逼"之势。

法条二，虽然案件的行为性质和结果符合"窃盗逃走后事主窘迫因而自尽"例的构成要件，但此例中窃盗与事主之间身份关系为常人，而上述案件中行为双方为期亲，若按照常人拟以徒刑，则与凡人无所区别，显然属于"情重而法轻"。

---

① 管伟认为，在涉及外来因素而致他人自尽案中，"情罪相符"则意味着必须有人为他人之死负责的"抵命思想"，此种结果责任的强烈意识使传统司法官员处理比附案件往往使比附的结果溢出了立法的原意。参见管伟《论中国传统司法官比附援引实践中的思维特色——以刑案汇览为例》，《法律方法》第 7 卷，山东人民出版社，2008，第 273 页。此种概括，更适用于行为双方存在服制关系，尤其是卑幼侵犯尊长的案件处断。

② （清）祝庆祺等编《刑案汇览三编》（二），北京古籍出版社，2004，第 1254~1255 页。

法条三，针对"服属期亲"，符合行为双方的身份关系。但"因事"内有专门加重条文，"因奸盗"逼迫期亲尊长自尽，拟斩监候。其核心要件依然要满足"实有逼迫情状"。此案虽因卑幼窃物起衅，但并无"逼迫"情节，若径照因事逼迫尊长致死例拟以死罪，显然属于"法重情轻"。

审案官员认为此案属于"卑幼行窃尊长财物，致令尊长因失财窘迫自尽"，卑幼致尊长死亡，时人观念里是一定要对卑幼进行定罪的。但如何做到"情罪允协"，却颇费踌躇。如果拟以徒刑，则与常人威逼人致死处刑相同，对于有服制关系的卑幼来说，其量刑显然太轻；若直接依"卑幼威逼期亲尊长"拟以绞刑，显然太重。毕竟行为人是因贫困而窃卖胞叔板材，因亲属之间本有相互扶持之义，法律在处理窃盗时依据的原则为：服制关系越近处刑越轻。此案量刑徒刑太轻，绞刑太重，位于两者之间的流刑应是平允的选择。当刑罚确定之后，接下来就是比照律例，或在律例上加等或减等进行刑罚修正，以达到"情罪一致"。此案中，地方官员将孙致兴比照"逼迫期亲尊长致死绞律"量减一等拟流，得到刑部的认可①。

《大清律例》中的"每个法条都为特定的某种犯罪情形设定了一个固定的裁判结果，这个裁判结果具有规范性和指导性，无数条或抽象或具体的律例交叉结合形成了一个复杂的裁判标准网络"②。即使律例无法涵摄案件事实，出现"律无明文"的情况，但案情可能关涉的数个法条，已经为个案裁定提供了一个合理的量刑空间。审判官员可以根据量刑（此量刑的确立，也是将个案情节与多个法条详细比对后的结果）比附相对适合的律例，以达到"情罪一致"的目的。

## 三 成案与定罪量刑

清代国家对于成案的定位见《大清律例·刑律·断狱》"断罪引律令条"的规定：

> 除正律正例而外，凡属成案未经通行著为定例，一概严禁，毋得

---

① （清）祝庆祺等编《刑案汇览三编》（二），北京古籍出版社，2004，第 1254~1255 页。
② 罗洪启：《清代刑事裁判司法论证研究——以刑部命案为中心的考察》，中国政法大学出版社，2011，第 188 页。

混行牵引，致罪有出入。如督抚办理案件，果有与旧案相合，可援为例者，许于本内声明，刑部详加查核，附请著为定例。[①]

此规定否定了成案的法源性，除非成案成为定例，才可以直接援引。法律论证过程中，成案的价值主要在于提供了"相似案件相似处理"原则，可以援引以加强论证，强化案件的说理，却无法直接作为法律依据。

成案比附不再局限于单纯文义范畴考虑，而是将案件事实与其相比附的成案中的事项或情理进行相似性比对，以求得规范上的类推适用以及相应刑责的确定。

例如：奸夫殴逼纵奸本夫自尽案：

王幅因与林可金之妻傅氏通奸，林可金贪利纵容，陆续得钱无数。嗣林可金屡向王幅索钱，王幅乏钱未给，林可金不许奸宿，王幅令将前给钱文退还，林可金嚷骂，王幅用拳殴伤其左眼胞等处，林可金声言王幅不肯给钱，反将伊殴伤，心内气忿，投缳殒命。[②]

此案关涉的法条如下：

法条一：凡因奸威逼人致死人犯，务要审有挟制窘辱情状……毋得概坐因奸威逼之条。

法条二：本夫纵容通奸，后因奸情败露，愧迫自尽者，奸夫、奸妇止科奸罪。

法条三：凡因事用强殴打威逼人致死，如非致命又非重伤者，杖六十、徒一年。

地方官员审断此案时，检查到嘉庆十八年（1813）奉天省的一则成案：

马焕龙纵容伊妻马王氏与祁大通奸，嗣祁大因见马焕龙偷取房主麻秸烤火，当向马焕龙斥责，并殴伤其左额角，复密订马王氏同逃。

---

① （清）薛允升著《读例存疑（重刊本）》（五），黄静嘉编校，台湾成文出版社，1970，第1276页。

② （清）祝庆祺等编《刑案汇览三编》（二），北京古籍出版社，2004，第1218页。

马焕龙找寻无踪，愧迫轻生。①

　　将案件事实与所比附的成案相比，同是丈夫纵容通奸，奸夫与本夫因财物问题产生冲突，本夫被殴伤，最终本夫都采取了自杀的方式，基本属于"情理相似"。但两案具体案情又有差异，成案中还有奸夫与奸妇同逃的情节，奸夫的行为恶性更强。

　　此案之所以未直接依照"因奸威逼人致死"律定拟，而是参考成案裁断，原因在于地方官员认为奸夫固然无耻，本夫纵容伊妻与人通奸亦属无耻，"乃向王幅索钱起衅，致被王幅殴伤，又属辱由自取"，与"挟制窘辱"迥异。最终，此案参考成案的处断，依"因事用强殴打，威逼人致死，既非致命，又非重伤例"，将王幅拟杖六十，徒一年。刑部核覆时认为，"与例案相符"，认可地方所参照律例与成案的正确性。

　　案件处理中，有时司法官员已经确认立法逻辑与案情逻辑一致，其列举成案的目的更多是加强案件论证的说理性。例如：威逼致死卑幼一家二命案：

　　　　刘义陇图继谎骗，以致李氏愁急，携女存姐投井身死。②

　　此案行为双方为功服亲属，法司查例载"因事威逼致死一家二命者发近边充军，又功服以下尊长杀死卑幼，如系图谋财产，悉照平人谋故杀律问拟，不得复依服制宽减"③，已经明确了功服以下尊长因图产杀死卑幼，既照凡人定拟的原则。按照立法逻辑，既然图产杀死卑幼依据凡人定拟，则图产威逼卑幼自尽，亦可比例参观，照凡人科断。威逼致死二命拟军之例以死者是否同属一家为断，未有因死者系卑幼即予减等的明文规定。为加强论证合理性，地方法司列举嘉庆元年（1796）黄之韫威逼大功服弟黄之瑷并妾陈氏先后自尽的成案。

　　此成案中，黄之韫图产争继，谎契威逼，致孀居寡嫂与七龄幼女同死

①　（清）祝庆祺等编《刑案汇览三编》（二），北京古籍出版社，2004，第1218页。
②　（清）祝庆祺等编《刑案汇览三编》（二），北京古籍出版社，2004，第1265页。
③　（清）祝庆祺等编《刑案汇览三编》（二），北京古籍出版社，2004，第1265页。

非命。从情理角度来看，两案具有高度相似性，同为尊长图产逼死两人，既然成案是将黄之蕰依"威逼致死一家二命例"，发近边充军，此案自然应一体办理。

成案在司法论证中不仅起到增强论证说服力的作用，更重要的是发挥了判例的作用。"判例在维护类似的事案应具有类似的法律效果这个法律稳定性方面，在向缺少法律依据以及适用条文等发生争议的困难案件的处理上具体提供解决标准方面都起着决定性的作用。"① 援引成案不仅有利于维护法律的稳定性，且在"律无明文"或法律适用存在争议时，还起着论证刑罚的作用。

综上，在案件审理的具体过程中，司法官员从掌握案情出发，并检索有无完全契合的律例，如果有，则依照律例对案件进行裁定，并确定相应的刑罚。值得注意的是，"情罪允协"要求罪名和罪行同时兼顾，如果司法适用的罪名所提供的刑度并不"允协"（此种"允协程度"是法律规范、社会价值、正义观念等因素综合判断而来），司法官员也可能会退而求其次，适用也许并非最符合其罪行但量刑适当的律例来比附使用。对于"律无明文"的案件，司法官员仍需以相关律例为基础，通过案情与律例的反复考虑，或比附类推，或援引成案，最终定罪量刑。在此过程中"情罪允协"始终是司法追求的最终目标。

---

① 〔日〕小口彦太：《清代中国刑事审判中成案的法源性》，杨一凡、寺田浩明主编《日本学者中国法制史论著选》（明清卷），中华书局，2016，第255页。

# 第四章　法律评价：制度设计与社会影响

张伟仁在《清代法制研究》一书中提出，研究有关制度的问题，既要探究其背景，还要推究其发展及影响；要弄清楚制度原定的目的；要分析它借以实现此目的的各种组织结构、功能、相互关系以及原定的运作规则；要探究制度各种内在和外在的驱动力的来源、性质、形成和强弱程度；观察制度实际运作的情形，检讨它是否充分实现了原定的目的。还要将特定的问题放在制度整体中考察①。此研究方法虽针对整个清代法制，但对具体的法律制定及运行研究也颇具启发性。本章重点从律例制定及法律实践产生的影响角度进行探讨。

## 第一节　制度设计

法律应是天理、国法、人情的有机统一，良好的法律应当合乎天理、顺乎人情且能够被民众信服和遵守。致人自尽法律体系的制定是否属于良法，不仅要看其制度设计，还要结合司法实践去考察。仅就法律制定初衷而论，法律规范内含重视人命的善意。

### 一　法律与社会需要

清代致人自尽法律体系的制定与传统中国"人命关天"的思想意识密切相关。"人命关天"这一表达将人命提升到"天"这一至高无上的地位，无论是统治者重视民命还是普通人重视生命，乃是天理所在。加之传统意识普遍认为"自杀"本身就是一种"冤抑"的表达，是走投无路、被逼无

---

① 张伟仁：《清代法制研究》（第 1 辑第 1 册），"中央研究院"历史研究所，1983，第 59 页。

奈的选择。"人必所受之苦难万不能堪而出于死,此最可哀可矜之事。"① 因疾病、贫穷等客观原因造成的自杀,人们只能抱以同情。但如果是因双方的争执、他人的行为导致被害人自杀,人们会先入为主地同情"自杀者",认为自杀是弱者用生命在反抗。如果法律只因其是"自杀"而非"他杀",从而不予惩治行为人,或者如西方一样去惩治自杀者,则会明显违背人们心中的正义观念。正如清末律学家沈家本所言:"究其致死之故,全系乎胁迫之人,而尚欲责死者以不应自杀而罪之,冤上加冤,情理何在?"② 正是在这种"人命关天"以及冤抑表达的观念影响下,国家法律对致人自杀的他者进行追责,可以说符合天理和人情。

如果不是从现代法律保护个人自由、维护个人权利等前提出发,而是将致人自尽的法律体系置于整个清代法规范的总体范畴来考察,以历史性的、"同情"的眼光来评价,致人自尽的法律规定的确具有一定合理性。

立法体系中有相当一部分内容属于"结果加重",即行为人的行为本身已经违法,如诬告、窃盗、恐吓取财、强占良家妻女等,在犯罪过程中又造成了被害人自杀这一更加严重的后果和法益侵犯,法律加重对行为人的惩处,从罪与刑协调的角度考虑,符合人们心中的正义观念。

对法律规范合理性有争议的集中于"威逼人致死"条。该律制定主要缘于社会形势的变化:

> 此条《唐律》无文。盖轻生自尽,与人无尤,威逼者自有所犯应科之罪,不因致死而加重。古法本应如是,特世风日薄,陵弱强暴者实繁有徒,故明代于土豪势恶治之甚严,其立此律,亦所以应世变。③

随着社会形势变迁,以强凌弱现象繁多,为惩治豪强等"刁恶"之徒对民众的欺凌和压迫,对弱势平民进行法律救济,以达到"锄强扶弱"维护社会安定的目的而设置此律。鉴于实际生活中自杀行为的原因多种多样,他者的何种行为需要被追责?法律需要确立并明确追责的边界。法律规范

---

① 沈家本:《寄簃文存》,商务印书馆,2017,第67页。
② 沈家本:《寄簃文存》,商务印书馆,2017,第66页。
③ 沈家本:《历代刑法考》(下册),商务印书馆,2016,第846页。

的作用，不仅有利于规制他人行为，也有利于为民众确立一种正确的行为模式和价值选择。

## 二 法律与社会控制

现代法律建立的基础是个人的权利和自由，法律是维护个人自由与权利的工具。反观中国古代，法律可以说是统治者基于国家政策对社会进行干预和控制的重要手段。统治者希图将人束缚在以纲常伦理为基础的社会体系和网络中，用法律强制手段禁止任何人逾越社会的伦理底线。

传统法律并不以维护个人权利为最终目标，而是要维护整个社会的稳定。无论因为什么样的理由也不应该把人逼到走投无路的境地，不存在即使"逼死"人命也要实现的正义①。法律要对此类越过"底线"的行为进行抑制，具体做法就是通过惩罚罪犯为被害人伸冤。具体到自杀，人们普遍认为自杀是被害者被逼到绝境之处无可奈何的选择，而行为人往往是那些具有"威势"之人，此类人群具有财产、地位等方面的优势，倚仗自己的财产、地位对弱者进行压迫，而自杀也由此被视为"弱者的反抗"，法律基于"惩强扶弱"维护社会稳定的功能，就必须对行为人予以惩罚。

法律最重要的功能就是通过犯罪预防来实现对社会秩序的管理和控制，所以刑罚的两大功能可以概括为"报应正义和预防犯罪"。

报应正义认为刑罚是针对恶行的恶报，恶报的内容必须是恶害，恶报必须与恶行相均衡。善有善报、恶有恶报是中国朴素的正义观念。基于报应的原理，法律对恶性犯罪以痛苦的刑罚进行报应②：

> 如果所加的刑罚过轻，不仅被害人的冤屈无法得伸，还会有些不法之徒，认为若仅是这种程度的刑罚，即使受到也无所谓，进而继起仿效。反之，假如刑罚过重，则会造成判刑本身就在世上制造新冤情的结果。因此，刑事审判工作的至上理念，就是解明和把握恶行的内

---

① 〔日〕寺田浩明：《权利与冤抑——清代听讼和民众的民事法秩序》，〔日〕滋贺秀三等著《明清时期的民事审判与民间契约》，法律出版社，1998，第 204~205 页。

② 所谓刑事审判理念的目标，是将刑罚加诸个别恶行之上，使被害人的冤屈得以伸张，并预防此后再有恶行的发生。这里存在的是一种应报思想。〔日〕寺田浩明：《试探传统中国法之总体像》，《法制史研究》第 6 期，2006，第 232 页。

容——即恶行的"情"，确实地判下相应于该恶行的恶性份量的刑罚，亦即"情罪平允"或"情法之平"。①

具有惩罚和警戒作用的刑罚，才能达到预防犯罪的目的②。清代在致人自尽的罪名体系中，按照"行为+自杀结果"这一犯罪构成要件，根据行为的性质，区分不同的犯罪情节，给予不同刑等的处罚。

刑罚除了震慑、威吓犯罪或者有犯罪意图的人之外，另一个重要的目的即是进行"教化"。"刑的目的是为弼五刑，终局使刑措不用；……换句话说，刑罚并无其自身的目的，乃是辅助教化者，其目的在于警戒犯罪者以外的人，不在于教化犯人。"③ 清代法律面对侵害行为，尤其是造成自杀这一严重后果时，国家政权利用刑罚惩处犯罪，除了达到报应目的外，也通过法律惩治"导人向善"，防止类似事件的出现。

综上，清代法律制定的出发点主要是为了维护社会秩序，以法律为主要工具来实现对社会的严密控制。对于"迫使他人自杀"这一极易引发社会舆论并且严重威胁社会秩序的行为无疑应是法律严厉打击的对象。国家通过法律惩治罪犯，以期达到"以刑去刑"预防犯罪的目的。

# 第二节　社会影响

清代在追究自杀行为中的他者责任时，对卑幼侵犯尊长的行为实行严格的责任追究，借助法律来强化伦理等级秩序；通过刑事和行政处罚手段，打击官吏"失职"行为，以维护司法秩序；利用重刑惩治侵害妇女名节的行为人，以维护社会风化；通过责罚威逼弱势者的"凶徒"，以维护社会秩序。但法律在实践中产生的影响仍与其立法初衷存在一定偏离。

## 一　法律与伦理等级秩序的强化

中国传统社会是一个典型的身份社会，国家力图构建一个以身份为标

---

① 〔日〕寺田浩明：《试探传统中国法之总体像》，《法制史研究》第 6 期，2006，第 233 页。
② 蒋冬梅：《"杀人者死"的中国法律传统研究》，上海人民出版社，2011，第 6 页。
③ 戴炎辉：《中国法制史》，三民书局，1996，第 28~29 页。

准，尊卑、贵贱皆有其序的等级社会，而法律就是国家依凭的重要工具。传统社会里，身份可以说是最基本的生活原则，也是权利和义务分配的标准。清代法律对卑幼只强调义务，对尊长则过分凸显其权利（几乎不设定义务）[①]，当尊卑之间发生冲突，尤其是尊长采取自杀行为时，法律更注重卑幼的义务，不论其行为是否正当，有无过错，为维护伦常秩序，法律都会追究卑幼者的责任。例如：毕姜氏被伊翁强奸将其戳伤并伊翁自尽身死一案：

> 毕姜氏系毕得富次子毕大德之妻，同屋居住。嘉庆二十二年八月初五日，毕大德与兄毕大贵同往族人家相帮葬坟，是晚未回。二更时分，毕姜氏闭门就寝。毕得富因见毕姜氏独处，辄萌淫念，潜将毕姜氏房门拨开，毕姜氏惊醒坐起，毕得富悄言欲与成奸，毕姜氏喊嚷，毕得富即取床边三尖铁叉，向毕姜氏吓称："如不依从，定将戳死。"毕姜氏随止声喊叫，一面下床向外□□，毕得富拉住，用叉戳伤毕姜氏右额角脸颊，毕姜氏挣不脱身，一时情急，夺叉吓戳，冀令松手，不期戳伤毕得富脑门偏左偏右，维时毕大贵之妻毕陈氏及同院居住之毕胡氏闻声踵至，毕得富始行松手，毕姜氏□出房门，向毕陈氏等告知，并往诉毕大德等。讵毕得富回至己房，因事败露，愧悔莫释，即在床上用布带自勒身死。[②]

此案中，公公图奸儿媳未成，畏罪自尽。公公作为尊长，竟罔顾伦理道德，意图强奸儿媳，其行为可谓"无耻之极"。但公公自杀，在司法理念中，就必须有人为尊长的自杀负责。于是，地方法司在处断时，抛开整个案件中公公强奸未遂的事实前提，将案件定性为儿媳殴伤尊长，依例拟以斩立决。虽然法司承认，儿媳戳伤公公是"猝遇强暴，情急势危，仓促捍拒，并非有心干犯"，实为抵御侵害的本能反应，但因需有人对尊长的死亡负责，法律选择对本无过错（此案中儿媳无疑为受害者）的行为人处以

---

① 魏道明：《秩序与情感的冲突：解读清代的亲属相犯案件》，中国社会科学出版社，2013，第188页。

② 武昌府襄阳县犯妇毕姜氏被伊翁强奸将其戳伤并伊翁自尽身死拟斩立决事，中国历史第一历史档案馆藏清代内阁刑科题本，档案号：02-01-07-2673-017。

重刑。

维护伦常等级秩序，是法律的根本立法目的，这也使得法律在强化家庭或家族等级秩序方面比较简单甚至机械。"卑幼对于尊长，只能绝对服从，任何对尊长权威的侵犯，哪怕是无心冒犯，都会构成犯罪行为，从而遭到重罚。"这种对于尊长权利的过于强调，容易导致尊长滥用权威[①]，即使稍遇不顺，也可能采取自杀这一极端行为。例如，呈首其子不孝后复追悔自尽一案：

> 栗松年因伊父早故，事母李氏素无违犯，乡邻咸知。嗣该犯自他回归，腹中饥饿，因伊妻徐氏尚未做饭，将徐氏殴詈，李氏喝阻，该犯不听，李氏气忿，欲行送究，经邻人解劝，该犯亦向伊母叩头央求，李氏坚不依允，赴县禀首，该县饬令回归听候差拘。该犯畏惧躲避，李氏回家，听闻父母首告忤逆，应问遣戍，虑恐伊子到官治罪，无人奉养，心生追悔，当向伊媳徐氏愁诉，经徐氏劝慰，讵李氏愁急莫释，潜赴村外投井殒命。[②]

此案中，丈夫栗松年仅因妻子做饭延迟，就对妻子施加暴力，滥用丈夫对妻子的权威。母亲李氏劝阻，未被遵从。因自身尊长权威未被完全服从，母亲决意将儿子禀官送究。后因担心无人奉养，追悔自尽。可见，母亲自杀完全是因自身将儿子送官后心生后悔所致。即使法司认为儿子的行为"无触忤干犯情事"，且承认"李氏之愁急自尽因恐该犯治罪无人侍养"所致，但仍依照"罪坐所由"原则，认定母亲的自杀与儿子的行为存在直接因果关系，故依"子违犯教令致母自尽例"，对儿子拟以绞监候的重刑。

法律过于强调尊长权利，严重忽略卑幼权利，即使尊长纵容或者教令卑幼犯罪，后因畏罪自尽，卑幼也难逃法律的制裁。律学家沈家本就曾对此问题进行过反思：

---

① 魏道明：《秩序与情感的冲突：解读清代的亲属相犯案件》，中国社会科学出版社，2013，第156页。
② （清）祝庆祺等编《刑案汇览三编》（二），北京古籍出版社，2004，第1241~1242页。

父母纵容袒护其子犯奸盗，则父母自尽，实属咎由自取；至于教令为之，则父母更为首祸之人。揆诸"一家共犯，罪坐尊长"之义，"父母当自任其咎，本不全关乎子孙，乃必科子孙以重罪，且科死罪，将错就错，而天下之冤死者又不知凡几矣。①

## 二 严惩"失职"与司法秩序

清代为维护司法秩序，对于因"失职"造成人犯（被害者）死亡的行为予以严惩。尤其针对差役群体，为防止其恃势欺压，索贿逼毙人命，法律制定了"蠹役诈赃致毙人命"例，无论赃数多寡，一概拟绞，即使并无诈赃，只要出现致人死亡的结果，也要被处以流刑。相对于一般常人诈赃，法律对差役群体的处罚更严。《大清律例·刑律·贼盗》"恐吓取财"条内规定，如果刁徒吓诈逼毙人命，以死者是常人和"实系奸盗等项及一切作奸犯科有干例议之人"之别，分为"凭空讹诈"与"事出有因"两类情况，分别拟以绞监候和流刑。实践中，差役群体致毙人命案件并不区分被害者的身份，也不具体区分究竟是诈赃索贿、人犯主动行贿或是日常中的索讨等具体行为性质，法律注重的是差役群体的身份和人犯死亡的结果，只要具备这两个前提，即可在两者之间建构直接因果关系。例如，衙役逼索代赊饭账致犯自尽一案：

> 州役朱魁因徐广业争控地亩，奉票传唤人证未齐，经官饬将徐广业发保，朱魁以曾代徐广业担欠饭钱，虑恐放回不给，辄将徐广业扣留，并吓称如再延欠，定禀官比追，致徐广业被逼自尽。②

此案行为人朱魁身份虽为差役，但其向徐广业索欠，属于私人之间的纠纷，并非执行公务。常人之间索欠致人自尽，一般依因事威逼人致死律为断，处杖一百，追埋葬银给付死者之家。官吏非因公务也依据此例拟判。但在司法实践中，法司虽然也认为"逼索欠钱与诈赃不同"，但依然鉴于行

---

① 沈家本：《律例偶笺》卷3，子孙违犯教令。
② （清）祝庆祺等编《刑案汇览三编》（三），北京古籍出版社，2004，第1862~1863页。

为人的差役身份，比照"蠹役诈赃毙命拟绞例"，量减一等处以流刑。

有研究表明，清代将县衙吏役描述为皆腐败不堪和自私自利是一种"模式化表达"①，对差役群体严格的控制和惩治措施，应是这种理念在法律层面的体现。但离开差役群体，地方政府将无法正常运转，该群体在传讯、缉捕、监狱看管、中途押解人犯等领域发挥着关键作用。而这个领域恰又是差役群体较易倚势欺压平民（或人犯）之处，差役致毙人命之案也多属于此。此种体制性问题，如果只利用法律"重刑"打击，显然无法从根源上有效解决。

此外，如出现人犯在押解途中或在监狱内自杀的情况，法律不仅对差役进行刑事处罚，还会依据人犯本罪、看役工作是否符合规范等，对负有监管责任的不同层级官员处以刑事或行政处罚，追责范围非常广。例如，死刑罪犯在狱自杀，除看役、典史等被刑事处罚外，知府、臬司等各级官员也会被处以降级、罚俸等不同的行政处罚，其目的虽为维护司法秩序，但也很容易使各级官吏为推诿责任，形成"利益共同体"。比较常见的方式就是将人犯在狱自杀"伪装"成在监病故，以规避处分。例如，乾隆二十九年（1764）三月，简尔岳因恣意勒索，拟绞在监。海丰县知县刘绍汜报称简尔岳在监病故。知县严源覆检，发现该犯实际是自缢身亡。知县刘绍汜被两广总督苏昌题参。乾隆皇帝认为，"该县既不能留心防范，致令自缢，疏纵之愆，已难解免，乃胆敢捏报病故，肆行欺罔，若不严加惩创，将狡狯重犯，谁不思乘间自戕。而看守庸懦之员，并得以捏饰幸免处分，甚至玩法作奸，无所底止，何以儆官邪而彰国宪。"② 此案，刘绍汜被革职交刑部治罪，覆检之知县严源送部引见。苏昌办理此案，因执法公正，交部议叙。

死刑人犯在狱自杀真相被查出，皇帝以此劝谕地方大吏实力奉公，恰也可从侧面反映此类事件并不常有。人犯在狱死亡真相究竟为何，不仅需要进行严格复查，更需要打破官员之间因循相护的"旧套"，确有难度。例如，乾隆五十八年（1793）绥远城斩犯雪格在监自缢一案。绥远县典史报

---

① 〔美〕白德瑞著《爪牙：清代县衙的书吏与差役》，尤陈俊、赖骏楠译，广西师范大学出版社，2021，中文版序，第1页。
② 《清高宗实录》卷707，乾隆二十九年三月戊辰。《清实录》（第17册），中华书局，1986，第893~894页。

称斩犯雪格在监病故。右卫同知扎尔杭阿认为，原报该犯系十月初十日患病，次日即经身故，情有可疑，禀请派员查验。经绥远将军图桑阿派委绥远城理事同知福柱前往验看，雪格实系在监自缢身死。乾隆皇帝认为，"此案雪格既系在监自缢，何以该典史捏称病毙，其中必有规避处分，贿嘱捏饰情弊"故谕令严查①。

### 三　法律惩治与社会风化

为维护社会风化，清代对直接侵害妇女身体破坏其贞节的行为予以严惩。例如，对强奸致妇女（包括本妇、父母、亲属）自尽的行为人，无论已成、未成一概拟以死刑。因关涉死刑，为防止误判，法律对于强奸采用非常严格的定义：

> 凡问强奸，须有强暴之状，妇人不能挣脱之情，亦须有人知闻，及损伤肤体，毁裂衣服之属，方坐绞罪。②

据此定义，强奸的构成要件包括：行为人有强暴之状、妇人不能挣脱、须有人知闻、身体损伤、衣服毁裂等。缺少其中一项都不能成立强奸罪名。如果不能成立强奸，根据律文规定就有可能构成和奸或刁奸，"若以强合以和成，犹非强也。……又如见妇人与人通奸，见者因而用强奸之，已系犯奸之妇，难以强论，依刁奸律"③。如果妇女遭受性侵，不符合强奸构成要件，就有可能按照和奸、刁奸被论罪。

加之清代的司法程序要求死刑须犯人招供方可成立。如此，要成立强奸罪，必须是强奸犯承认自己的罪行，且在证词中指证受害者的贞节抵抗。有学者认为，"强奸罪在实践上，诠释权实际控制在加害人之手"④。奸情发生地一般较隐蔽，除行为人外，他人难以获知。如果行为人为免受极刑，

---

① 《清高宗实录》卷1439，乾隆五十八年十月丁亥。《清实录》（第27册），中华书局，1986，第232页。
② （清）吴坤修等编纂《大清律例根原》（四），上海辞书出版社，2012，第1581页。
③ （清）吴坤修等编纂《大清律例根原》（四），上海辞书出版社，2012，第1581页。
④ Matthew H. Sommer: *Sex, Law, and Society in Late Imperial China*, Stanford University Press, 2000, p. 111.

声称妇女系属自愿。这种情况下，妇女一般只能以"自杀"证明自身清白①。法律本意为保护妇女贞节，但妇女却只能以自杀来证明自身的贞节，这不能不说是法律与实践的矛盾之处。

除了强奸致人自尽外，清代尤其是乾隆时期增多的调奸致妇女羞忿自尽案，也是立法与司法实践出现偏差的表现之一。清代对强奸未成或但经调戏致妇女羞忿自尽，皆处绞刑。对这样的处断，乾隆时期的刑部尚书孙嘉淦提出异议：

> 目招言挑拒之而即止，手勾足引詈之而即奔，其人原无强暴之状而本妇亦无窘辱难堪之形，业既拒之而即止，詈之而即奔矣，其事原可以已，即使不已，告于翁姑而礼处之可也，鸣之官而责惩之可也②。

调戏与强奸相比，其行为的主观恶性较低。强奸属于严重的暴力行为，但调戏并不存在侵犯人身安全的危险性和急迫性。妇女在遇到调戏时，可以言辞拒绝，可以高声詈骂，可以选择向翁姑相告，也可以采取法律途径请求官府代为责惩，未必一定要选择自杀来证明自身清白。

此外，孙嘉淦认为，应在强奸与调奸致妇女羞忿自尽的量刑上加以区别，反对将因调奸而自尽的妇女一概予以旌表：

> 即使贞节性成非礼难犯，一经调戏即至捐躯，此亦如孝子之割股、烈女之殉夫，其事过中，不必旌表，即使悯其贞烈而旌之，女自加以隆礼，男自科其本罪，亦不必杀人以旌人，即使欲慰贞节之魂必重淫男之罪，亦当使凶暴与懦弱稍有所区别，不当强奸调戏连类而并及之也。③

一经调戏即羞忿自尽的行为同孝子割骨疗亲、烈女自杀殉夫一样不值得旌表。即使法律为了慰藉贞节女子，对行为人加大惩罚力度，也要与强

---

① Janet M. *Theiss: Disgraceful Matters: The Politics of Chastity in Eighteenth-Century China*, University of California Press, 2005, p. 198.
② （清）孙铸编《清代名臣奏疏文稿汇编》：孙文定公（嘉淦）奏疏，清刻本。
③ （清）孙铸编《清代名臣奏疏文稿汇编》：孙文定公（嘉淦）奏疏，清刻本。

奸等一类"凶暴"行为相区别，"但经调戏是乃求和奸而未成者也"，与强奸未成不同，不能视强奸与调奸行为的恶性等同，从而同等处罚。

清代以"刑事威吓"为立法思维，重惩损害妇女名节的行为人，以期达到"明刑弼教""维护风化"的目的，但司法实践中的表现并非严刑重惩之下此类现象减少，反而是此类案件数量激增：

> 自创此例（强奸未成或但经调戏而本妇羞忿自尽者俱拟绞监候）以来，不闻淫风之顿息，惟见奸案之日多。今年秋审河南一省羞忿自尽者二十余案，通计天下盖数十百案而未止也，凡有一案必杀一人，若非勾决则必监毙，未有能幸免者。一年数十、十年数百、百年数千、千年数万，国家亿万年不拔之基，然则其所多杀之人盖不可以数计矣，此亦仁人君子所当恻然动念者也。①

司法实践中的悖论是，国家以重刑来维护社会风化，不仅效果甚微，甚至出现了意料之外的现象。袁氏滨在《律例条辨》中对此有所议论：

> 调奸自尽，较殉夫之烈妇，犹有逊焉，而既予之旌，又抵其死，不教天下女子以轻生乎。②

法律本意在旌扬妇女的节烈，随着贞节内化为妇女人格的核心要素，即使行为人并非有意调戏侵犯，但只要"亵语戏谑"导致妇女自杀，依律可处死罪。法律实践是以妇女的反应来界定性侵害的罪行——至于男方是否具有侵害意图反而无足轻重。这样的法律会进一步鼓励妇女轻生作为报复手段③。清代的立法事实上将"烈女"的定义由"从夫于地下"转为可能只是玩笑话或言语上的误解或是肢体碰触而"羞忿自尽"。历史的吊诡于是展现："清廷的目的是塑造模范的帝国子民，为家国的延续竭尽心力，不轻弃自己的生命；但在一连串法律制度的沿革下，反而制造了一批模范

① （清）孙铸编《清代名臣奏疏文稿汇编》：孙文定公（嘉淦）奏疏，清刻本。
② （清）薛允升著《读例存疑（重刊本）》（四），黄静嘉编校，台湾成文出版社，1970，第978页。
③ 费丝言：《丑事：盛清的贞节政治》，《近代中国妇女史研究》2006年第14期，第260页。

（甚或太过模范）的强暴受害者，在任何性侵犯的可能下都作出最大限度的抵抗（自尽）。"①

如何使维持风化之意与慎重民命之间达到一种平衡是统治者关注的重要问题。女性被害人自杀（可能为通奸、被强奸、调奸等多种原因），最直接涉及的是她的心理因素，而此种"羞忿"心理之产生，从根本上源于社会对贞节的极端重视。"自杀"的最大受害者无疑是被侵犯的妇女。那法律重视的究竟是对加害人的惩处（其一体两面并不必然是对受害妇女的保护），还是保护受害妇女，使其有继续活下去的意愿？显然，法律或者社会视妇女的贞操甚于妇女生命本身。"对于女人必须贞节的要求，远胜于对个别女人的自我之生命、自由及幸福的考虑。此种外在的社会因素加诸于女人身上的压迫，可能才是致被害妇女为何会感到羞忿而自杀的真正原因所在。"②

司法实践已经表明，法律利用重刑难以达成维护社会风化的目的。更何况以往的历史经验已经表明："以刑罚教育行为人成为伦理高尚的人，必然得不偿失。"③

## 四　司法实践与图赖现象

相关资料显示，通过自杀方式图赖他人现象存在于整个清代，引起时人的关注。例如，光绪七年（1881）三月，山西解州知州马丕瑶发布《解州黜奢崇俭告示》，其中就有禁止藉人命进行讹诈的内容：

> 假人命不得讹诈也，愚夫愚妇往往因小忿遽尔寻死，或自缢投水或跳井服毒，无非妄想害人，殊不知自尽轻生例无抵偿，如尸亲藉命讹人反有应得之罪，是害人适以害己，嗣后民间自尽案件，即责成该管公直乡约确实查明，如别无他故，即令亲属埋葬，倘习悍之徒或藉端生事吵闹殴打勒掯行诈者，许即指名禀究，一经审实定当照例惩

---

① 费丝言：《丑事：盛清的贞节政治》，《近代中国妇女史研究》2006年第14期，第260页。

② 陈志龙：《女性解放的绊脚石——论刑法第二二六条第二项强奸被害妇女羞忿自杀罪之性质》，《月旦法学杂志》第59期，2000，第45页。

③ 〔日〕平野龙一：《刑法总论I》，有斐阁，1972，第44页。转引自张明楷《刑法学》（第5版），法律出版社，2016，第506页。

办，轻则枷杖重则流徒。①

地方官员认为普通人轻生自尽的目的是"妄想害人"。自杀者已经死亡如何能够达成害人的目的？根据材料，其方式是尸亲利用亲属的死亡迫使他人进行"抵偿"。如果此人自杀确与他人无关或者无法形成刑法上的因果关系，则这种藉尸讹诈无疑属于清代的"图赖"行为。

清律对于图赖行为及罪名的规定集中于《大清律例·刑律·人命》"杀子孙及奴婢图赖"律文之中：

> 凡祖父母、父母故杀子孙，及家长故杀奴婢图赖人者，杖七十、徒一年半。若子孙将已死祖父母、父母，奴婢、雇工人将家长尸身未葬图赖人者，杖一百、徒三年；将期亲尊长，杖八十、徒二年；将大功、小功、缌麻，各递减一等。若尊长将已死卑幼及他人身尸图赖人者，杖八十。以上俱指未告官言。其告官者，随所告轻重并以诬告平人律反坐论罪。若因图赖而诈取财物者，计赃，准窃盗论；抢去财物者，准白昼抢夺论。免刺，各从重科断。图赖罪重者，依图赖论；诈取、抢夺罪重，依诈取、抢夺论。②

律文以告官与否作为判断行为性质的标准。"私自图赖未曾告官"谓之图赖。清代律学家薛允升认为："本与人无干，而图谋赖人，私下诈骗者，谓之图赖。"③律文中的"私下"图赖，分为父祖故杀子孙图赖、子孙藉父祖之尸或者尊长藉卑幼之尸进行图赖两类。后者之中，如果是已死未葬之尸，尊长之于卑幼，罪止杖，卑幼之于尊长，杖、徒兼具。如果是告官，则"随其所告轻重，并以诬告平人律反坐。若其指尸诈财，计赃准窃，指尸抢财，准白昼抢夺"④。

图赖的主要目的是为获得钱财之类的抵偿（但不排除单纯泄私愤的情况），其形式"或将已死未葬之尸图赖人，或将既葬之尸图赖人，或故杀其

---

① 书同文古籍数据库：《清代名臣奏疏文稿汇编》：马丕瑶遗集（杂著），光绪刻本。
② （清）吴坤修等编纂《大清律例根原》（三），上海辞书出版社，2012，第1285页。
③ （清）薛允升著《唐明律合编》，怀效锋、李俊点校，法律出版社，1999，第495页。
④ （清）黄六鸿著《福惠全书》，周保明点校，广陵书社，2018，第269页。

亲属图赖人",无论何种形式的"图赖",其图赖的手段或者媒介都是"尸体",故图赖实际上就是"以尸图赖人"①。学界现有对图赖的分类,应是着眼于"尸体"产生的方式,依据自杀、他杀或者仅是病死等正常死亡,将图赖分为自杀图赖、杀人图赖以及藉尸图赖(无目的的拾捡或买卖而产生尸体)②。

但在清代法律及实践中并无关于图赖具体分类的阐释,因为无论何种形式的图赖皆是利用尸体进行,故而一概称之为"藉命(尸)图诈",试举道光十五年(1835)时任江苏按察使裕谦为严禁藉命图赖发布告示为例:

### 禁淮扬等属藉命图诈示③

淮扬等属地当孔道,五方杂处,通海又僻处海陬,民灶相错,良莠不齐,其间生监齐民安分守法者固多,而诪张为幻遇事生风者亦复不少,更有奸胥蠹役与之勾通,讼棍习徒从而簸弄,是以日警案牍鲜有实情,寻衅生非将无作有,图准不图审,意在私和,旋断而旋翻,心存延累,良懦之脂膏不竭,奸徒之欲壑难盈,以故藉命居奇,希图诈害之案不一而足,现经本司密访数端,除饬该府州县严行拿究外,合亟列款示禁,如有前项习徒胆敢仍蹈故辙,希图诈累,许被害之人指名赴所在,有司官禀究,听候拿案惩办,差保知情串通与犯同罪,本司令行禁止,谅亦共见共闻,该棍徒等慎勿以身尝试自贻伊戚也。

一禁习徒遇贫病自尽之案播弄尸亲藉命妄控,或代作词状架捏重情,罗织无干,图诈图害,及书差串索使费捺不投到完案者。

一禁地棍见路毙及落水浮尸,勾串差保冒认尸亲,妄行报验,词内将住隔各村之地主及相离数里之殷富列为邻证,或将尸身潜移温饱之家地内计图诈害,及需索未满欲壑,延不报官,尸身腐烂致遭蒸检,或藉邻证未齐百计延宕,避不投案具结者。

一禁贫民因向亲族告贷,或藉典押田房索价找绝不遂,辄将老病垂危之亲属抬赴卧闹以致病毙,反称被殴被逼,希图挟制贿和者。

---

① (清)黄六鸿著《福惠全书》,周保明点校,广陵书社,2018,第268页。
② 杨扬:《清代社会视野下的图赖现象研究——以嘉道时期题本刑科档案为例》,《云南民族大学学报》(哲学社会科学版)2018年第3期,第148页。
③ 书同文数据库:《清代名臣奏疏文稿汇编》:裕靖节公(鲁山)遗书·训俗类卷3,清刻本。

一禁尸亲因出嫁妇女或被翁姑斥骂，或因与夫口角气忿轻生，妄称凌虐毒殴，打毁什物逞凶寻衅，春夏间尸身发变或旧患疮疤或偶有磕擦伤痕执为所殴重伤，尸场逞刁滋事，不肯具结者。

一禁奸民因殷实之家奴婢、雇工、仆妇或患病身死或被主斥责抱愧自尽，冒作尸属，前往吓诈，混指殴毙，嗣又勾通差役百计刁难者。

一禁凶徒怀挟私仇，故杀妻妾子女移尸诬陷，或暗令服毒负至人家门口毒发身死，或故令悬系于人家门檐园树缢死，本身出头刁告，妄称谋害，迫讹诈已遂，结称因他故自尽及误毒完案者。

以上各项非由讼棍唆使即系兵捕坊快人等从勾串，种种恶习均为地方之害，本司久有所闻，此谕之后如再不知改悔，一经访拿到案审实，定即按例分别首从，从严究办，断不稍事轻纵，致长刁风，并将衙蠹、书役、讼棍人等加等治罪，仍于审定后先将各该犯枷号，摘叙案由金差掮牌押赴通衢示众，以昭炯戒而儆刁顽，凛之慎之。

告示以禁止藉命图诈为中心，列举贫病自尽之案中尸亲藉尸上控，以路遇尸体为凭借诬诈地主或富裕之家，妇女因公婆斥骂自尽其亲属毁坏财物，冒做奴婢雇工仆妇或患病身死或被主斥责抱愧自尽者亲属讹诈，故意杀人图赖等诸多情节，已经涵盖当今学者划分的自杀、杀人、藉尸等类别的图赖形式，告示中将此统称为"藉命图诈"。

实际上，自杀图赖与藉尸图赖（此处不限于捡拾和买卖形成的尸体）本不可分，自杀之人已死，其死亡无法自动实现图赖的目的，图赖目的最终能否达成，很多时候取决于尸亲借助尸体这一媒介进行的讹诈，即"藉尸图赖"。

虽然地方官员一再晓瑜，但此类自杀图赖以及藉尸图诈现象屡禁不绝[1]。当"众人（集体）的行为，产生风气；众人做同样的行为，便产生同样的风气"[2]。当一种现象超出一时一地，成为一种持续的事物时，就可以称为我们所理解的社会风气。值得探讨的问题是：此种现象产生的根源为

---

[1] 相关研究参见〔日〕寺田浩明《权利与冤抑——清代听讼和民众的民事法秩序》，〔日〕滋贺秀三等著《明清时期的民事审判与民间契约》，法律出版社，1998，第204~205页。

[2] 柳立言：《人鬼之间——宋代的巫术审判》，中西书局，2020，第3页。笔者曾读此书，认为该书作者关于风气逻辑推理对于笔者将"藉尸图诈"作为一种现象一种"风气"来理解很有启发。

何？自杀行为如何能够危害他人？尸亲藉尸如何能够实现讹诈？其行为背后的理念究竟为何？

以福建为例，地方官员认为藉尸图诈的原因主要在于某些人的生计随着人口的增加逐渐陷入困顿，贫穷无措，故选择以自杀的方式来为家人存活争得些许资源。加之，地方官吏教化不力，使得藉尸讹诈成为公然施行的行为：

> 闽省以彪悍之俗，处积疲之余，加以生齿日烦，生计日蹙，富者朘削积委而罔知任恤，贫者穷急愁苦而无可告诉。宁不知产业久经杜绝，不过藉词以求升斗之需；亦明知毒草非可轻当，方具拼死而搏妻孥之活。其间半为饥寒交迫，半由恶习所移。兼之地方官教化不先，补救乏术，此民俗之所以日偷，而讹诈之所以公行也。①

除此之外，图赖的共同点都是利用尸体进行恐吓和讹诈，此种行为无非是利用了被图赖一方惧怕打官司的心理，"一经报官，胥差则攘臂而兴，讼师则含沙欲射。索铺堂之费，累百盈千；求伸枉之门，翻箱倒箧。即使冤能昭雪，而被害之人早已鸡犬不宁，倾家荡产"②。此外，讼师的作用也必不可少，主要体现在对法律条文尤其是"威逼人致死"律的运用中。因为没有讼师的帮助，不识字的百姓运用此类法律条文着实非常困难③。

从法律制度角度来看，"图赖"行为之所以发生，与法律上存在"威逼

---

① 台湾银行经济研究室编《福建省例》：刑法例（下）：禁服毒草毙命图赖，台湾银行经济研究室，1964，第973页。

② 台湾银行经济研究室编《福建省例》：刑法例（下）：示禁移尸图诈，第989页。

③ 〔日〕上田信撰《被展示的尸体》，王晓葵译，孙江主编《事件·记忆·叙述》，浙江人民出版社，2004，第124页。这也与儒家哲学中的一种重要观念有关，即认为寻常百姓并非独立自主的个体，他们的行事会在很大程度上受某些不普通之人的引导，而这些不普通之人既可能是作为道德化身的谦谦君子，也可能是诡计多端的阴险小人（如讼师），只要没有了讼师的挑唆，那些回归官府教化中的百姓，就不会主动到衙门提起诉讼。尤陈俊：《聚讼纷纭：清代的"健讼之风"话语及其表达性现实》，北京大学出版社，2022，第18页。

人致死"条文密切相关①。该条文制定的背景，从伦理道德角度来看，归根结底在于社会中存在一种认知，即无论因为什么样的理由也不应该把人逼到走投无路的境地，在"户婚田土钱债之类"事情上绝不存在即使到了这样的事态也要实现的正义。"随着事态的发展，弱者一方作为最后的对抗手段，能够采取'图赖'的行为（牺牲家族中的一人——多为妇女老妪，以自杀来迫使对方承担责任）。"② 禁止威逼意味着在某种程度上对弱者的保护。

清代官员黄六鸿认为："但图赖人者，必捏告打死、杀死或威逼死，自要说出一段根因"，对于图赖的审究并不复杂，"司法官员须从根因上详察，从其干证口中研究，则图赖之情自然败露"。但实际情况似乎并非如此，从法律角度来看，图赖者依据的法律条文主要是"威逼人致死"律。正如前文所述，该罪名成立的必要条件就是"威逼"，但此构成要件本身的概念并不明确，其罪名的边界相当模糊。那么何为"威逼"，何为"可畏之威"，律文本身未作说明。社会情况错综复杂，个体的理解能力存在差异，对于"逼迫"的承受能力又各不相同，故对于判定"可畏之威"缺乏统一标准，司法官员往往是基于自杀身死的结果"倒推"出某人的行为是否属于"威逼"。"法律在威逼程度上的含混游移导致图赖与威逼概念界定的不清，关于图赖和威逼的问题，我们无法从法律条文中得到明确的界定。"③ 对于普通百姓来说，以"威逼致死"向对立一方发难并非难事，且此条中有关于埋葬银的规定，也恰比较契合图赖者"私下诈骗"的目的。

司法实践中，地方官员对于自杀图赖案件的处断在一定程度上加剧了藉尸图诈的风气。例如，日本学者上田信研究了主要发生在佃户和地主之间的自杀图赖相关案例，认为其共通之处是，地主被判定向图赖一方支付丧葬费，对图赖一方的处罚相对较轻，而且没有单单处罚图赖者的判例，

① 〔日〕寺田浩明：《权利与冤抑——清代听讼和民众的民事法秩序》，〔日〕滋贺秀三等著《明清时期的民事审判与民间契约》，法律出版社，1998，第205页。

② 〔日〕寺田浩明：《权利与冤抑——清代听讼和民众的民事法秩序》，〔日〕滋贺秀三等著《明清时期的民事审判与民间契约》，法律出版社，1998，第204~205页。

③ 段文艳：《死尸的威逼：清代自杀图赖现象中的法与"刁民"》，《学术研究》2011年第5期，第127页。

被图赖一方总是要承担一部分责任。由此认为，比起判断事件的是非曲直，官府更重要的是息事宁人。为了息事宁人，要（被图赖者）一方支付丧葬费。支付丧葬费的法理依据主要来自清律"威逼人致死"律①。

审案官员常把图赖事件作为"威逼人致死"案件来处理，此种做法无疑会给图赖者带来比较确定的"法律"结果的可预测性。因为"威逼"本身边界模糊，无明确的判断标准，以"逼迫致死"图赖对方并非难事。控诉者一旦选择告官，不仅因涉及人命重情较易被官府受理，且胜诉的概率也较大。对图赖者来说，"尸体成为对抗比自己强大的对手的最后手段"②。徐忠明研究了明清时期民间的诉讼心态，认为老百姓在"把事情闹大"的诉讼心理支持下，可能采取的诉讼策略包括谎状、缠讼和自杀。"自杀或者利用尸体夸大纠纷的争点，或者进行令人难堪的图赖，也就成为弱者的诉讼武器。"③

玛格丽·沃尔夫（Margery Wolf）提到一个问题："自杀行为和中国人的许多其他行为一样，不仅仅是一种个人行动、自身绝望的表示，更是一种指向他人的行为。……西方人对自杀通常的设问方式是'为什么'，但在中国，人们可能更关注'谁？谁逼她自杀的？谁应该对此负责？'""死亡并不仅仅是苦难的结束，还带来权力，这是一种方法，使折磨她的人受到惩罚。"④

"威逼人致死"条设立之初的目的本是"惩豪强"，治理恃强欺弱现象，但该罪名边界模糊，何谓"威逼"，实践中无明确判断标准。某人行为是否属于"威逼"，更多是从自杀结果"推断"出来的。既然司法官员注重的是自杀的结果，且多是依据事实上的因果关系进行追责，故"愚夫愚妇，每因小事，即致轻生，非必果由威逼也"。但司法者"多因其法稍轻，容易加人"故以"威逼人致死"罪名对行为人进行论处⑤。

---

① 〔日〕上田信撰《被展示的尸体》，王晓葵译，孙江主编《事件·记忆·叙述》，浙江人民出版社，2004，第119~122页。
② 〔日〕上田信撰《被展示的尸体》，王晓葵译，孙江主编《事件·记忆·叙述》，浙江人民出版社，2004，第122页。
③ 徐忠明：《案例、故事与明清时期的司法文化》，法律出版社，2006，第273页。
④ 海青：《"自杀时代"的来临？二十世纪早期中国知识分子群体的激烈行为和价值选择》，中国人民大学出版社，2010，第293页。
⑤ （清）沈之奇：《大清律辑注》（下），法律出版社，2000，第706页。

综上，因社会普遍提倡同情弱者（自杀者本身在社会舆论中是被同情的对象）①，加之传统社会"人命关天"的观念影响以及司法实践中司法官员对图赖者的从轻处断等因素，社会中出现了"法律重人命，而人轻其生命"的矛盾现象。

---

# 结　论

本书目的是通过考察自杀行为中的他者责任追究，分析责任追究的模式，以透视清代的法律逻辑和法律思维，并借此分析法律文本与法律实践的关系。之所以选择致人自尽的案例类型，不仅是因为此类案件现代刑法无完全对应的罪名，可在一定程度上避免被现代法学话语和思维误导①，也是因为"自杀"与"他杀"迥异，这种行为人主观上并无"杀意"，客观上亦无"杀人"动作的案件，其中的因果关系不明确、不具体，更需要司法官员运用法律推理来审断。本书希望以法律推理为视角，深入法律运作的实态，借此瞭望整个清代的法律世界。

可能会有人提出疑问，清末民初继受西方法律之后，传统法律已成过往，其法律制度、法律思想和法律价值观与现代法律出现断裂，再去研究已经"死亡"的法律，其意义究竟何在？除了历史学本身的价值以外，本书不想"生拉硬扯"地论证清代的案件处断对现代法律的借鉴意义之类。笔者想说的是，历史发展至今天依然有其"回响"。现代社会的自杀事件往往会刺激舆论。很多人对于自杀事件的第一反应依然是，为什么会自杀？谁"逼迫"他自杀？自杀者的亲属也会多方搜集材料，以证自杀乃他人"逼迫"所致，从而寻求赔偿。要理解此类思维模式，势必要回头去更远的历史中找寻其文化"底蕴"。这或许可以成为研究"已亡"法律及其实践的意义所在吧。

## 一　致人自尽罪名体系的形成：法律边界的扩张

清代之前，对自杀行为中的他者责任追究已经存在于国家法律和司法实践中。至清代，相关规定非常细致、丰富，可以说已经形成比较完备的

---

① 王志强：《清代国家法：多元差异与集权统一》，社会科学文献出版社，2017，第104页。

致人自尽罪名体系。本书使用"体系"一词来概括具有相同本质（均是对致人自尽行为者的惩治）的多个罪名形成的整体。当然，这一用语未必精准，多个罪名规定的具体犯罪情节和刑罚之间不乏重叠、交叉、矛盾参差之处，影响了体系本应具有的严密性（虽然任何法律都不可能周密无失）。

清代致人自尽罪名体系由 3 条律文、46 条例文构成（程序性规定不列入其中），分属于人命、犯奸、诈伪等多个门内。此处引发的疑问是：为何没有形成统一罪名？为何散列多处，不在某个律内进行集中规定？① 这应与《大清律例》主要依照犯罪性质而非犯罪结果的编纂方式相关。但同处于一部法典之内，且都是对致人自尽行为者的追责，各罪名之间究竟是何种关系，这是需要正视和讨论的问题。

基于上述思考，本书打破各条律例所在门属之间的限制，按照行为性质，对相关律例进行重新归类。将致人自尽罪名体系分为因犯罪行为导致他人自尽、因非犯罪行为导致他人自尽、因"失职"导致他人自尽三个类别。犯罪行为甚至非犯罪行为导致他人自杀都会被追责。追责的普遍性，固然显示了法律对此类行为的打击和震慑，但在一定程度上也意味着法律边界的扩张。

随着罪名的增多，诸多致人自尽的情形被纳入国家规范内。甚至那些仅是在道德上被认为具有"可非难性"的致人自尽行为（如日常口角、出语亵狎等），也被归入法律的处罚范围②。从这个意义讲，清代法律的边界日益扩张，比以往更深入地介入人们的日常生活。

本书将致人自尽罪名体系的立法目的概括为"维风化""明人伦""惩凶暴""罚失职"，其立法背后的"隐线"即为"道德与法律"的互动。当伦理道德渗透进法律之后，法律就会利用其强制力量确保纲常伦理在实践中被遵守③。实质上，清代国家就是编制出一张严密的法网，以刑罚作为社会控制的手段，试图将人们的生活纳入其制定的轨道。

---

① "威逼人致死"条内除律文外，共有 21 条例文涉及致人自尽，相对比较集中。但对于致人自尽规定的整体而言，其占比 50% 左右，仍只可视为部分。

② 参见庄以馨《清代"威逼人致死"律例的发展及其法律论述——以"刑案汇览"案?? 为中心》，2004 年在台湾"中央研究院"历史语言研究所上的报告，第 5 页。

③ "法依从与礼，以执行道德为己任，其实只是附加了刑罚的道德戒条，乃特定时代流行的道德观念的附庸。"参见梁治平《法意与人情》，广西师范大学出版社，2021，第 37 页。

当然，立法对导致他人自杀的行为者进行严格而普遍的追责，也与"人命关天"的传统理念密切相关。只要因外力因素导致他人自杀，被害者必须得到具体而明确的"抵偿"，法律正是通过对自杀行为中的他者责任追究，来"抵偿"死者，从而实现人们心目中的"正义"①。

## 二 对自杀行为中的他者追责：因果建构与"情罪允协"

致人自尽案件与"他杀"不同，行为人主观上并无杀人之意，客观上也无杀人行为，却引起了他人自杀的结果，且行为与结果之间一般存在时间间隔。如何将死亡结果归责为某人的行为，即在加害行为与死亡结果之间建构因果关系，成为案件审断的关键环节。

清代司法官员对于此类因果关系并不直观、明确的案件推理呈现与现代法律颇为不同的特点。现代法律将加害者的行为严格限定于"犯罪行为"（一般违法行为、违背道德行为、正当行为均不在刑法的讨论范围之内），且行为与结果之间需存在刑法上的因果关系（即犯罪行为会"高概率"地引起被害人自杀）。清代在因果关系推理中，行为性质是否属于犯罪并非追责的必要前提。很多时候，司法官员在案件审断过程中，是由死亡结果来"逆推"加害者的行为性质，甚或正当行为也未必会被免责。此种以结果责任进行推理的逻辑，主要基于"人命关天"的理念，有人死亡就需有人为之负责。

案件在因果关系建构过程中呈现如下特点。首先，行为人的身份成为关键因素。卑幼侵犯尊长，一般成立因果关系，重惩卑幼。尊长侵犯卑幼，一般否定因果关系（或减轻尊长刑罚）。其次，"行为本身的过错程度"影响巨大。过错程度大的行为，被认为对结果的影响更大，行为与结果成立直接的因果关系。最后，自杀者的心理因素不被纳入案件考量范围。排除个人心理因素后，自杀在某种程度上呈现与"他杀"类似的"行为+结果"式的因果逻辑推断。

上述原则的形成与传统社会以"身份"为本位的特性密切相关。"身

---

① 正义与法律紧密相关，"它是由人们比较普遍、持久的是非善恶观念衍生出来的，是法的最深的基础，也是判定法之正当性、可行性的最重要的标准"。参见张伟仁《中国传统的司法和法学》，《法制史研究》第 9 期，2006，第 208 页。

份"成为生活秩序的基本规则。司法官员在因果关系推理中首要考虑因素
即是行为双方的身份关系。以身份作为标准，可以判断行为过错程度，并
决定因果关系成立与否。

"情罪允协"是传统司法的价值取向，罪与罚取得平衡，进而"天道"
才能保持"和谐"的秩序，世俗社会才无"冤抑"存在①。学界现有研究
一般将清代案件划分为词讼（常指户婚、田土等州县官自理型诉讼）和案
件（多为徒刑以上案件）两类②，认为词讼类型中司法官员以情、理、法为
裁判依据③，而刑事案件审判基本上遵循依法判决。致人自尽因涉及人命重
情，即使其刑罚有时仅为笞杖轻刑，也要被归入"人命"重案中。当律例
可以涵摄案情时，固然容易"依法裁决"。但由于清代律例规定过于琐细、
具体，极易出现"律无明文"的状况④，此时司法官员仍需要以相关律例为
基础，通过反复比较律例规范逻辑与案件逻辑的对应关系，或比附类推或
援引成案，最终达到"情罪允协"的目标，此种"允协"目的的达成，是
法律规范、社会价值、正义观念等因素融合的结果⑤。故本书认为，即使是
人命重案，也需要融合情、理、法进行综合判断⑥。

## 三　律重人命而民轻其命：立法与实践的疏离

清代法律制定出相对完备的罪名体系，对自杀行为中的他者进行严格

---

① 徐忠明：《案例、故事与明清时期的司法文化》，法律出版社，2006，第 192 页。
② 邓建鹏：《词讼与案件：清代的诉讼分类及其实践》，《法学家》2012 年第 5 期，第 115 页。
③ 此观点的代表者为日本学者滋贺秀三。参见〔日〕滋贺秀三《清代诉讼制度之民事法源的概括性考察——情、理、法》，〔日〕滋贺秀三等著《明清时期的民事审判与民间契约》，法律出版社，1998，第 19~53 页。
④ 日本学者小口彦太也认为清代频繁出现的"律无明文"情况与清代法律规定有关："中国法将犯罪构成要件细目化即特定化，因此各法规条文所包容的范围受到极大的限制。这种法规条文的构造使得在审判时经常出现所谓'无治罪专条'的情况。"参见〔日〕小口彦太《清代中国刑事审判中成案的法源性》，杨一凡、寺田浩明主编《日本学者中国法制史论著选》（明清卷），中华书局，2016，第 238 页。
⑤ 张伟仁认为，国人心目中有多种规范，且形成上下阶层：道是最宽广的顶层，法是最狭窄的基层，德、礼、习俗、乡约、家风、行规等分别构成了中间层次，呈"倒金字塔"形。司法者在作判决时，先看处于最低准则的法律，倘若这个准则不能妥当地适用于案情，便逐步探究较高层次的规范以谋求解决。参见张伟仁《中国传统的司法和法学》，《法制史研究》第 9 期，2006，第 217 页。
⑥ 实际上，法和情理并非彼此相互对立而存在，"法律本身是基于情理而定的"。参见〔日〕滋贺秀三《清代诉讼制度之民事法源的概括性考察——情、理、法》，〔日〕滋贺秀三等著《明清时期的民事审判与民间契约》，法律出版社，1998，第 19~53 页。

追责，意图禁绝致人自尽的不法行为，从而维护社会秩序。法律制定体现出重视人命的善意。

法律实践中，清代一方面对自杀人命中的追责持有相当谨慎的态度，对于"与人无尤"的自杀事件，司法官员反复强调速结，不得干连、拖累他人；对于亲属藉尸图赖、抄抢妄控的行为要予以严厉打击①。一方面，在具体的案件处断过程中，司法官员从重视生命的角度，倾向于从自杀结果出发，从更广的事实因果关系（并非限定于刑法因果关系）范围内"寻找"责任者，以实现普遍追责。其中的分界点即是基于自杀事件与致人自杀案件的不同性质，但两者实际上并非界限分明。众所周知，事物之间存在普遍的广泛的联系，人的行为无论是合法还是违法客观上都有可能产生各种危害结果，加之清代忽视个人心理因素，将自杀的原因归结于他者并非难事。

此外，某些罪名的核心要件存在边界模糊之处，典型体现在"威逼人致死"罪中。此律之设本为严惩恃强欺弱的"刁恶"之徒。但由于"威逼"的边界模糊，实践中缺乏明确判断标准，司法官员多是以"人命"归罪。这导致"威逼"行为的定性，更多是从自杀结果出发"推断"而来。所以，普通百姓常以"威逼致死"向对立一方发难，案件不仅容易被官府受理，也契合了利用死者尸体寻求金钱赔偿的目的。

传统社会受"人命关天"理念的影响，普遍同情弱者。当人们以自杀这一极端自损的方式结束生命时，极容易博得舆论的同情。"司法官员的道德意识弱化了帝国法律的刚性规定。"② 司法实践中对致人自尽行为者的普遍追责，形成了一种行为预期，刺激了民众"以死相逼"的诉求，出现了"律重人命而民轻其命"的矛盾现象。

---

① 参见奏请地方官审理自尽案情罪供证已明者免其解质仅具详由送理事厅核转，雍正朝宫中档奏摺，档案编号：1723-8-31. 清代档案检索系统：https://qingarchives.npm.edu.tw/。

② 徐忠明、杜金：《清代诉讼风气的实证分析与文化解释——以地方志为中心的考察》，《清华法学》2007 年第 1 期，第 113 页。

# 参考文献

## 一 古籍文献类

1. （晋）陈寿撰《三国志》，（南朝宋）裴松之注，中华书局，1982。

2. （南朝）范晔撰《后汉书》，中华书局，1965。

3. （唐）房玄龄等撰《晋书》，中华书局，1974。

4. （宋）窦仪等详定《宋刑统校证》，岳纯之校证，北京大学出版社，2015。

5. （宋）黎靖德编《朱子语类》，王星贤点校，中华书局，1986。

6. （宋）欧阳修撰《欧阳文忠公文集》，上海涵芬楼藏元刊本。

7. （元）马端临：《文献通考》，中华书局，2011。

8. （明）雷梦麟著《读律琐言》，怀效锋、李俊点校，法律出版社，2000。

9. （明）宋濂等纂《元史》，中华书局：1976。

10. （清）秦蕙田：《五礼通考》，四库全书本。

11. （清）朱轼、常鼐等纂修《大清律集解》，雍正内府刻本。

12. （清）阿桂等编纂《钦定吏部则例》，乾隆刻本。

13. （清）明亮、纳苏泰等纂修《钦定中枢政考（八旗）》，嘉庆二十五年刊本。

14. （清）汪廷珍主撰《钦定礼部则例》，嘉庆二十五年刊本。

15. （清）吕芝田撰《律法须知》，清光绪九年贵州臬署刻本。

16. （清）王又槐著《办案要略》，清光绪十八年浙江书局刊本。

17. （清）赵尔巽等撰《刑案新编》，清光绪二十八年兰州官书局活字本。

18. （清）文孚等编纂《钦定六部处分则例》，光绪刻本。

19.（清）俞陛云编《清代名臣奏疏文稿汇编》（袁世凯奏折专辑），宣统刻本。

20.（清）皮锡瑞著《经学通论》，中华书局，1954。

21.（清）薛允升著《读例存疑重刊本》，黄静嘉编校，台湾成文出版社，1970。

22.（清）赵尔巽等纂《清史稿》，中华书局，1977。

23.（清）段玉裁：《说文解字注》，上海古籍出版社，1981。

24.《清实录》，中华书局，1985~1986。

25.（清）薛允升著《唐明律合编》，怀效锋、李鸣点校，法律出版社，1999。

26.（清）沈之奇撰《大清律辑注》，怀效锋、李俊点校，法律出版社，2000。

27.（清）王明德撰《读律佩觽》，何勤华点校，法律出版社，2001。

28.（清）祝庆祺、鲍书芸、潘文舫等编《刑案汇览三编》，北京古籍出版社，2004。

29.（清）全士潮、张道源等纂辑《驳案汇编》，何勤华等点校，法律出版社，2009。

30.（清）王夫之：《老子衍庄子通庄子解》，中华书局，2009。

32.（清）吴坤修等编纂《大清律例根原》，上海辞书出版社，2012。

33.（清）翟灏纂《通俗编》，中华书局，2013。

34.（清）吉同钧撰《大清现行刑律讲义》，栗铭徽点校，清华大学出版社，2017。

35.（清）于成龙著《于成龙集》，李志安、阎凤梧主编，山西三晋出版社，2017。

36.（清）黄六鸿著《福惠全书》，周保明点校，广陵书社，2018。

37. 台湾银行经济研究室编《福建省例》，台湾银行经济研究室，1964。

38.《名公书判清明集》，中国社会科学院历史研究所点校，中华书局，1987。

39. 四川省档案馆编《清代巴县档案汇编》（乾隆卷），档案出版社，1991。

40. 马建石、杨育棠主编《大清律例通考校注》，中国政法大学出版社，1992。

41. 《大明律》，怀效锋点校，法律出版社，1998。

42. 《大清律例》，郑秦、田涛点校，法律出版社，1999。

43. 中国第一历史档案馆、南开大学历史学院暨中国社会史研究中心编《清嘉庆朝刑科题本社会史料辑刊》，天津古籍出版社，2008。

44. 黄源盛纂辑《晚清民国刑法史料辑注》，元照出版股份有限公司，2010。

45. 《元典章》，陈高华等点校，中华书局、天津古籍出版社，2011。

46. 中国边疆史地研究中心、新疆维吾尔自治区档案局合编《清代新疆档案选辑（刑科）》，广西师范大学出版社，2012。

47. 四川省档案馆编《清代巴县档案整理初编·司法卷·乾隆朝》，西南交通大学出版社，2015。

48. 柏桦编纂《清代律例汇编通考》，人民出版社，2018。

## 二　专著类

1. 蔡枢衡：《中国刑法史》，广西人民出版社，1983。

2. 陈和君：《权力视角下之自杀，加工自杀罪与安乐死》，元照出版股份有限公司，2016。

3. 陳惠馨：《清代法制新探》，五南图书出版股份有限公司，2014。

4. 陈新宇：《帝制中国的法源与适用：以比附问题为中心的展开》，上海人民出版社，2015。

5. 戴炎辉：《中国法制史》，三民书局，1996。

6. 丁凌华：《五服制度与传统法律》，商务印书馆，2013。

7. 顾元：《服制命案、干分嫁娶与清代衡平司法》，法律出版社，2018。

8. 海青：《"自杀时代"的来临？二十世纪早期中国知识分子群体的激烈行为和价值选择》，中国人民大学出版社，2010。

9. 霍存福：《复仇 报复刑 报应说——中国人法律观念的文化解说》，吉林人民出版社，2005。

10. 侯国云：《刑法因果新论》，广西人民出版社，2000。

11. 蒋冬梅：《"杀人者死"的中国法律传统研究》，上海人民出版社，2011。

12. 李建军:《自杀研究》,社会科学文献出版社,2013。

13. 李鹏年、刘子扬等编《清代六部成语词典》,天津人民出版社,1990。

14. 梁治平:《法意与人情》,广西师范大学出版社,2021。

15. 林端:《韦伯论中国传统法律》,中国政法大学出版社,2014。

16. 刘俊文:《唐律疏议笺解》,中华书局,1996。

17. 柳立言:《人鬼之间——宋代的巫术审判》,中西书局,2020。

18. 吕虹:《清代司法检验制度研究》,中国政法大学出版社,2015。

19. 罗洪启:《清代刑事裁判司法论证研究:以刑部命案为中心的考察》,中国政法大学出版社,2016。

20. 闵冬芳:《清代的故意杀人罪》,北京大学出版社,2015。

21. 那思陆:《清代州县衙门审判制度》,中国政法大学出版社,2006。

22. 欧阳哲生主编《丁文江文集》,湖南教育出版社,2008。

23. 瞿同祖:《中国法律与中国社会》,商务印书馆,2016。

24. 沈家本:《历代刑法考》,商务印书馆,2016。

25. 沈家本:《寄簃文存》,商务印书馆,2017。

26. 苏力:《法治及其本土资源》,北京大学出版社,2015。

27. 苏力:《制度是如何形成的》,北京大学出版社,2007。

28. 苏亦工:《明清律典与条例》(修订版),商务印书馆,2020。

29. 孙家红:《关于"子孙违犯教令"的历史考察——一个微观史学的尝试》,社会科学文献出版社,2013。

30. 王德政:《刑法因果关系判断中的介入因素》,法律出版社,2019。

31. 王舸:《案件事实推理论》,中国政法大学出版社,2013。

32. 王志强:《清代国家法多元差异与集权统一》,社会科学文献出版社,2017。

33. 魏道明:《秩序与情感的冲突:解读清代的亲属相犯案件》,中国社会科学出版社,2013。

34. 魏道明:《清代家族内的罪与刑》,社会科学文献出版社,2021。

35. 吴飞:《自杀作为中国问题》,生活·读书·新知三联书店,2014。

36. 徐忠明:《案例、故事与明清时期的司法文化》,法律出版社,2006。

37. 杨一凡主编《中国律学文献》，黑龙江人民出版社，2005。

38. 尤陈俊：《聚讼纷纭：清代的"健讼之风"话语及其表达性现实》，北京大学出版社，2022。

39. 张明楷：《刑法学》（第5版），法律出版社，2016。

40. 张世明等主编《清代司法演变内在逻辑贯通论：新历史法学实践》，社会科学文献出版社，2018。

41. 张田田：《〈大清律例〉律目研究》，法律出版社，2017。

42. 张伟仁：《清代法制研究》，"中央研究院"历史研究所，1983。

43. 郑秦：《清代法律制度研究》，中国政法大学出版社，2000。

44. 〔法〕埃米尔·迪尔凯姆著《自杀论》，谢佩芸、舒云译，台海出版社，2016。

45. 〔美〕白德瑞著《爪牙：清代县衙的书吏与差役》，尤陈俊、赖俊楠译，广西师范大学出版社，2021。

46. 〔美〕卜德、克拉伦斯·莫里斯著《中华帝国的法律》，朱勇译，中信出版社，2016。

47. 〔德〕卡尔·拉伦茨著《法学方法论》，陈爱娥译，商务印书馆，2003。

48. 〔美〕罗斯科·庞德著《通过法律的社会控制》，沈宗灵译，商务印书馆，2017。

49. 〔美〕黄宗智：《清代的法律、社会与文化：民法的表达与实践》，上海书店出版社，2001。

50. 〔德〕马克斯·韦伯著《法律社会学》，康乐、简美惠译，广西师范大学出版社，2005。

51. 〔德〕马克斯·韦伯著《中国的宗教：儒教与道教》，康乐、简惠美译，广西师范大学出版社，2004。

52. 〔日〕织田万著《清国行政法》，李秀清、王沛点校，中国政法大学出版社，2003。

53. 〔日〕中村茂夫：《清代刑法研究》，东京大学出版社，1973。

54. 〔日〕滋贺秀三：《中国家族法原理》，张建国、李力译，商务印书馆，2013。

55. Janet M. *Theiss*：*Disgraceful Matters*：*The Politics of Chastity in Eigh-*

*teenth-Century China*，University of California Press，2005.

56. Matthew H. *Sommer*：*Sex*，*Law*，*and Society in Late Imperial China*，Stanford University Press，2000.

## 三　论文类

### （一）硕博论文

1. 陈怡星：《"威逼人致死"条研究》，中国政法大学硕士学位论文，2009。

2. 陈郁如：《清乾隆时期刑科题本之研究：以调奸本妇未成致本妇羞忿自尽类型案例为例》，台湾政治大学硕士学位论文，2005。

3. 马芳林：《清代亲属间"威逼人致死"研究》，华东政法大学硕士学位论文，2014。

4. 任秀玲：《清代因奸威逼人致死罪研究》，青海师范大学硕士学位论文，2017。

5. 唐诤：《大清律例·刑律"威逼人致死条"研究》，北京大学硕士学位论文，2006。

6. 王丙琰：《论清代"子女致父母自尽"案中疑难案件的比附推理》，中南财经政法大学硕士学位论文，2019。

7. 萧旭智：《"非理死"：死亡政体与生命政治的现代转换》，台湾东海大学社会学研究所博士学位论文，2009。

8. 郑志华：《试论清代刑案裁判的正当性论证》，复旦大学硕士学位论文，2001。

9. 庄以馨：《情罪平允的法律世界——以清代"威逼人致死"案件为中心》，台湾政治大学硕士学位论文，2007。

10. 苏晓明：《论自杀参与行为的刑事责任》，山东大学硕士学位论文，2017。

### （二）期刊论文

1. 陈惠馨：《重建清朝的法律帝国：从清代内阁刑科题本刑科婚姻奸情档案谈起——依强奸未成或但经调戏本妇羞忿自尽案为例》，《法制史研究》

第 5 期，2004。

2. 陈新宇：《清代的法律方法论——以〈刑案汇览三编〉为中心的论证》，《法制史研究》第 6 期，2004。

3. 陈志龙：《女性解放的绊脚石——论刑法第二二六条第二项强奸被害妇女羞忿自杀罪之性质》，《月旦法学杂志》第 59 期，2000。

4. 段文艳：《死尸的威逼：清代自杀图赖现象中的法与"刁民"》，《学术研究》2011 年第 5 期。

5. 费丝言：《丑事：盛清的贞节政治》，《近代中国妇女史研究》2006 年第 14 期。

6. 管伟：《论中国传统司法官比附援引实践中的思维特色——以刑案汇览为例》，《法律方法》第 7 卷，山东人民出版社，2008。

7. 何勤华：《清代法律渊源考》，《中国社会科学》2001 年第 21 期。

8. 黄源盛：《唐律"不应得为"罪的当代思考》，《法制史研究》第 5 期，2004。

9. 李建军：《中国人自杀的传统之根——典籍中的自杀事件及自杀行为的历史文化因素分析》，《山东社会科学》2015 年第 11 期。

10. 李建军：《自杀：是"犯罪"还是"权利"？自杀行为在西方法律史上的演变述评》，《云南大学学报》（法学版）2009 年第 1 期。

11. 李永勃、蔡英杰：《释"威"》，《汉字文化》2016 年第 3 期。

12. 梁弘孟：《尊长权与贞节的冲突——以刑案汇览中"子妇拒奸杀伤伊翁"类案件为例》，《中正大学法学集刊》第 50 期，2006。

13. 罗炳祥：《在泰山与鸿毛之间——儒家存生取死的价值观》，卢国龙主编《儒教研究》（第 1 辑），社会科学文献出版社，2009。

14. 金泽刚：《论结果加重犯的因果关系——以抢劫、强奸等罪的结果加重犯为例》，《东方法学》2013 年第 4 期。

15. 邱澎生：《真相大白？明清刑案中的法律推理》，熊秉真：《让证据说话——中国篇》，麦田出版社，2001。

16. 瞿同祖：《法律在中国社会中的作用——历史的考察》，《中外法学》1998 年第 4 期。

17. 尚海明：《善终、凶死与杀人偿命——中国人死刑观念的文化阐释》，《法学研究》2016 年第 4 期。

18. 宋兴家：《贞节与权利：清代"强占良家妻女"条例研究》，《法律史评论》第 1 卷，2020。

19. 王川、严丹：《清代档案史料的"虚构"问题研究——以〈巴县档案〉命案为中心》，《史学集刊》2021 年第 6 期。

20. 王钢：《自杀的认定及其相关行为的刑法评价》，《法学研究》2012 年第 4 期。

21. 吴饶竹：《命债必偿：清代谋殴与谋杀共犯归责的机理》，《法制史研究》第 37 期，2020。

22. 解兴权：《法律推理的涵义、性质及其功能》，《法律科学》1998 年第 6 期。

23. 徐忠明：《明清刑事诉讼"依法判决"之辨正》，《法商研究》2005 年第 4 期。

24. 薛文超：《司法裁判结果责任的古今之辨——以〈红楼梦〉自杀事件的解读为例》，《东方法学》2017 年第 5 期。

25. 闫召华：《口供何以中心——"罪从供定"传统及其文化解读》，《法制与社会发展》2011 年第 5 期。

26. 杨扬：《清代社会视野下的图赖现象研究——以嘉道时期题本刑科档案为例》，《云南民族大学学报》（哲学社会科学版）2018 年第 3 期。

27. 尤陈俊：《尸体危险的法外生成：以当代中国的藉尸抗争事例为中心的分析》，〔美〕黄宗智、尤陈俊主编《历史社会法学：中国的实践法史与法理》，法律出版社，2014。

28. 张保生：《论法律推理的本质特征》，《吉林大学社会科学学报》1999 年第 3 期。

29. 张骐：《形式规则与价值判断的双重变奏——法理推理方法的初步研究》，《比较法研究》2000 年第 2 期。

30. 张田田：《赵尔巽编〈刑案新编〉（介绍一）：以命盗类案件为例》，《法律文化论丛》（第 2 辑），法律出版社，2014。

31. 郑晓江：《论中国传统死亡智慧的现代价值》，《哲学与文化》1993 年第 8 期。

32. 周松青：《群体性社会事件社会动员的机制探析》，《中国灾害防御协会风险分析专委会第四届年会论文集》，2010。

33. 〔美〕陈张富美：《清代法律中的类推》，陈新宇：《帝制中国的法源与适用：以比附问题为中心的展开》，上海人民出版社，2015。

34. 〔日〕高桥芳郎：《明律"威逼人致死"条的渊源》，《东洋学报》第81卷，1999。

35. 〔英〕杰弗里·D. 麦科马克：《帝制中国时代关于命案因果关系立法中的两个问题》，张世明、步德茂等主编《世界学者论中国传统法律文化（1644—1911）》。法律出版社，2009。

36. 〔日〕森田成满：《清代刑法中的因果关系》，《星药科大学一般教育论集》，1990。

37. 〔日〕森田成满：《清代刑法中的因果关系再论》，《星药科大学一般教育论集》，1993。

38. 〔日〕森田成满：《清代刑法中关于自杀参与者的罪责》，《星药科大学一般教育论集》，2010。

39. 〔日〕上田信撰《被展示的尸体》，王晓葵译，孙江主编《事件·记忆·叙述》，浙江人民出版社，2004。

40. 〔日〕寺田浩明：《权利与冤抑——清代听讼和民众的民事法秩序》，滋贺秀三等编《明清时期的民事审判与民间契约》，法律出版社，1998。

41. 〔日〕寺田浩明：《试探传统中国法之总体像》，《法制史研究》第6期，2006。

42. 〔美〕武雅士：《神、鬼和祖先》，武雅士主编《中国社会中的宗教与仪式》，江苏人民出版社，2014。

43. 〔日〕滋贺秀三：《清代诉讼制度之民事法源的概括性考察——情、理、法》，〔日〕滋贺秀三等著《明清时期的民事审判与民间契约》，法律出版社，1998。

44. 〔日〕滋贺秀三：《比附与类推》，陈新宇《帝制中国的法源与适用：以比附问题为中心的展开》，上海人民出版社，2015。

45. 〔日〕中村茂夫：《比附的功能》，杨一凡、寺田浩明主编《日本学者中国法制史论著选》（明清卷），中华书局，2016。

# 后　记

本书是在我 2022 年博士学位论文基础上修订而成。转眼博士毕业已经两年多了，时光仿佛悄无声息地渗透进了每一天的平淡之中。行文至此，主要还是要表达感激之情。

2015 年，为了一家团聚，为了不确定的未来带来的莫名激动，我选择远离家乡，一路向西，来到空阔辽远的青藏高原，来到青海大学，成为一名高校教师，少年时每每夜深望月时心中的梦想成为了现实。

我偶尔激情，经常困惑，总是孤独。这孤独没有边际，没有深度，却总能将我淹没其中。我在孤独中同自己交流，有时却也在孤独中获得自由。博士论文撰写的整个过程使我的孤独感更加厚重，却也为我单调晦涩且日益困顿的生活带来了光明。

我何其有幸，能够投身到导师魏道明的门下。魏老师温润如玉，颇有谦谦君子之风，从不否定、从无批评，总能用他的智慧与沉稳给予我鼓励和引导。我之所以能够坚持下去，还能取得些微成绩，都离不开魏老师的指导。博士论文从选题、拟定框架、撰写、修改再到定稿，其间我们经过了无数次的讨论、交流，文稿每一次的进步都凝聚着老师的付出。

感谢给论文提出宝贵意见的各位老师，他们是华南师范大学的曹旅宁老师，青海师范大学历史学院的陈玮老师、杜常顺老师、丁柏峰老师、李健胜老师、李少波老师。也要特别感谢青海省委党校的朱宏才老师，在很多次我们参加完读书会的返程途中，给我很多的引导和宽慰。感谢诸位老师的指导和帮助。

感谢参与青海师范大学法律社会史读书班的诸位师兄、师姐、师弟、师妹们，和你们一起我收获颇多，我们永远是相亲相爱的一家人，感谢你们的陪伴和鼓励。尤其要感谢边芸师姐，在我否定自己时给我鼓励，在我困顿迷茫时给我安慰。

感谢青海大学马克思主义学院的各位领导和老师，他们关心我的学业，在工作中对我诸多体谅，也在本书出版过程中给予了很大的帮助。

感谢我的爱人，一直支持我的求学，在生活中默默付出，从硕士时的西安，到工作时的西宁，我们两人一起走出校园，走到了今天，谢谢帮助，余生还请多多照顾。感谢我的两个宝贝，小小的年纪，却能明白博士论文对她们妈妈的重要性。在没有我陪伴的很多个周末，她们都在静静等待我完成写作，就在书稿即将出版的校对过程中，家里又迎来了一个新的生命，时间是如此奇妙。

感谢双方的父母，为了我们这个小家庭付出了太多，他们以我为傲，我以他们为荣。

最后，特别感谢社会科学文献出版社的编辑曹长香老师，在曹老师认真细致的编辑且时时督促下，这本书才会顺利与读者见面。

"未觉池塘春草梦，阶前梧叶已秋声。"时光永是向前，惟愿不负今日，不枉今生。

图书在版编目（CIP）数据

清代对自杀行为的他者追责研究 / 路红霞著 .
北京：社会科学文献出版社，2025.1. -- ISBN 978-7-
5228-4548-7

Ⅰ.D691.9

中国国家版本馆 CIP 数据核字第 20248W2D03 号

清代对自杀行为的他者追责研究

著　　者 / 路红霞

出 版 人 / 冀祥德
责任编辑 / 曹长香
责任印制 / 王京美

出　　版 / 社会科学文献出版社（010）59367162
　　　　　　地址：北京市北三环中路甲 29 号院华龙大厦　邮编：100029
　　　　　　网址：www.ssap.com.cn
发　　行 / 社会科学文献出版社（010）59367028
印　　装 / 三河市尚艺印装有限公司

规　　格 / 开　本：787mm×1092mm　1/16
　　　　　　印　张：15.5　字　数：256千字
版　　次 / 2025 年 1 月第 1 版　2025 年 1 月第 1 次印刷
书　　号 / ISBN 978-7-5228-4548-7
定　　价 / 89.00 元